"马克思主义理论与思想政治教育研究"丛书

马克思主义基本理论与实践研究

—— 刘 勇 王幸平 赵允福 赵纪梅 | 编著

中央编译出版社
Central Compilation & Translation Press

图书在版编目（CIP）数据

马克思主义基本理论与实践研究／刘勇编著. —北京：中央编译出版社，2019.12
　　ISBN 978-7-5117-3815-8

　　Ⅰ. ①马… Ⅱ. ①刘… Ⅲ. ①马克思主义理论－研究 Ⅳ. ①A81

中国版本图书馆 CIP 数据核字（2019）第 283703 号

马克思主义基本理论与实践研究

出 版 人	葛海彦
出版统筹	贾宇琰
责任编辑	李媛媛
责任印制	刘　慧
出版发行	中央编译出版社
地　　址	北京西城区车公庄大街乙 5 号鸿儒大厦 B 座（100044）
电　　话	（010）52612345（总编室）　（010）52612335（编辑室）
	（010）52612316（发行部）　（010）52612346（馆配部）
传　　真	（010）66515838
经　　销	全国新华书店
印　　刷	北京紫瑞利印刷有限公司
开　　本	710 毫米×1000 毫米　1/16
字　　数	252 千字
印　　张	15.75
版　　次	2019 年 12 月第 1 版
印　　次	2019 年 12 月第 1 次印刷
定　　价	80.00 元

网　　址	www.cctphome.com　邮　箱：cctp@cctphome.com
新浪微博	@中央编译出版社　　微　信：中央编译出版社（ID: cctphome）
淘宝店铺	中央编译出版社直销店（http://shop108367160.taobao.com）
	（010）55626985

本社常年法律顾问：北京市吴栾赵阎律师事务所律师　　闫军　　梁勤
凡有印装质量问题，本社负责调换，电话：（010）55626985

前　言

　　自马克思主义诞生以来，世界局势动荡，风云变化，但是马克思主义理论旗帜依然飘扬在世界的每个角落。资本主义从马克思所生活的时代经历了自由竞争，经过了国家垄断资本主义发展为现在的全球化资本主义。同时资本主义在国内外政治和经济特征上发生了重要变化。资本主义改变了从历史中的凭着船坚炮利征服殖民转变为更加文明的隐蔽的经济、技术和文化控制。相对于过去野蛮的资本主义，现在的资本主义变得更加文明。世界虽然是以和平与发展为主要特征，但是局部的战火硝烟却从来没有间断过。"资本的本质在于征服，资本来到世间，从头到脚，每个毛孔都滴着血和肮脏的东西"，血淋淋的现实使得马克思对资本的批判显得更加有穿透力。

　　当今的全球化在实质上是资本主义世界化发展的结果。而马克思早在170年前就在《共产党宣言》中指出了资本发展的实质。因为资本主义的发展和科技的进步，使得人们一度对马克思资本主义批判的理论表示质疑和否定，但是欧洲金融危机、美国次贷危机以及世界局部冲突使得马克思资本批判理论被重新认识。170年来，马克思主义的共产主义从理论到现实经历了曲折的发展和变化。从世界上第一次共产主义运动即巴黎公社起义，到世界上第一个社会主义国家产生，标志着马克思主义从理论变为现实。20世纪中叶之后，一批社会主义国家诞生，殖民地半殖民地国家纷纷独立，沉重地打击了帝国主义的殖民统治，使得帝国主义殖民统治体系趋于瓦解，从此改变了资本主义称霸的局面，粉碎了资本主义统治世界的野心。无产阶级领导的民族解放运动和共产主义运动融合为一体，世界进入了无产阶级领导的民族解放运动的新时代。

在世界的东方，以毛泽东为代表的中国共产党人通过反对帝国主义、封建主义和官僚主义的斗争，开创了一条"农村包围城市"，最后夺取全国革命胜利的道路，它不同于苏联社会主义的革命方式，为世界共产主义运动做出了独特贡献，同时为世界其他民族解放运动提供了借鉴。但是无产阶级运动的发展与探索是一个曲折和艰难的过程。20世纪80年代末至90年代苏联和东欧的社会主义国家发生了制度上的剧变。世界社会主义运动遭受了重大挫折。但是在这场风暴中，中国特色社会主义依然坚持了下来，并通过改革开放展开了社会主义发展的新篇章。

马克思主义是人类思想史上的美丽瑰宝，是整个世界思想史不可或缺的重要组成部分，对当代中国发展具有重要的理论意义和现实意义。马克思主义是中国共产党的指导思想，是推进社会发展的理论根基，也是全国各族人民建设社会主义国家的行动指南。持续深入学习马克思主义基本理论，推进马克思主义伟大社会实践，是保证党和全国各族人民夺取革命、建设和改革胜利的重要保证。当今时代，持续拓展马克思主义实践领域，需要从思想、文化、经济、社会、教育等方面对马克思主义在实践领域的应用与发展等问题展开研究。中国特色社会主义进入新时代，面临新的社会矛盾和历史任务，这就迫切需要在掌握马克思主义基本理论的同时，不断推进理论创新，为新的社会实践提供理论支撑。在掌握新理论的基础上，推进新的社会实践，根据不断变化的国际国内形势，探求解决新问题的新方法，推进"实践、认识、再实践、再认识"走向循环往复的高级发展。在中国特色社会主义进入新时代这一崭新时代背景下,潍坊学院马克思主义学院组织编写了本书。在书中,各位老师和学者共同探讨了马克思主义的发展,在马克思主义基本理论意义和实践价值方面展开了多层次和多角度的探讨。

目 录

第一篇 理论研究

社会物质性与马克思主义的革命性 …………………………………… 3
抹黑英雄、丑化领袖——历史虚无主义意欲何为？ …………………… 13
马克思恩格斯对工联主义的批判及当代战略工联主义理念 ………… 19
哲学的基本功能 ………………………………………………………… 29
论恩格斯晚年对无产阶级革命策略的调整
　——学习《卡·马克思〈1848年至1850年的法兰西阶级斗争〉
　一书导言》有感 ……………………………………………………… 38
论马克思恩格斯关于农业问题的思想 ………………………………… 43
论马克思主义唯物史观的"人学"基质 ……………………………… 53
基于形式逻辑的马克思主义思想方法研究 …………………………… 65
树立"文化自信"须首先端正认识观 ………………………………… 76
《关于费尔巴哈的提纲》中科学实践观的探讨 ……………………… 85

第二篇　实践研究

浅谈我国海洋生态文明建设的保障体系问题 …………………… 95
海洋文化与生态文明的关系研究 ……………………………… 107
基层"三自治理"模式与国家治理体系现代化关系研究
　　——以寿光市东斟灌村村民自治模式研究为例 …………… 117
新旧动能转换工程的山东思路 ………………………………… 133
进化论思潮对 20 世纪初中国知识分子接受马克思主义的影响 …… 165
培育新型职业农民体系研究 …………………………………… 176
红色文化的概念、内涵及其传承 ………………………………… 190
浅谈科学生态文化与中国古代朴素生态文化之间的关系 ……… 201
论我国非公有制经济人士弘扬企业家精神的时代际遇 ………… 208
马克思主义的当代价值及其科学实现 …………………………… 218
"中国近现代史纲要"教学应注意的几个问题 …………………… 229
高校思想政治理论课"探究式"教学模式面临的问题及对策 …… 237

后　记 …………………………………………………………… 244

第一篇
理论研究

社会物质性与马克思主义的革命性*

马克思主义的革命性在于把传统哲学中物质观从本体论与认识论意义转变为社会意义,这主要体现为现实性即资本主义的商品、资本以及生产关系等。在资本主义社会中,资本家是资本的人格化表现,资产阶级对于无产阶级的统治实质上是资本对人的统治即物统治人,这决定了社会关系的异化以及人们认识的颠倒。因此资本主义社会的物质性所呈现出来的不是它的客观实在性而是虚幻性即物象,它决定了马克思对于商品本质的分析和资本主义社会的批判,从而决定了马克思主义的革命性。

一

"思维与存在"、"物质与意识"作为自哲学产生以来的主要内容,在传统哲学中形成了哲学中的本体论与认识论。在古希腊哲学中它表现为柏拉图理念世界中"真理与意见"的区分,中世纪哲学中出现了"唯名论和唯实论"之争。近代以来,随着人类主体意识的觉醒,外在世界成为人们认识和征服的对象,科学成为人们认识和改造世界的重要力

---

* 基金项目:山东省社会科学规划项目"马克思主义整体性研究"(编号:19CKSJ06)阶段性成果。

量，人类开始成为世界的中心和主人，于是出现了"客体与主体"对立。恩格斯在《路德维希·费尔巴哈和德国古典哲学的终结》中指出："全部哲学，特别是近代哲学的重大的基本问题，是思维和存在的关系问题。"① 其中何为第一性，何为第二性决定了唯物主义和唯心主义的分野。唯物主义认为物质第一性，意识第二性，物质决定意识。而认为意识第一性，物质第二性，意识决定物质则为唯心主义。马克思主义哲学是对于传统哲学的革命性变革，这主要表现为它既是对于思辨哲学以及科学实证思维方式的变革，还在于它把传统哲学理论体系转变为批判社会现实的一种方法。马克思主义的社会物质性就是唯物主义理论在方法论上的具体运用和体现。

马克思物质观一方面继承了古代朴素唯物论的具体性特征，另一方面在吸取了近代唯物论科学成果基础上克服了传统和近代唯物论的缺陷。马克思主义认为物质是标志客观实在的哲学范畴，它包括了两个方面的基本内容：一是坚持了事物的客观实在性原则，这种客观实在又不是具体的特性；二是对于外界事物本质属性的一种抽象，"物质是标志客观实在哲学范畴，这种客观实在是人通过感觉感知的，它不依赖于我们的感觉而存在，为我们的感觉所复写、摄影、反映。"② 这种"客观实在性"决定了马克思主义唯物论特性，更是马克思主义理论革命性基石。"物质的客观实在性作为整个哲学的'基石'是不容消解的"，③ 对于马克思主义来说，世界起源意义即本体论上的物质观已经不再具有决定意义，甚至是近代机械科学意义上的物质观也没有价值，更重要的是物质在社会中的意义。马克思在哲学上的对于传统形而上学的革命，是他对于资本主义社会制度的批判以及对于人类命运的关切的必然结果。

---

① 《马克思恩格斯选集》第 4 卷，北京：人民出版社 1995 年版，第 223 页。
② 《列宁选集》第 2 卷，北京：人民出版社 1995 年版，第 89 页。
③ 孙亮：《物质概念误读与马克思主义哲学范式转型》，载《江汉论坛》2009 年第 3 期。

西方马克思主义者葛兰西、卢卡奇、施密特等人把马克思物质概念和历史、社会联系在一起，从而否定了马克思主义物质观在自然和科学上的意义。如卢卡奇认识到了马克思哲学辩证法和物质观与近代科学实体意义上的物质的差异，深刻地理解了马克思主义对于资本主义批判性。但是他把传统哲学本体论置换成社会本体论，忽视了马克思主义哲学政治旨向，造成了马克思主义以"社会"的名义向"形而上学"的倒退，从而把马克思主义降低为西方传统意义上的哲学。西方马克思主义者通常把无产阶级革命与斗争设置的前提或是无产阶级意识的觉醒，或是社会经济的发展。在他们看来由于物质决定意识，所以生活在资本主义社会条件下的广大无产阶级已经被资产阶级意识所束缚，因而无法产生斗争的意识，也就无法进行无产阶级的团结和斗争。对于无产阶级政党来说，当务之急不是在资产阶级社会条件下发动针对资产阶级的社会革命，而是发展无产阶级的社会文化以及社会条件，在这些条件成熟的基础上形成无产阶级革命意识，或者是在经济发展的基础上逐步过渡到社会主义。西方马克思主义者们走上了客观的物质条件决定论，把社会物质发展作为实现无产阶级解放和斗争的前提，这在实质上放弃了马克思主义政治斗争和人类解放的基本旨向，把马克思主义的政治批判转向了文化批判，也为后来的马克思主义学院化以及实证化理解开辟了道路。

马克思的物质概念也不再是近代科学意义上的物质实体。尽管人们总是在一定意义上称马克思为科学家，因为恩格斯在谈到马克思理论贡献时认为唯物史观和剩余价值学说是马克思的主要贡献，它的地位和达尔文在生物学界发现的自然界存在的规律一样，马克思发现了社会发展的规律，因而在此意义上人们把马克思的理论称之为科学。"货币主义的一切错觉的根源，就在于看不出货币代表着一种社会生产关系，却又采取了具有一定属性的自然物的形式。嘲笑货币主义错觉的现代经济学家，一到处理比较高级的经济范畴如资本的时候，就陷入同样的错觉。

他们刚想拙劣地断定是物的东西，突然表现为社会关系，他们刚刚确定为社会关系的东西，却又表现为物来嘲弄他们。"① 马克思物质观的认识论意义在于坚持人的认识与观念不是自生的，而是取决于外在的事物。马克思物质观尽管是对于传统哲学中物质观的变革，但是这种变革不是否定而是对它的发展。实体意义上的物体在马克思主义理论中失去了根本性意义，而正是它的社会意义即现实社会中的社会制度和生产关系才具有重要地位。资本主义社会中的"资本"及其生产及制度即"物质"决定了人们的意识观念与价值行为，在此基础上形成了资本的人格化即资本家。

马克思主义物质观体现了马克思主义哲学的这一变革。首先，马克思主义物质观实现了由哲学中的本体论思维方式向社会生活意义上的转变。在思维方法上传统哲学中的唯心主义、唯物主义以及宗教神学的思辨思维方式，把物质作为世界本源或认识论中的来源，马克思把社会现实中的生产、生活以及社会制度赋予了物质现实的内涵，从而为资本主义的批判奠定了理论基础。其次，马克思物质观实现了由近代科学发展影响下形成的直观和实证思维方式，把哲学转变为关于社会发展的辩证思维，使实体意义上的物质概念转变为社会意义。这就为认识资本主义社会现实发展以及无产阶级革命奠定了现实基础。再次，马克思物质观改变了旧唯物主义在历史中的唯心主义以及抽象的人本主义，形成了以客观物质生产与科学逻辑为基础的共产主义，创立了唯物史观。在批判了思辨哲学以及宗教神学以后，马克思开始了对于社会现实的批判。"人的自我异化的神圣形象被揭穿以后，揭露具有非神圣形象的自我异化，就成了为历史服务的哲学的迫切任务。于是，对天国的批判变成对尘世的批判，对宗教的批判变成对法的批判，对神学的批判变成对政治的批判。"② 最后，马克思主义社会物质观是对社会存在和发展的认识。

---

① 《马克思恩格斯全集》第31卷，北京：人民出版社1998年版，第427页。
② 《马克思恩格斯选集》第1卷，北京：人民出版社1995年版，第2页。

马克思主义物质概念在资本主义社会中体现为存在和发展的基础即生产力和现实社会关系即生产关系统一体。它既是现实资本主义的社会结构和社会矛盾，还包括资本主义社会中的现实的物质革命力量即无产阶级，在此基础上的唯物史观和剩余价值学说使空想社会主义转变为科学社会主义。

二

正是在现实的基础上，马克思才对资本主义展开了批判性认识，它包括对于资本主义现实生产力的发展与文明的进步性，这也是无产阶级形成和发展的物质前提。资本主义市场的发展在全世界范围内"使未开化和半开化的国家从属于文明的国家，使农民的民族从属于资产阶级的民族，使东方从属于西方"。[①] 随着资产阶级统治地位的确立，政治、经济、科技以及文化的发展，人们在生产技术、民主制度以及组织管理方面的改革推动了资本主义生产力发展。马克思说，"资本主义一百年来的发展是几个世纪以来生产力发展的总和"，因此资本主义社会中的物质统一性是资本主义生产力和生产关系的统一性。经济的变化也决定了人们的思想以及社会国家政治制度的变化。因此马克思指出："不是意识决定生活，而是生活决定意识"。这样马克思主义哲学就改变了传统形而上学的思辨性，走向了现实的生活。

"社会存在决定社会意识"意味着资本主义社会中的"物"决定了人们的观念意识，而资本主义社会中最基本的"物"就是商品。商品作为资本主义社会中最常见最普通的"物"，决定了资本主义社会中基本的特征和结构，所以马克思通过对商品的分析，揭示了资本主义社会的政治经济制度以及社会矛盾。因为在马克思理论的视域中，资本主义"没有一个问题不最终追溯到商品这个问题，没有一个问题的解答不能

---

① 《马克思恩格斯选集》第1卷，北京：人民出版社1995年版，第277页。

在商品结构之谜的解答中找到"。①通过对资本主义社会中商品的分析，马克思开始了他对资本主义社会的深刻批判，并在此基础上揭示资本主义社会中的工资、地租以及剩余价值产生的根源和社会根本矛盾。从生产商品的劳动二重性中得出了商品的价值和使用价值之间的对立与统一，在商品二因素基础上马克思揭示了资本主义社会基本矛盾的根源就是生产的社会化和资本主义私有制之间的矛盾。作为资本主义物质的商品在等价交换以及自由竞争过程中产生了资本主义自由和平等的意识，也正是生产商品的过程决定了资产阶级和无产阶级之间形式上的平等和自由，这主要体现在工人生产劳动过程中得到了资本家应付的劳动报酬即"工资"。马克思对于商品的分析目的在于揭示资本主义社会中，不但工人生产的产品成为商品，而且工人本身也是商品，成为资本主义进行生产的一部分，有着自己的使用价值和价值。这种社会的异化在生产资料私有制情况下无法得到解决，只有消灭私有制才能解决。而要消灭私有制只在哲学变革和宗教幻想中是无法完成的，只有依赖于现实的实践与革命活动才能完成，因此马克思在实践的基础上批判了宗教和直观的唯物主义。

　　如果说政治意识形态作为资产阶级维护其统治地位的手段，那么资本主义商品经济社会中的等价交换和自由买卖在实质上就是资产阶级进行统治的经济意识形态。因为在商品经济等价交换中体现的正是平等和自由，它消除了外在的强权和压迫，只不过是资产阶级把封建社会中的封建特权专制转变为资产阶级经济特权，把封建等级变为了等价交换的工资形式。但不可忽略的是在这种平等形式下，资本主义社会中的一切"事务"成为了"物"，因而具有了物本身即"商品"的属性，所以人们都是在用商品价值来衡量社会中的所有的事物，其中就包括"人"。劳动力作为商品即工人只有作为商品的生产条件具有自身的价值，正因

---

① 卢卡奇：《历史与阶级意识》，北京：商务印书馆1992年版，第170页。

为失去了自身的所有物即财产,他才能是自由出卖自己劳动力,因此他的自由就是他一无所有的自由,资产阶级才能在平等的形式下自由地购买这种劳动力商品。由此看来商品作为资本主义社会的物质产生了自由平等的意识,其实是一种虚假的意识,这种虚假的背后马克思认为,人们所看到的资本主义社会中商品是被等价交换和自由买卖所遮蔽的"物",因而这种平等只是"物"的形式和表象即"物象",在资本主义社会中要看到真实的"物",就必须穿透"物象",就要剖析真正的"物"即商品的实质。因为"物与物的关系背后隐藏着人与人的关系,物物关系的本质与奥秘是人与人的关系"。①

资本主义社会中的工人阶级决定了他们受到社会环境以及生活条件的束缚和限制,意味着他们所形成的只是和资本主义相关的观念意识,他们向往资产阶级的生活方式,由于受到商品经济的影响,他们也是以量化的思维方式看待生活,他们在根本上看不到自己生活贫困的政治和经济原因。工人们由于自己的贫困而进行斗争,只不过不是反对资本主义社会制度,而是要求增加工资、减少工时,一旦这些内容成为工人阶级斗争的目的,那么工联主义以及工人贵族在工人阶级中形成也就成为必然。同样,在文化上,资产阶级的文化艺术影响着工人阶级,特别是民族文化对于他们的影响,他们往往是在民族文化和利益的基础上反对其他工人阶级的斗争和利益,使得他们缺乏工人阶级斗争的国际团结意识。在工人阶级利益与民族利益产生矛盾时,工人们往往是站在民族利益一方反对阶级利益,他们常常和资产阶级一起拥护"自己"的祖国。"民族国家"曾经作为资产阶级推翻封建专制制度成立资产阶级国家制度的重要理由,如今也成为了无产阶级特别是工人阶级的理由。这正是受到了资产阶级"物质"即文化以及生活方式的影响的结果。在这种情况下工人阶级便无法穿透资本主义的物象,而只能停留在资产阶级意识

---

① 刘森林:《物、物化、物象化:马克思物论的新认识》,载《高校理论战线》,2012 年第 7 期。

范围内。

马克思主义把社会物质性作为人们意识产生和形成的前提，但是这种物质性前提只是说明了"物"具有的外在对象性，是一种受动性。而人以及意识形成过程在本质上是一种历史生成的过程，它是在人们的生产与生活过程中形成，它体现了人的本质特点即社会性、历史性与实践性。因此意识的形成是一种人的向度即社会发展的主体向度，这种主体性就是超越性、能动性以及革命性。在社会发展过程中表现为历史性，反对资本主义永恒性，以及对现实社会的超越性即共产主义；在社会意识上是对于民族文化意识的超越即国际意识；在社会实践中就是对现实的革命性。正是在此意义上马克思主张"工人阶级没有祖国"，反对资本主义世界一体化形成的资产阶级统一体。同样，马克思在无产阶级统一性上，在无产阶级斗争的最终目标上反对局部的、地域的民族斗争，而是主张"全世界无产者，联合起来"。当然在具体的斗争策略上，在无产阶级斗争发展阶段上，乃至在民族解放对于无产阶级斗争的意义上，马克思恩格斯支持被压迫民族的解放斗争和运动。它们之间并不是一种非此即彼的关系，而是无产阶级斗争的发展过程与阶段，也是局部与整体之间的关系，还是具体目标和最终目标之间的关系。不了解这一点，就会像西方民族主义学家所认为的，在马克思主义民族理论与阶级斗争的关系上存在着无法解决的矛盾。如果站在纯粹的民族立场上无法理解民族与阶级之间的矛盾，但是在整体目标和具体策略上就会看到他们民族斗争实际上是阶级斗争的一种手段，但是西方民族主义者立足于社会发展的客观向度，往往把民族斗争作为目的，因而无法认识马克思主义民族理论的目的和意义。这一点包括第二国际马克思主义者、修正主义以及奥地利马克思主义者都是陷入了"物"即客观的逻辑思维陷阱之中，把无产阶级的革命与社会主义制度的确立建立在经济以及文化发展前提之上，而忽略了马克思主义理论的"人"的逻辑即主体革命意识。而列宁的理论正是体现了对于马克思主义理论主体逻辑的继承和发展,完成了无产阶级革命。

三

作为以无产阶级和人类解放的理论为主旨的马克思主义理论,它是以社会现实作为其生发点,社会的现实性在理论中表现为物质,而马克思主义哲学的物质观是马克思主义理论的基石,它是和马克思主义革命特性紧密结合在一起的。"哲学家们只是用不同的方式解释世界,问题在于改变世界"。这意味着马克思"无意于构架任何一种最终解释世界的哲学体系,而是全身心地关注着无产阶级在现存社会秩序中的真正处境和历史命运",① 从而在现实的基础上"改造世界"。马克思唯物主义转变是受到费尔巴哈唯物主义和布鲁诺·鲍威尔宗教批判的影响。马克思认为人的现实性不是服从现实,而是对现实的改造,但是费尔巴哈、布鲁诺的批判虽说触及了资本主义的问题,但没有指出变革的途径,马克思指明了资本主义社会受剥削的无产阶级的历史使命和价值。马克思主义的物质性前提和基础,是在人的本质基础上揭示了人的能动性和主体性。物质不但是认识的来源,人还能够通过思维形成对事物的认识,并对事物进行改造。因此马克思把无产阶级作为哲学实现自身的物质武器,而哲学一旦成为群众的革命理论就会成为物质的力量。在现实基础上虽然资本主义给世界带来了变化与进步,但资本主义取得的发展与进步并不意味着它的价值合理性,因为广大工人阶级劳动带来的并不是物质与财富而是饥饿和贫穷。古典经济学家们指出了财富是由劳动创造的,但无法解释工人付出劳动却并没有财富的事实。马克思通过对资本主义社会的分析,认为资本家不仅占有生产资料,还占有工人阶级的劳动。因此马克思指出资本主义和奴隶社会、封建社会一样都是剥削社会,阶级对立是私有制社会制度的特点,不同在于封建主对农奴的剥削

---

① 孙伯鍨、张一兵:《走进马克思》,南京:江苏人民出版社2001年版,第476页。

是直接的，而资本家对于工人的剥削是自由和平等形式掩盖的不平等。资本的本质在于不断地扩张，圈地运动夺去了广大群众的生活资料从而使他们成为失去生产资料的"自由"劳动者，而奴隶贸易就为资本主义奠定了劳动力基础。马克思说："资本来到世间从头到脚每个毛孔都滴着血和肮脏的东西"。以私有制为基础的社会，人们处于被压迫和被剥削地位，因此资本主义和以往人类社会一样没有实现人的平等和自由，人类还没有真正的历史，有的只是"史前史"。

在现实基础上用共产主义社会超越当下资本主义社会。人不能停留在现实基地上，更重要的是对于未来理想社会的追求，自然的生物和其周围的世界是直接统一的，它依赖于周围的世界，并不断地适应它。自然界的生物只能适应现实而存在，无法超越现实。而人类则不同，"人把自身当作现有的、有生命的类来对待，因为人把自身当作普遍的因而也是自由的存在物来对待。"① 人和世界既是对立的又是统一的，是在物质基础上的能动性存在，因而不断地改变世界，从而超越现实世界。正是在人的本质与主体意识基础上，马克思批判了资本主义社会的基本矛盾、经济制度以及资产阶级对于无产阶级的剥削。也正是在人的逻辑即超越性基础上，马克思把共产主义社会作为超越现实资本主义社会最后人类社会发展的归宿，由人类的"史前史"发展为真正的人类历史。未来的共产主义并不是一个实体之物，而是与人类社会生产发展相适应的理想，它是"消灭现存状况的现实的运动"，是对于人类存在意义的永恒的无限的敞开和发展，因而也就是人类真正的存在即自由人的联合体。

（作者简介：王幸平，男，潍坊学院马克思主义学院副教授；赵允喜，一级教师）

---

① 《马克思恩格斯选集》第1卷，北京：人民出版社1995年版，第45页。

抹黑英雄、丑化领袖——历史虚无主义意欲何为？

苏联解体原因众多，但历史虚无主义对列宁等领导人、英雄持续抹黑、丑化，无疑起了推波助澜的作用。被虚无掉的苏联为我们提供了前车之鉴。我们应该高度警惕当下国内外虚无主义势力对我们的革命领袖和英雄的诋毁和抹黑，并应该毫不手软地进行打击，维护我们的领袖和英雄。

辩证的否定观认为：否定之中有肯定，肯定之中有否定，既不能肯定一切，也不能否定一切。历史虚无主义坚持形而上学的否定观，对历史人物、历史事件持彻底否定的态度。当下的历史虚无主义具有特定的内涵，他们往往通过戏说、恶搞、歪曲、丑化等手法，抹黑英雄人物，诋毁革命领袖，以达其否定共产党领导，否定社会主义制度的目的，具有明显的政治意图。习近平同志指出："历史虚无主义的要害，是从根本上否定马克思主义的指导地位和中国走向社会主义的历史必然性，否定中国共产党的领导。"① 因此我们决不能听之任之，而应保持高度警惕，保卫我们的英雄，保卫我们的领袖。

---

① 《在全国党史工作会议上发表重要讲话》，载《人民日报》，2010－07－22，第3版。

一、历史虚无主义抹黑英雄、诋毁革命领袖的主要手法

（一）打着"反思"历史的旗号，主观主义地"重构"历史

把历史当成随意打扮，任人玩弄的东西。对于革命英雄，特别是对中国近现代历史上的革命英雄，历史虚无主义者为消解其神圣性，不遗余力、不择手段，虚构资料、篡改史实、偷换概念、移花接木、虚化规律，通过种种手法，虚无党的领袖和革命英雄的光辉。首当其冲的是通过一些所谓"还原历史真实"的文章或作品肆意调侃、抹黑、诋毁与质疑英雄人物，如"狼牙山五壮士是偷老百姓萝卜的逃兵"等。① 严肃的历史事实被戏说颠覆，英雄人物的形象被娱乐、抹黑、丑化，英雄的神圣性荡然无存。

（二）打着"客观主义"和"理性分析"的旗号，碎片化解读历史

在认知历史英雄的问题上，因为年代久远，细节叙述模糊，当年见证人离世等原因，历史虚无主义者抓住英雄叙事某些所谓"疑点""细节"大做文章，热衷于对狼牙山五壮士、雷锋、黄继光等正史叙述之外某些道听途说的细节的再挖掘，预设前提，推测解读，美其名曰还原历史真相。列宁曾经指出："在社会现象方面，没有哪种方法比胡乱抽出一些个别事实和玩弄实例更普遍、更站不住脚的了。挑选任何例子是毫不费劲的，但这没有任何意义，或者有纯粹消极的意义，因为问题完全在于，每一个别情况都有其具体的历史环境。……如果不是从整体上、不是从联系中去掌握事实，如果事实是零碎的和随意挑选出来的，那

---

① 安轩平：《历史英雄不能被任意贬损》，载《安徽日报》，2015-7-6。

么，它们就只能是一种儿戏，甚至连儿戏都不如。"① 片面地以所谓"还原历史"为目的的过度化解读，即是否定中国历史上的英雄人物。

二、历史虚无主义抹黑英雄、诋毁革命领袖的危害

意识形态之战是一场没有硝烟的战争。当前敌对势力故意在意识形态领域制造思想混乱：颠倒黑白、混淆视听、虚无领袖、虚无英雄。其实质是利用社会意识巨大反作用之道，以行抽掉民族之魂、消解民族精神之实，达到其不可告人的目的。

（一）欲灭其国，必先灭其史

历史虚无主义就是通过攻击、污蔑、丑化党和人民的领袖、革命先烈和英雄模范人物，毁灭中华民族的精神脊梁。不仅严重败坏了党和人民的领袖、革命先烈和英雄模范人物的名誉，也严重损害了中国人民崇尚英烈的真挚情感和中华民族的共同历史记忆，违反了社会主义核心价值观，违反了社会公共秩序，产生了极其恶劣的政治影响和社会影响。历史虚无主义还以"学术研究"的旗号，质疑或否定党的最高理想和最终目标，消解我国社会主义意识形态的理论基础。否定我们党在社会主义初级阶段的方针政策，否定马克思主义基本原理，否定社会主义制度，否定共产主义远大理想。表面上看这是思想认识问题，但背后往往带有鲜明的政治意图，实质上是政治原则问题。习近平总书记指出："历史虚无主义以所谓重新评价为名，歪曲近现代中国革命历史、党的历史和中华人民共和国历史，历史虚无主义的要害，是从根本上否定马克思主义指导地位和中国走向社会主义的历史必然性，否定中国共产党

---

① 《列宁全集》第28卷，北京：人民出版社1990年版，第364页。

的领导。"①

(二) 历史虚无主义还在中国贩卖西方的价值理念，美化西方的社会制度

历史虚无主义的一个显著特征，就是虚中有实，虚实结合，在否定马克思主义、诋毁共产党的领导和社会主义制度的同时，美化资产阶级的价值观和资本主义制度，大力宣扬以自由、民主、人权、宪政为主要内容的所谓的"普世价值"。甘当"第五纵队"，争做"带路党"。目的是以思想渗透的方式，消解民众对我国主流意识形态的价值认同，挑战马克思主义在我国意识形态领域的指导地位，对我国意识形态安全和国家政权构成威胁。极易导致民众，特别是青少年丧失崇高理想，失去社会责任感，如果任由历史虚无主义思想在我国传播，必将导致青年一代的沦陷，那么坚持社会主义制度、坚持共产党执政就失去了根基，由此产生的政治后果不堪想象。所以说，历史虚无主义消解的是人们对中国道路的信心以及对国家的信任。

三、维护领袖和英雄、抵御历史虚无主义的对策

历史虚无主义对英雄的诋毁和抹黑，搞乱人们的思想，动摇人们的政治信仰，淡化理想信念，削弱全国人民共同团结奋斗的思想基础，严重威胁国家安全和社会长治久安。我们决不能掉以轻心。习近平总书记指出："共产党人不是历史虚无主义者，也不是文化虚无主义者，不能数典忘祖、妄自菲薄。"② 那么，英雄保护了我们，我们拿什么保护英雄？这不仅仅是一个道德的问题，还是一个捍卫民族精神的问题。民族

---

① 中共中央党史研究室：《历史是最好的教科书——学习习近平同志关于党的历史的重要论述》，载《人民日报》，2013-7-22。

② 《习近平在纪念孔子诞辰2565周年国际学术研讨会暨国际儒学联合会第五届会员大会开幕会上的讲话》，载《人民日报》，2014-9-25。

精神是民族之脊梁，民族之灵魂。

（一）必须坚持马克思主义在意识形态领域的指导地位

马克思主义是科学的世界观和方法论，是被实践证明了的真理，是我们认识世界和改造世界的强大理论武器，因此，在当下利益多元、思想多元的时代，我们必须吸取苏联解体的教训，坚持马克思主义在意识形态领域的指导地位，坚决反对指导思想的多元化。要坚持用发展着的马克思主义凝聚社会共识，在意识形态领域，牢牢把握主动权和话语权，占稳意识形态阵地，旗帜鲜明地同各种反马克思主义的思潮作坚决斗争。深入推进中国特色社会主义理论体系研究工作，运用马克思主义中国化最新理论成果武装全党，教育人民。运用马克思主义阶级分析法和历史分析法，全面正确地分析历史人物、分析革命领袖和英雄人物。

（二）强化对历史虚无主义的理论研究

反对历史虚无主义，必须要能从理论上真正彻底批倒这一错误思潮，这就需要我们的哲学社会科学工作者，坚持辩证唯物主义和历史唯物主义观点，运用辩证的否定观，不断强化对历史虚无主义思潮的跟踪研究，深刻揭示其理论本质，透析其泛起的社会背景和理论背景，深入批判其理论逻辑错误。同时不断推进马克思主义理论大众化建设，用相关理论成果武装群众，增强人民群众抵御错误思潮的理论自觉，使之成为保卫革命领袖、维护人民英雄的生力军。

（三）坚持"文化自信"，提高国家文化软实力

习近平总书记指出："文化自信，是更基础、更广泛、更深厚的自信"。中华优秀传统文化、革命文化和社会主义先进文化构成我们文化自信的三大源泉。文化自信是一个国家、一个民族和人民对自身文化的充分肯定和坚定信仰。文化自信本质上是对中国特色社会主义的真诚信

仰和深刻认同。① 项庄舞剑，意在沛公，历史虚无主义随心所欲抹黑英雄，丑化领袖，抹杀革命英雄的历史功绩，其实质就是消解以爱国主义为核心的民族精神，因此我们必须坚定文化自信，筑牢文化根基。大力发展文化产业，打造具有国际竞争力的文化产品，提升具有中国特色和中国品牌文化产品的影响力和竞争力，传播中国精神和中国价值，讲好中国故事。唯有如此，我们才能理直气壮地同历史虚无主义思潮作坚决斗争，我们的革命领袖和民族英雄才能傲然屹立于人民心中，一切敌对势力抹黑丑化的图谋才不会得逞。

（四）掌握舆论话语权，强化网络监管的力度

互联网不断发展，信息传播的速度越来越快、手段日益翻新，其言论已经成为社会舆论的重要风向标。要抵制历史虚无主义，就必须充分发挥网络新媒体的功能，做好"立"和"破"两方面的工作。第一个"立"就是要用马克思主义占稳互联网阵地，在网络中，积极宣传马克思主义，强化马克思主义的舆论导向作用，教育网民学会用历史唯物主义方法分析历史人物。第二个"立"就是要做好网络立法，互联网非法外之地，加强对互联网监管，完善法律法规，加大违法打击力度。对丑化领袖、抹黑英雄的网络行为严惩不贷。第三个"立"就是建立一支互联网马克思主义理论宣传队。组建一批立场坚定、朝气蓬勃、熟悉网络的中青年马克思主义理论工作队，运用灵活多样的宣传方式，不断推进马克思主义大众化、群众化、年轻化，使我们的马克思主义后继有人。

（作者简介：赵允福，男，潍坊学院马克思主义学院副院长、副教授；安艳珍，女，一级教师）

---

① 司努力：《新时期我国历史虚无主义思潮的泛起及应对研究》，学位论文，中共湖北省委党校2018年。

马克思恩格斯对工联主义的批判及当代战略工联主义理念

工联主义又称"工会主义",是19世纪中叶国际工人运动中的一种资产阶级改良思潮。由于该思潮在英国工会联合会(以下简称工联)中出现最早,发展最充分,故而得名。在第一国际时期,英国工联的改良主义思想严重影响了工人阶级觉悟的提高和科学社会主义的传播。因而,马克思和恩格斯在19世纪中后期对工联主义进行了批判。关于这一问题,马克思恩格斯的专门文章并不多,更多地是散见于一些论述中。在这些论述中,马克思和恩格斯对工会的产生、目的以及英国工联的性质特点、积极作用与局限性作了阐述,从而批判了工联主义的资产阶级改良性质。

一、马克思恩格斯对工联主义的批判

(一)工会产生的最初原因在于,工人们自发地企图消除互相之间的竞争,从而维护工资、劳动条件等共同利益

马克思对这一问题的最早阐述是在1847年上半年。他在批判蒲鲁东谴责工人罢工和工人同盟的言论时,对工会出现的原因及未来的发展态势进行了阐述。他认为,工会是工人阶级为了在社会化大生产中减少

自相竞争，集中力量对付共同的资本家而组成的同盟。马克思分析道，大工业把本不相识的人们集中在一起，工作上呈现互相竞争的关系。但这些有着竞争关系的工人为了维护工资这一共同利益，就有了共同的对手即资本家。为了对付资本家，工人们就可以在共同的思想下联合起来成为盟友，"因此，同盟总是具有双重目的：消灭工人之间的竞争，以便同心协力地同资本家竞争。"① 同时，马克思还以英国为例，说明工人同盟会随着经济的发展而不断发展壮大。英国是工业革命最早的国家，也是当时工业发展最好的国家，从而也拥有规模最大、组织最完备的工人同盟。马克思认为工人同盟随现代工业的发展而不断成长，这是谁也阻挡不了的客观趋势，甚至认为工人同盟的发展程度是一个国家在世界市场中所处地位的重要标志。1864年，国际工人协会成立。英国工联在其成立过程中发挥了很大的作用。工联的很多领袖成为国际工人协会总委员会委员。然而，英国工联的领导人加入国际工人协会后，在协会运作过程中仍然运用原来的工作方法、工作思路，这就使得存在于英国工联中的改良主义和工联主义传染到了国际工人协会中。对这一现象，马克思和恩格斯并没有佯作不知，而是及时批评、纠正这一错误倾向。1866年9月3—8日，国际工人协会第一次代表大会在日内瓦举行。马克思为会议的代表们写了《临时中央委员会就若干问题给代表的指示》（以下简称《指示》）。马克思认为，根据《指示》第二点、第三点、第五点和第六点所作出的决议，"必须看做是国际的纲领的组成部分"。② 其中，第六点就是"工会（工联）"。从中可以看出，马克思对工联主义的关注。在《指示》中，马克思得出结论：工会最初是工人们为了削弱同行之间的竞争以集中力量对付共同的对手，争取好一些的工作条件而设立的联盟。

1881年5—8月，恩格斯应英国工联的机关报《劳动旗帜报》创办

---

① 《马克思恩格斯选集》第1卷，北京：人民出版社1995年版，第193页。
② 《马克思恩格斯全集》第16卷，北京：人民出版社1964年版，第743页。

人兼编辑乔·希普顿之邀成为该报的撰稿人，先后为该报撰写了十一篇文章。在其中的一篇《工联》中，恩格斯也谈到了工联产生的原因。他先用通俗易懂的语言解释了资本家千方百计压低工人工资以确保自己的利润的现象，然后把工人与资本家作了比较，认为资本家一般不需要正式的工会、章程、专职人员，他们自己形成一个特殊的阶级，互相之间经常的社交和商业往来就代替了一切；然而，工人却相反，他们"一开始就不能没有一个强有力的组织"① 来同资本家任意减低工资或增加工作时间的行为作斗争。可见，工会产生的原因是工人为了团结起来，与资本家作斗争以维护工人最基本的利益。

（二）工会的最终目的应该是作为工人阶级的组织中心，消灭雇佣劳动制度本身，实现工人阶级的彻底解放

工会的最终目的难道仅仅是为了改善经济条件吗？针对这一问题，马克思和恩格斯也作了详细论述。马克思在1847年上半年的《罢工和工人同盟》里指出：工会成立的最初目的只是为了维护工资，但是为了对付联合起来的资本家，孤立的同盟之间也会联合起来，此时，"对于工人来说，维护自己的联盟，就比维护工资更为重要"②。在这里，马克思初步分析了工会的目的，认为工会最初只是为了维护工人阶级最直接的利益，并不具有政治性质，但是随着斗争的发展，其政治性就会显现。至于工会存在的最终目的是什么，马克思此时还没有明确论述。

到了1847年12月底，马克思在手稿《工资》中谈到工人联合会时，初步阐述了工会应该确立的根本目的。他认为工人联合会的主要使命不应该只局限于提高工资、缩短劳动时间等目的，如果仅限于确定工资这些表面事务，不改变劳动和资本之间的本质关系，那么工人联合会最终必然崩溃。那么，工人联合会应该是什么呢？马克思指出："这些

---

① 《马克思恩格斯全集》第25卷，北京：人民出版社2001年版，第497页。
② 《马克思恩格斯选集》第1卷，北京：人民出版社1995年版，第193页。

联盟是团结工人的手段，是准备推翻整个旧社会、彻底解决其阶级矛盾的手段。"① 在这里，马克思初步表述了工会应该把推翻旧社会制度、彻底消除阶级矛盾作为自己根本目标这一思想。

在1866年《临时中央委员会就若干问题给代表的指示》中，马克思对工会的目的作了详细的分析。他认为工会维护工人经济利益这一直接任务具有必要性，但更为重要的是，工会要成为推翻资本主义制度、消除资本无限权力的最有组织的有生力量。要消灭资本主义制度，就要自觉组织工人运动，确定政治目标和最终任务。具体应当怎么做呢？马克思认为工会要以实际行动表明自己是代表整个工人阶级利益的组织，是工人们自己的组织，是为了维护工人阶级利益而不懈奋斗地冲在前列的战士。因此，工会应该支持有利于工人解放的所有社会运动和政治运动，并积极吸收更多工人群众加入自己的队伍。通过这些行动，工会要向全世界的被压迫者证明，自己绝不是自私的利己主义者，而是为了全体被压迫阶级的最终解放而斗争。马克思在此明确指出了工会的最终目的就是要消灭雇佣劳动制度，从而彻底解放被压迫者。

值得注意的是，这一最终目的是马克思认为工会应该确立的奋斗目标，但是实际中的工联运动并没有把这一最终目的确立为自己的奋斗目标。这也是马克思恩格斯为什么同工联主义进行坚决斗争的主要缘由。

（三）英国工联代表少数工人贵族的利益，决定了它不可能成为无产阶级的领导者

英国的工会组织出现得较早，大约产生于18世纪中叶。1824年取得合法地位后，工人在英国成为一支重要力量。19世纪中期，随着资本主义的发展，英国国内的阶级矛盾也日益激烈。为了缓和矛盾，资产阶级用金钱收买工人队伍中的不坚定分子为自己所用，形成了工人群众中的一个特殊阶层——工人贵族。对这一现象，当时的马克思和恩格斯看

---

① 《马克思恩格斯全集》第6卷，北京：人民出版社1961年版，第658页。

得异常清楚。恩格斯在19世纪50年代初期就指出了这一现象,认为资产阶级用经济快速发展带来的高额利润购买了一个阶级。1858年10月7日,恩格斯在给马克思的信里又说:"英国无产阶级实际上日益资产阶级化了,因而这一所有民族中最资产阶级化的民族,看来想把事情最终导致这样的地步,即除了资产阶级,还要有资产阶级化的贵族和资产阶级化的无产阶级。"①

此时,一种新的全国性行业工会出现。这种行业工会基本上由各行业熟练的技术工人组成,叫作"新模范工会"。"新模范工会"组织严密,结构稳定,基金充足,有一批专职干部。1860年,由这些工人贵族组成的各部门的工会相互联合,组成了一个整体组织,即"工会联合会"。工会联合会是英国工会的核心机构,就是所谓的"工联"。工联的领导阶层全由上层工人贵族组成,控制英国工会运动的领导权。由此,英国工会运动完全变质,不再是全体工人阶级的战斗组织,成为专门为少数工人贵族阶层服务的专职组织。马克思曾这样描述工联的组成人员:低薪工人不能加入,贫苦群众不能加入,城市短工不能加入,失地农民不能加入。总之,十个工人只有一个能加入工联。工联纯粹变成少数工人贵族的组织。1872年9月,在国际工人协会海牙代表大会上,马克思为不列颠联合会委员马耳特曼·巴里的代表资格证辩护时,公开谴责英国工联的领导者已经全部被资本家收买。1878年2月11日,马克思在给威廉·李卜克内西的信里更是尖锐地指出英国工联陷入了无止境的精神堕落,卖身投靠了自己的奴役者,成为了压迫工人的资产阶级政党的尾巴。英国工人运动的领导权完全掌控在了堕落的工人贵族领袖和职业鼓动家手中。

由于工联成为工人贵族的组织,在工人阶级中处于少数地位,没有足够的力量,缺乏统一的普适的语言,无法成为全部工人阶级的代表。

---

① 《马克思恩格斯全集》第29卷,北京:人民出版社1972年版,第344—345页。

因此，马克思明确否定了英国工联的无产阶级领导者地位，并指出能担当此任的只有国际工人协会。与工联不一样，国际工人协会的思想在广大工人群众中具有直接的吸引力和凝聚力，能够有力地团结工人群众，直接影响工人群众，不需要任何中间组织来召集工人。正是因为上述原因，马克思把国际工人协会看作是唯一能够赢得工人群众信任，能够担当起发动工人、组织工人完成政治使命的组织。

（四）工联在工人运动中建立过功绩，但是它们奉行资产阶级改良主义，没有担负起工人阶级先进队的职责，因而必然会被历史舍弃

马克思和恩格斯在批判工联主义时并没有抹煞工联在工人运动中的积极作用。1865年6月，马克思在国际工人协会总委员会会议报告中，对工联的活动成效给予了充分肯定，认为工联作为反对资本奴役的主要力量，取得了颇为可观的工作成果。1868年10月4日，马克思驳斥当时德国报刊的错误认识，阐述英国工联同国际工人协会的关系时，说"英国工联曾经通过这个国际工人协会以大量金钱对于进行反对资本斗争的巴黎工人、日内瓦工人和比利时工人进行了援助。"① 这些论述充分肯定了英国工联在19世纪60年代的工人运动中的积极作用及表现出来的国际主义精神。恩格斯对工联的积极作用进行了更加翔实的论述。这在恩格斯于1881年5月为英国工联的机关报《劳动旗帜报》撰写的几篇社论中表现得非常鲜明。他认为工联在保持工人工资和缩短劳动时间方面取得了巨大成就，因为它提高了工人的生活水平。在文章中，恩格斯还比较了伦敦贫民区的工人和参加工联的工人的不同，认为两者在劳动的繁重程度和熟练程度上一样，但工资却相差一半，原因就在于前者没有一个强有力的组织，而后者有。

工联在工人运动中发挥过积极作用，但它的作用已经达到了极限。

---

① 《马克思恩格斯全集》第16卷，北京：人民出版社1964年版，第374页。

它所取得的成果是通过经常的斗争,消耗了大量的人力物力才得到的。而且,这些成果并不是一劳永逸的。周期性的经济危机会破坏掉一切,使得一切要从头开始,形成恶性循环。所以,不管成果有多大,工人阶级一如既往的仍然是雇佣劳动阶级。那么,工人的出路在哪里?恶性循环如何摆脱?唯一的途径是彻底废除雇佣劳动制度。然而,工联做不到这一点。因此,在肯定工联运动的积极作用的同时,马克思和恩格斯对工联主义的妥协性、不彻底性等缺陷进行了尖锐的批判和坚决的斗争。

对工联主义的批判在第一国际时期就开始了。当时在讨论工人运动的未来发展道路和爱尔兰民族独立运动问题时,马克思和恩格斯同工联主义展开了斗争。对于工人运动到底应该走什么样的道路,马克思在1866年6月的国际工人协会总委员会会议上深刻批判了工联运动的改良性和不彻底性,认为工联运动关注的仅仅是结果而不是产生结果的原因,触及的只是资本主义经济制度的表面现象而不是制度本质,就像人在病痛时只服用止痛剂,而不去除病根。他认为,工人阶级"应当懂得:现代制度给他们带来一切贫困,同时又造成对社会进行经济改造所必需的种种物质条件和社会形式……要在自己的旗帜上写上革命的口号:'消灭雇佣劳动制度!'"① 在爱尔兰民族独立问题上,当时英国工联站在政府一侧支持英国对爱尔兰实行的殖民政策,抵制爱尔兰人民争取独立的民族运动。对此,马克思提出了明确的反对意见,批判了工联主义的狭隘的民族主义倾向,阐述了无产阶级的国际主义思想。

19世纪70年代以后,英国逐步丧失了工业垄断地位,经济处于凋敝状态,工人生活状态不断恶化。因此,从19世纪80年代初起,工人运动出现新的进步气象。恩格斯正是因为看到了英国工人阶级的一部分人表现出的政治积极性,因而同意为英国工联的机关报《劳动旗帜报》撰稿,希望帮助工人运动摆脱狭隘性,进行独立的政治斗争,建立独立

---

① 《马克思恩格斯选集》第2卷,北京:人民出版社1995年版,第97页。

的政党。在前三篇社论《做一天公平的工作,得一天公平的工资》、《雇佣劳动制度》和《工联》中,恩格斯首先对工联主义的口号进行了批判,认为工联的"做一天公平的工作,得一天公平的工资"这一口号已经过时了。接着,恩格斯考察了工联的活动,认为工联已经存在并活跃了60多年,但这么多年的斗争并没有撼动资本主义工资规律。工人阶级如何才能获得完全解放?恩格斯认为只有工人阶级进行彻底的政治斗争,根本变革资本主义经济制度,使生产资料资本家所有变为生产资料工人所有,唯此才能使工人阶级成为社会的主人,翻身得解放。继而,恩格斯考察了工联的作用,指出工联作为工人阶级的组织者没有能够发挥先进队的作用,将来必然会被历史淘汰。恩格斯指出,工联现在的力量已经达到了其他国家的任何工人组织都不能相比的程度,成为政府必须加以重视的一支力量。但是,工联却把自己的活动仍然严格地局限于参与调节工资和工作时间这种职能上,忽视了自己作为工人阶级先进队的职责。如果工联不能代表工人的利益,不能表现出自己的先进性,结果必然是遭到工人阶级的抛弃。而且,有许多迹象表明,英国的工人阶级正在意识到造成自己悲惨境遇的根源不是工资,而是雇佣劳动制度。一旦这种认识成为工人阶级的普遍认识,工联地位就会一落千丈。因此,恩格斯强调工联必须要处理好目的和手段的关系,即工联当前所进行的所有经济斗争只是手段,这些手段虽然非常必要且有效,但毕竟不是最终目的,只是达到最终目的的众多手段中的一种。那么,最终目的是什么?恩格斯明确回答:"这个更高目的就是完全废除雇佣劳动制度。"① 最后,恩格斯提出了要建立工人阶级政党的思想。他认为为了废除雇佣劳动制度,必须建立组织,这一组织不是个别行业的,而是整个工人阶级的组织。由于英国工联的影响,《劳动旗帜报》推行的机会主义方针最终使恩格斯不得不于1881年8月停止了撰稿,但是恩格斯在这

---

① 《马克思恩格斯全集》第25卷,北京:人民出版社2001年版,第501页。

几篇文章中所表达的思想对于那些渴望进步的、有思想的工会运动者发生了重要影响。从19世纪80年代起，工人运动出现新的进步现象，社会主义运动又复活了，甚至在先进工人中间还有成立独立的工人政党的尝试。

二、当代工会运动中的战略工联主义理念

马克思和恩格斯对工联主义的批判是在19世纪的历史背景下进行的。当时资本主义社会阶级矛盾和阶级斗争越来越尖锐，冲突越来越激烈。随着经济危机的频繁爆发，马克思和恩格斯几次预言了资本主义即将灭亡的命运。他们就是从这一角度出发，反对妥协退让的工联主义。但资产阶级在危机中调整生产关系，缓和阶级矛盾，使资本主义一直发展到今天。当代资本主义仍然具有调节生产力同生产关系、经济基础同上层建筑矛盾的能力，资本主义生产关系还有容纳生产力发展的空间。既然资本主义仍然具有生命力，那么工会在当代工人运动中就仍然具有举足轻重的作用。

在当今经济全球化的背景下，工会运动所处的社会环境发生变化，面临的主要问题也发生了变化，必然需要不同的指导思想和工作理念。战略工联主义由此而生。战略工联主义秉持的基本思想是，现代工会不仅仅是工人阶级经济利益和政治利益的维护者，同时对整个国家社会的政治经济发展有着全局性的责任感。它有着与传统工联主义不同的特点，主要表现为：第一，传统工联主义只关心工人自身的短期利益，战略工联主义还关心国家经济的长远发展，要求参与国家政策的协商、制定，注重维护工人的长远利益。第二，传统工联主义只关心工资数额、工作时间、劳动条件等基本经济问题，战略工联主义还关心并参与有关教育、医疗、卫生、环境、女权、种族平等、和平运动等关系全体劳动者利益的运动。第三，传统工联主义大多采用罢工、集会、暴力等方式，战略工联主义更注重采取谈判、协商、对话、机制平台等和平方式

维护自己利益，实现预定目标。第四，与传统工联主义不同，战略工联主义理念指导下的工会建立了强有力的基层工会组织，加强了工会组织与会员的联系，扩大了基层的发言权，有利于更好地执行工会运动的政策。第五，现代工会组织了高水平的工会教育和研究，提高了工会会员对工会运动的方针政策的理解，为工会运动参与国家各项政策辩论提供了理论论证和对策分析，成为工会运动的"智囊"，这也是传统工联主义时期的工会所不具有的特点。

在战略工联主义的引导下，工会本着对工人负责、对社会负责的态度，很大程度上影响着政府决策，使国家的经济社会政策更加趋向公平和公正。"二战"后70多年来，这些国家的工会发挥了很大的作用，作出了很多实实在在的贡献。比如为广大工人群众争得了许多实际权益，改善了工人群众的生活条件，提高了工人群众的生活水平，使工人群众得以分享经济快速发展的大量成果；同时，各国工会还为资本主义国家制度的改革和完善作出了巨大贡献，客观上推动了资本主义社会的进步。在这些国家，包括政府、政党、雇主组织在内的任何势力都不能无视工会的存在和它的实力。当前，工会俨然成为西方国家经济社会发展中的重要组成部分，甚至成为必不可少的一部分。以至于有人认为，如果没有工会，市场经济将无法正常运作。

但同时也应该看到，战略工联主义与传统工联主义是一脉相承的关系，其实质仍然是社会改良主义。战略工联主义尽管已经不再把工会活动局限于提高工资、缩短劳动时间和改善劳动条件等狭隘范围，但仍然没有直接提出消灭雇佣劳动制度的要求，只是满足于在资本主义范围内通过合法手段逐步改善工人阶级的政治经济状况，因而依然是资本主义条件下的社会改良主义。但在资本主义仍然具有生命力的今天，战略工联主义无疑仍然发挥着重要的作用。

（作者简介：赵纪梅，女，潍坊学院马克思主义学院副教授）

哲学的基本功能

马克思在《〈科隆日报〉第 179 号的社论》一文中指出:"任何真正的哲学都是自己时代的精神上的精华",① 他认为真正的哲学应当"是自己的时代、自己的人民的产物,人民的最美好、最珍贵、最隐蔽的精髓都汇集在哲学思想里"。② 人类历史中的每一次前行,每一次变革,每一次发展无不闪烁着哲学智慧的光辉。然而,对于绝大多数普通人来说,哲学似乎高高在上,不食人间烟火,是哲学家的专利,与普通人的琐碎生活相距甚远。那么,哲学究竟是什么?它的产生和发展要解决什么问题?它对于人类社会乃至每一个人到底有什么作用?这是在人类发展的每个阶段我们都要面临和回答的问题。

一、什么是哲学

关于哲学,大家都不陌生,但对于什么是哲学,看起来是一个简单的问题,但要真正回答起来却又不容易。每个人在成长的不同阶段对于哲学的认知和理解会有不同。在我们读中学时,可能对什么是哲学有些似是而非的模糊认识,当我们读大学时,对于什么是哲学就有着自己较

---

① 《马克思恩格斯全集》第 1 卷上册,北京:人民出版社 2003 年版,第 220 页。
② 《马克思恩格斯全集》第 1 卷上册,北京:人民出版社 2003 年版,第 119 页。

为明确的理解；但是，当你有志于在哲学的殿堂里继续深造和探究时，哲学对于你而言又变得迷惘或困顿了。

那么，到底什么是哲学？

哲学大约在公元前 600 年产生于古希腊。英文中，哲学 Philosophy 一词源自古希腊文的动词——爱 Philein 和名词——智慧 Sophia，其义为"智慧之学"。在汉语中，"哲"字解释为智慧、聪明、贤明等，含有通晓事理之意。因此，从字面上看，哲学就是给人智慧，使人聪明的学问。1873 年，日本学者首次将 Philosophy 译为"哲学"。1896 年前后，中国学者黄遵宪将其引入中国，意为"智慧之学"。

以上，是从哲学的最初来源上和字面意义上讲什么是哲学。由于认识的主观性和个体性差异，对于同一个事物，人们站在不同的立场，通过不同的角度，往往会有各种不同的看法，哲学也不例外。古今往来，在东西方哲学史上，可以说有多少个哲学家或许就有多少个有关哲学的定义。正如叔本华所说："哲学是一个长着许多脑袋的怪物，每个脑袋都说着一种不同的语言。"① 有人说，哲学是"人人心中所有，笔下所无"的思绪，把这些思绪加工提炼为观念，就成为照亮众人的智慧之光。也有人说：哲学是对一些司空见惯的，大家都以为不成为问题的问题投以怀疑和探索的眼光，进行再思考。还有人说：哲学是对人的根本处境和基本状况的觉醒和表述，并寻求一条解脱的方法和一条缓和酷烈命运的途径。中国古代哲学家庄子说：哲学就是"判天地之美，析万物之理"。② 中国近代哲学家冯友兰说："我所说的哲学，就是对于人生的有系统的反思的思想。"③ 西方哲学家罗素则说："哲学，就我对这个词的理解来说，乃是某种介乎神学与科学之间的东西。——一切确切的知识——我是这样主张的——都属于科学；一切涉及超乎确切知识之外的

---

① 《叔本华全集》第 1 卷，1986 年德文版，第 156 页。
② 庄子：《天下篇》，南昌：江西人民出版社 2017 年版，第 510 页。
③ 冯友兰：《中国哲学简史》，北京：北京大学出版社 1996 年版，第 1 页。

教条都属于神学。但是介乎神学与科学之间还有一片受到双方攻击的无人之域,这片无人之域就是哲学。"①

以上这些对于哲学的定义或理解,反映了不同的哲学家对哲学的不同理解,尽管存在差异,但总有一些认识是相同的,那就是:哲学是一种对人类自身及其生存状况的反思,是对人类生存的这个世界的认识。因此,哲学作为智慧之学,最根本的任务是教人如何认识自己和世界,如何认识和处理自己同外部世界的关系,这也决定了哲学的两个最基本功能。

二、认识世界——哲学的内在功能

没有一个文化不关心"人是谁?"、"世界从何而来?"这样的问题,自从有了人类,人们就开始了认识自身并进而认识世界的不懈追求。认识自己,寻找自我,可以说是人类的一个古老永恒的命题。但是,人要认识自己就必须首先认识他所赖以生存的那个先在的客体——自然界。正是在认识自然的过程中,哲学产生了。所以,柏拉图认为,哲学起源于疑讶和惑惧,疑讶——对自然界追问:世界是从哪里来的?谁是世界的本源?惑惧——对生命本身追问:人是从哪里来的?人死后会到哪里?生命的意义是什么,等等。

哲学的前身是古希腊神话。在这个时期,人直接地就是自然界的一部分。由于人类的认识能力尚处于起步阶段,大自然对于人来说具有巨大的神秘性和不可抗拒性。人类无力掌握自身的命运,对大自然束手无策,不得不被动地依赖自然靠天去生存。人类对自然界的认识就是:世界是由神创造的,人类也是由神创造的。由此而有了伊甸园里亚当与夏娃的传说,也有了人类"原罪"的由来。在古希腊神话中,宙斯是众神之首,在宙斯之下,还有掌管各类事物的神,它们各司其职,维持着大

---

① 罗素:《西方哲学史》,北京:商务印书馆1963年版,第11页。

自然的秩序。有一则神话说,司掌农耕的女神的爱女被冥王抢到地府,她悲怆欲绝。后来在宙斯的安排,她每年能和女儿相会一次。母女相聚时,大地温暖和煦,万物滋长繁茂,就有了春;母女分离后,大地复归于寒冷萧条,就有了冬。这应和了当时人类对自身和对世界的认识。在古希腊人的认知中,山川林木、日月海陆、风雨变幻、生老病死、祸福成败都取决于神的意志。所以,人类必须对神顶礼膜拜,谁违背了它,谁就会受到惩罚。这就是古希腊人对"人是谁"、"世界从何而来"的认识。这些认识充满了富有哲理的隐喻,显示出人类早期对自身生存状况的不倦思索,是哲学产生的前奏。

公元前600年哲学产生了,人们对"人是谁"、"世界从何而来"的认识便拉开了新的序幕,使得这种认识变得更加富有理性,从而铺开了一个"厮杀的战场"(黑格尔语)——唯物主义和唯心主义长期斗争的战场。

世界上的事物纷繁复杂,无限多样,但归结起来无非就是两大类:一类是物质现象,另一类是精神现象。那么,世界是从物质而来,还是从精神而来?如果从物质而来,万事万物是否由一种基本的物质组成呢?正是基于对世界这一根本问题的探究,唯物主义哲学家们发表了不同见解。从中国古代哲学中的"阴阳五行学说"和"元气说"到古希腊哲学中泰勒斯的"水"、阿那克西美尼的"气"到赫拉克利特的"火"和恩培多克里的"四根说"(土、气、水、火),无不反映了人们对"世界从何而来"的深刻见解。唯心主义则认为:这个世界是由神抑或是人的心灵创造的。中国古代哲学与欧洲哲学虽然产生的文化环境不同,但对这个问题的认识却殊途同归。在中国古代哲学中,从老子的"道"、庄周"物物者非物"的天道观和"知其不可奈何而安之若命"的宿命论,到董仲舒"天人感应"的神学目的论,朱熹"理本气末"的宇宙观,再到陆九渊"心即理"和王守仁的"心外无物"、"心外无理"的主观唯心主义世界观,无不表现了唯心主义哲学对世界的认识。

而古希腊哲学从苏格拉底的"神",到毕达哥拉斯的"数",也无不反映了他们对这个世界的深刻见解。由此可见,不论是东方哲学还是西方哲学,不论是唯物主义还是唯心主义,都是对我们所生存的这个世界的认识。

同任何事物一样,哲学对世界的认识也不是一帆风顺的。公元476年,西罗马帝国灭亡,欧洲自此进入了长达一千年之久的封建中世纪。在这个时期,封建神学大行其道,教会成为一切权力的化身,哲学被迫成为神学的婢女。经院哲学家们不是煞费苦心地为上帝的存在提供种种证明,就是乐此不彼地争论诸如"天堂里的玫瑰花有没有刺?""一根针尖上能站多少天使?"之类的无聊问题。人们在宗教神学的麻痹下,把现世的苦难寄希望于上帝和彼岸的天堂,忘记了此岸世界的存在。

14世纪下半叶,伴随着资本主义生产关系的萌芽,欧洲掀起了声势浩大的文艺复兴运动。文艺复兴的两大主题是"人的发现"和"世界的发现",这与哲学的追问十分契合。从此,哲学又高昂起自己高贵的头颅,开始了认识世界的新的里程,并将这种认识扩展到了社会历史领域,开始探究人类社会发展的一般规律。18世纪的法国唯物主义哲学家们,举起了战斗无神者的旗帜。梅叶认为:"物质是始因,是永恒而独立的实体。"[①] 孟德斯鸠认为:"人是有理性的动物。"卢梭则探讨了"社会不平等的起源和发展",并试图找出一条克服社会不平等的有效途径。拉美特利认为"物质是自然界的唯一实体"。狄德罗说:"物质是万物的同一来源。"所有这些都体现了哲学获得新生后哲学家们对世界、对人类自身认识的不断深化。19世纪,德国古典哲学发展到了它的顶峰,从康德到费希特,从黑格尔到费尔巴哈,完成了德国古典哲学的终结(奠定了西方现代哲学的基础)。与此同时,自然科学以惊人的速度向前发展,从另一方面认识着人自己和我们生存的这个世界并促进哲学

---

① 葛力:《十八世纪法国哲学》,北京:商务印书馆1963年版,第704页。

的发展。19世纪中叶，自然科学的三大发现：细胞学说、能量守恒与转化定律、达尔文的生物进化论，为马克思主义哲学的产生奠定了坚实的自然科学基础。而马克思主义哲学的产生，是哲学史上的伟大变革，哲学认识世界的活动又上了一个新台阶。

在马克思主义哲学那里，哲学对世界的认识，不仅仅是单纯的认识，它还在认识的基础上进行反思、批判和超越。哲学的反思，既包括对现实的反思，对人类生存状况的反思，还包括对哲学自身的反思，即扪心自问哲学是什么？哲学的研究对象、地位、功能和作用是什么，等等。这种反思活动，能够使哲学随着时代的发展而发展，永远跟上时代的步伐，与时俱进，成为每一个时代的思想精华。哲学还对现实、对现存的一切不合理的东西进行批判。这里的批判，是辩证意义上的批判，它不是消极的否定，而是对人与世界的现实关系的审视、批判和超越。以这种方式看世界，看到的不只是过去、现在凝固的片段，而是由过去、现在通向未来的不断奔涌的河流。① 所以，哲学作为一种理想、信仰，往往对人们的生活实践起着导向和激励的作用，这是哲学的外在功能。

三、改造世界——哲学的外在功能

马克思说："哲学家们只是用不同的方式解释世界，而问题在于改变世界。"② 哲学作为一种思想文化和意识形态，作为一种精神产品、精神力量，何以能够改变世界？马克思说："理论一经掌握群众，也会变成物质力量。理论只要说服人，就能掌握群众；而理论只要彻底，就能说服人。"③ 的确，哲学本身是不能改造世界的，但是，哲学能够作用于

---

① 李秀林、王于、李怀春：《辩证唯物主义和历史唯物主义原理》，北京：中国人民大学出版社1995年版，第30页。
② 《马克思恩格斯选集》第1卷，北京：人民出版社1972年版，第19页。
③ 《马克思恩格斯选集》第1卷，北京：人民出版社1972年版，第9页。

人而使人发生变化，而世界是由人来改变的，由此，哲学就具有了改造世界的功能。那么，哲学是怎样作用于人呢？

（一）提高人的理论思维能力

所谓理论思维，就是人们在认识过程中借助于概念，以理论反映现实的过程。哲学作为"人类的思维之师"（古希腊哲学家塞涅卡语），用一种心智的力量、理性的逻辑和慎思明辨的智慧提高着人的理论思维。理论思维对于人们改造世界的作用非常重要，正如英国唯物主义哲学家弗·培根所说：不能正确掌握理论思维方法就好像黑夜里曳足摸着道路走路的人。恩格斯说过："缺乏理论思维，没有哲学色彩的人，总是被积习和偏见、愚昧和狭隘的打算牵着鼻子走"，"缺乏理论思维的民族，也必然是个浅薄的民族，它的科学、艺术之花也必然是萎缩的"。①《科学》杂志上有一句话："欧洲发明，美国开发，日本制造。"在人类发展史上，许多科学上的重大发明创造之所以来源于欧洲，原因之一，就在于欧洲的哲学思维，从古到今，绵延不绝，历来都最为活跃。正如恩格斯所说："一个民族要想站在科学的最高峰，就一刻也不能没有理论思维。理论思维能力必须加以发展和锻炼，而为了进行这种锻炼，除了学习以往的哲学，直到现在还没有别的手段。"② 由此可见，理论思维能力是一种高层次的素质和能力，有了这种能力才会有科学的发明与创造，才会有人类改造世界的突飞猛进。而这种能力，正是靠哲学来培养和锻炼的。

（二）培养一种民族精神

中国近代哲学家冯友兰曾说："学哲学的目的，是使人作为人能够

---

① 《马克思恩格斯选集》第3卷，北京：人民出版社1972年版，第461页。
② 《马克思恩格斯选集》第1卷，北京：人民出版社1972年版，第465页。

成为人,而不是成为某种人。"①"使人作为人能够成为人"就是使人达到人之所以为人的高度自觉,达到某种高尚的境界和精神。一个国家或民族,人与人虽然各不相同,但有一种东西是共同的,它就是民族精神。所谓民族精神,就是一个民族在历史的长河中形成的、在生活中的千百万人的身上集中体现的一整套共有的观念和行为习惯。民族精神对于一个人、一个国家来说都是至关重要的,国家要发展需要强大的民族精神支撑。任何一个国家或民族的民族精神的产生都离不开其占主导地位的哲学,一个民族的哲学最集中地反映了一个民族的精神。

(三)改变人的观念世界

有一格言说:"行动养成习惯,习惯形成性格,性格决定命运。"虽然不尽赞同,但有一定道理。那么人的行动是由什么来支配的呢?观念。在一定意义上可以说,观念决定命运。改变人们头脑中的观念,可以说是一场最为深刻而根本的革命。而哲学是一种"普照的光",她的可贵之处,就在于说出了"人人心中所有,笔下所无的思绪",并成为照亮众人的智慧之光。人类历史中的每一次前行,每一次变革,每一次发展无不闪烁着哲学智慧的光辉。哲学智慧不是回答和解决各种具体问题的"小智慧",而是关于人类生存发展和安身立命的"大智慧",它不时提出问题,发觉新意,涤荡陈旧,拓展着人们的精神视野,从而改变着人的观念世界。

(四)能够使人登高望远、统筹全局

哲学家可以不懂具体的管理,但管理学家必须要懂得哲学。这充分说明了哲学在使人登高望远、统筹全局方面的作用。我们在日常的工作中所接触到的,是一个个的具体事物,一个人是否被具体的事物缠住了

---

① 冯友兰:《中国哲学简史》,北京:北京大学出版社1996年版,第10页。

手脚而不能自拔，就看他是否具有哲学的素养。哲学的根本任务是超越直接的具体事物和实证科学的特殊领域，把握人与世界关系的整体结构、普遍本质和一般规律，最终目的是给人们提供科学认识人与世界关系的根本观点、思维方式，使我们在处理问题时可以在纷繁复杂的矛盾中抓住根本，在变幻莫测的发展中掌握方向，在各种各样的困难中找到解决问题的途径，做到登高望远、统筹全局，从而避免或减少看问题的主观性、片面性、表面性和绝对化的错误。

（五）为现代人寻找精神家园

今天的我们处在一个科技发展日新月异、经济发展日益全球化的时代，这给我们带来了前所未有的机遇、挑战和物质上的极大丰裕。但科技不是万能的，科学不能解决我们精神及心灵上的困惑，人生中总有许多问题，比如信念与信仰、根本的烦恼、心灵的惆怅以及万古愁绪等，是科学解决不了的，它需要人文科学的发展来推动和解决，需要一种人文关怀和建立一种人文精神。而哲学对于人的作用之一，就是要解决"精神的焦虑""信仰的缺失""人生的危机""意义的失落""人与自我的疏离"等问题。为人寻找精神和心灵的家园，无论科技怎样发展，人生意义问题仍然不会有最后的解答，哲学将仍然背负着沉重的历史使命，为现代人寻找精神家园，找到意义的根。

美国实用主义哲学家詹姆士说："如果没有哲学远射的光挥照耀着世界的前景，我们是无法前行的。"哲学作为一种思想文化，作为文化的灵魂，不仅能够认识世界，而且通过提高人的理论思维，塑造一种民族精神，改变人的观念世界，从而起着改造世界的作用。今天，我们只有更好地理解哲学的内涵，把握哲学的基本功能，才能在时代发展中继续借助哲学的智慧之光实现我们肩负的时代重任。

（作者简介：韩冬云，女，潍坊学院马克思主义学院副教授）

论恩格斯晚年对无产阶级革命策略的调整
——学习《卡·马克思〈1848年至1850年的法兰西阶级斗争〉一书导言》有感

阶级分析方法和阶级斗争理论是马克思主义理论的重要组成部分。关于无产阶级应采取什么样的方式夺取政权问题，19世纪40年代末至70年代初这一历史时期，马克思恩格斯认为，暴力革命是无产阶级推翻资产阶级的统治，夺取政权的主要方式。1871年巴黎公社失败后，无产阶级革命进入低潮，革命力量处于重新酝酿阶段。资本主义进入了一个相对稳定的发展时期，资本主义国家的民主制度逐步发展。马克思恩格斯根据变化了的形势，提出了运用合法手段，进行和平斗争的思想。恩格斯在《卡·马克思〈1848年至1850年的法兰西阶级斗争〉一书导言》中对无产阶级斗争策略的调整问题进行了阐述。

一、马克思恩格斯早期关于无产阶级革命策略的基本观点

无产阶级夺取政权的方式问题是马克思主义理论的基本问题。19世纪40年代末到70年代初这一时期，马克思恩格斯认为无产阶级夺取政权的方式是暴力革命。马克思恩格斯在对当时的资本主义社会的政治、

经济制度、阶级力量对比等历史事实进行科学分析的基础上，提出了通过暴力革命夺取政权的思想。马克思恩格斯对暴力革命在历史上所发挥的作用给予了高度肯定，他们把暴力革命比喻为"孕育着新社会的旧社会的助产婆"。①马克思和恩格斯在《共产党宣言》中强调，"共产党人不屑于隐瞒自己的观点和意图。他们公开宣布：他们的目的只有用暴力推翻全部现存的社会制度才能达到。"②马克思恩格斯认为无产阶级应该用暴力革命推翻资产阶级的统治，建立一个每个人都有条件实现自由全面发展的新社会，即代替资本主义社会的，"将是这样一个联合体，在那里，每个人的自由发展是一切人的自由发展的条件。"③

马克思恩格斯之所以主张采取暴力革命的方式，主要有两点原因。

第一，无产阶级与资产阶级之间的阶级矛盾不可调和。马克思恩格斯认为，资产阶级的利益与无产阶级的利益是根本对立的，这两大对立的阶级之间存在不可调和的阶级矛盾。1845年，恩格斯在分析英国工人阶级的状况时指出，"资产阶级，不管他们口头上怎么说，实际上只有一个目的，那就是当他们能够把你们的劳动产品卖出去的时候，就靠你们的劳动发财，而一旦他们无法靠这种间接的人肉买卖赚钱了，就任凭你们饿死也不管。"④马克思主义认为资本主义国家从一开始就是资产阶级对无产阶级实行暴力统治的工具。在马克思恩格斯所生活的资本主义时代，资产阶级为了维护自己的统治，在处理与无产阶级的矛盾时，往往选择用暴力方式镇压无产阶级的革命运动。马克思恩格斯认为，资产阶级和历史上其他类型社会制度的统治阶级一样，不会主动交出政权。马克思在1871年9月为庆祝国际工人协会成立七周年而举行的集会上的讲话中指出，"工人阶级必须在战场上赢得自身解放的权利。"⑤因此，

---

① 《马克思恩格斯选集》第2卷，北京：人民出版社2012年版，第296页。
② 《马克思恩格斯选集》第1卷，北京：人民出版社2012年版，第435页。
③ 《马克思恩格斯选集》第1卷，北京：人民出版社2012年版，第422页。
④ 《马克思恩格斯选集》第1卷，北京：人民出版社2012年版，第82页。
⑤ 《马克思恩格斯选集》第3卷，北京：人民出版社2012年版，第1006页。

马克思恩格斯主张，必须用暴力革命的方式推翻资产阶级的暴力统治。

第二，19世纪70年代初之前的资本主义社会尚未形成无产阶级进行合法斗争的历史条件。在这一时期，欧洲各国的工人运动包括巴黎公社都遭到了暴力镇压。无产阶级革命运动的经验教训使马克思恩格斯认为必须通过暴力革命夺取政权。

二、调整无产阶级革命策略的原因分析

巴黎公社失败后，资本主义社会在长期的稳定发展过程中，建立、巩固和发展了资本主义民主政治。以普选制为基础的代议制在资本主义社会的政治生活中逐渐显示出其重要性。无产阶级生存和发展的社会环境发生了巨大变化。基于这一历史事实，马克思恩格斯开始调整无产阶级革命的策略。《卡·马克思〈1848年至1850年的法兰西阶级斗争〉一书导言》一文在马克思主义发展史上具有重大意义。其意义就体现在对无产阶级革命策略的研究上。

（一）暴力革命的客观条件还不具备

恩格斯指出，他和马克思最初关于无产阶级革命的方式、策略和进程观点，主要是总结过去的革命经验，尤其是1789年法国大革命的经验教训得出的结论。马克思恩格斯1848年2月在巴黎所宣布的无产阶级革命的性质和步骤思想，是基于对1789—1830年的阶级斗争形势的判断。当时，革命运动发展至整个欧洲，由此马克思恩格斯得出了无产阶级和资产阶级之间正要进行大决战的结论。随着欧洲资本主义经济的平稳发展，两个阶级力量的对比很快朝着不利于无产阶级的方向发展。对于无产阶级来说，发动暴力革命取得革命成功的条件尚未具备。

一方面，1848年以后，资本主义经济发展态势良好，这推迟了革命高潮的到来。恩格斯说，1850年秋季之后，他和马克思就放弃了暴力革命的条件很快就将成熟的观点。因为，短期内看不到资本主义经济陷入

危机的可能,无产阶级革命只有等时机成熟之后才能成功。"历史清楚地表明,当时欧洲大陆经济发展的状况还远没有成熟到可以铲除资本主义的程度。"① 换言之,资本主义社会还有很大的发展潜力。恩格斯得出结论,在1848年那样的形势下,无产阶级政党不可能依靠一次暴力革命成功夺取政权。

另一方面,随着资本主义社会经济的繁荣,资产阶级解决阶级矛盾的手段更加多样化。恩格斯指出,对无产阶级有利的条件的形成是1848年之前的起义取得成功的重要原因。在1848年二月的巴黎起义中,市民自卫军并没有和国家军队结成统一战线镇压无产阶级的起义。然而1848年6月的无产阶级革命却遭到了市民自卫军的反对,这是起义失败的直接原因。到1849年,政府获得了资产阶级和市民自卫军的支持,形势继续朝着不利于无产阶级的方向发展。起义的合法性和合理性遭到了质疑,起义者不再被看作是人民,难以得到民众的支持。上述情况,使无产阶级暴力革命成功的可能性变得很小。

(二) 暴力革命的主观条件也不具备

恩格斯分析了人类历史上的武装斗争中阶级力量的对比和斗争双方的参与情况。恩格斯指出,在以往的社会中,统治阶级的人数与被统治者相比总是占少数。与无产阶级革命的性质不同,历史上的社会革命是为少数人谋利益的。社会革命成功的结果往往是一个新的少数人的集团取得统治地位,按照自己的利益需求改造国家。这个新的少数人集团是更先进的生产力的代表者,有能力承担领导国家继续发展的使命。恩格斯分析道,从利益关系的角度看,历史上的社会革命与始终处于被压迫地位的大多数人之间,存在利益上的间接性或无关性。因此,他们参加社会革命的积极性不高,往往只有少部分人参加。即使多数人参加了社

---

① 《马克思恩格斯选集》第4卷,北京:人民出版社2012年版,第384页。

会革命,也是有意识的或无意识的为发起革命的少数人集团谋利益。

恩格斯指出,与以往的社会革命不同,无产阶级革命是为被压迫的绝大多数人谋利益的,理应得到他们的支持。然而在恩格斯的晚年,由于资本主义经济的发展,资产阶级政府统治方式的变化,劳资矛盾得到了一定程度的缓和,大多数民众对无产阶级革命的性质并不了解,缺乏支持和参与革命的积极性。在1848年,工人阶级中只有极少数工人具有革命的自觉性。1871年巴黎公社的无产阶级在获得胜利后仍然不能清晰地把握未来的发展方向。按道理,无产阶级革命应该得到多数人的理解和支持。但事实恰恰相反,无产阶级革命遭到了与历史上的社会革命同样的命运,它没得到被剥削的底层民众尤其是农民所支援,甚至遭到了农民的反对。无产阶级政党作为一个为绝大数人谋利益的新型政党,其革命的性质、目的不能为民众所理解。这说明当时欧洲的无产阶级政党尚不成熟,其理论创新能力、组织能力、领导能力、宣传能力都有待提高。简而言之,当时的无产阶级政党还没有能力取得暴力革命的成功,并在革命成功后建设社会主义、共产主义社会。如果要进行暴力革命,无产阶级只能韬光养晦,积蓄力量,耐心等待时机。

(作者简介:张淑珍,女,潍坊学院马克思主义学院讲师)

论马克思恩格斯关于农业问题的思想

马克思恩格斯关于农业问题的思想是马克思主义经济学的一个重要组成部分,在《资本论》和其他著作中都有关于农业问题的论述,归纳其思想,主要包括三方面:第一,在农业的历史地位上,强调农业在国民经济中的基础作用;第二,在农业发展的道路问题上,认为农业合作化道路是改造小农经济,实现向社会主义过渡的必经之路;第三,在农业发展的方向方面,阐述了必须实行土地国有化的思想。

一、问题的提出

进入21世纪后,随着"三农"问题的日益凸显,人们越来越深刻地认识到"三农"问题既是一个经济问题,又是一个政治问题;既是一个现实问题,也是一个历史问题。正如著名历史学家克罗齐所说:"所有的历史都是当代史",所有的过去,并不会跟随时间一同消逝,都有其现代的延续。今天的中国是过去中国累积发展的结果。经济学家熊彼特曾说:"目前经济分析中所犯的根本性错误,大部分是由于缺乏历史的经验,而经济学家在其他条件方面的欠缺倒是次要的。"① 对于今天"三农"问题的成因,既有历史因素的积淀,又有其现实的原因,不能

---

① 熊彼特:《经济分析史》第1卷,北京:商务印书馆1991年版,第29页。

仅仅局限于"三农"问题的内部，而忽视外部制度性因素的影响和制约，既要看到导致"三农"问题产生和发展的现实性因素，还要有宏观的历史性视野，从其产生的深远历史背景予以全面考察，从历史的经验教训中获得启迪。

农业农村农民问题作为人类社会发展的基本问题，历来受到马克思主义者的关注。马克思恩格斯是马克思主义的创始人，他们关于"三农"问题虽无专门论著，但在研究当时的实际问题中对农业、农村、农民等相关问题都有深刻而独到的论述，他们关于"三农"问题的思想是马克思主义理论中不可或缺的重要内容。甚至可以说，如果遗漏了马克思和恩格斯对"三农"问题的论述，我们就无法理解马克思和恩格斯何以会把当时工业不发达而农业人口占多数的落后的德国看成是"更加肥沃的革命土壤"。"三农"问题是一个有着内在联系的整体，我们对其当然应该作整体性的研究，但是整体和局部的关系也是辩证统一的，对局部性问题的正确而深刻的把握更有助于理解整体性问题。就"三农"问题来说，有了农业的发展，才有农村经济的繁荣；有了农村经济的繁荣，才有农民的安康。所以说，农业问题在"三农"问题中居于更加基础性而关键的地位，本文就专门探讨马克思恩格斯的农业问题思想。

农业问题论域很广，马克思恩格斯对农业问题的认识是在实际革命过程中针对实际问题而提出的，其内容包括农业生产方式问题、土地所有制问题、土地价格和地租问题以及农产品问题，在以上这些问题上马克思和恩格斯都提出了不同于当时西方庸俗经济学家的深刻思想。认真梳理他们的农业思想，可以发现马克思恩格斯主要强调了以下三方面的内容。

二、农业的历史地位：在论述农业分工形成的历史中强调农业在国民经济中的基础作用

在现代三大产业中，农业是产生最早的部门，但从人类历史长河中

来看,农业并不是一开始就有的,它也是生产力和分工发展的结果。恩格斯在《家庭、私有制和国家的起源》中根据大量史料详述了三次社会大分工,指出野蛮时代是学会畜牧和农耕的时期,而在此之前的蒙昧时代是以获取现成的天然产物为主的时期,随着生产力的发展尤其是铁的大量应用,发生了人类历史上手工业和农业分离的第二次大分工,"农业现在除了提供谷物、豆科植物和水果以外,也提供植物油和葡萄酒,这些东西人们已经学会了制造。如此多样的活动,已经不能由同一个人来进行了;于是发生了第二次大分工:手工业和农业分离了。"① 马克思在《资本论》中进一步论述了农业分工和家庭经营的特点,指出农民家庭就像商品生产一样,有它本身的自然形成的分工:"要考察共同的劳动即直接社会化的劳动……这里有个更近的例子,就是农民家庭为了自身的需要而生产粮食、牲畜、纱、麻布、衣服等等的那种农村家长制生产。对于这个家庭来说,这种种不同的物都是它的家庭劳动的不同产品,但它们不是互相作为商品发生关系。"②

农业的自身特点决定了农业在国民经济中的基础性作用。马克思恩格斯从两个方面论述了这个观点。

(一)农业是人类社会赖以存在和发展的衣食之源

人类要生存,首先要解决吃饭、穿衣等基本问题,也就是说必须获得必要的物质生活资料。而要解决这一问题,必须依赖于农业。没有农业生产,人类就无法生存,社会再生产就无法进行下去。正是在这个意义上,在马克思、恩格斯合作的《费尔巴哈》一文中,他们这样写道:"人们为了能够'创造历史',必须能够生活。但是为了生活,首先就需要吃喝住穿以及其他一些东西。因此第一个历史活动就是生产满足这些

---

① 《马克思恩格斯文集》第4卷,北京:人民出版社2009年版,第182页。
② 《马克思恩格斯文集》第5卷,北京:人民出版社2009年版,第95—96页。

需要的资料,即生产物质生活本身。"①

在《资本论》第3卷,马克思进一步阐明了粮食生产对于人类的基础性和必要性。他指出:"因为食物的生产是直接生产者的生存和一切生产的首先条件,所以在这种生产中使用的劳动,即经济学上最广义的农业劳动,必须有足够的生产率,使可供支配的劳动时间,不致全被直接生产者的食物生产占去;也就是使农业剩余劳动,从而农业剩余产品成为可能。"② 马克思强调土地是人类生产、生活的最基本资源,"一方面,土地为了再生产或采掘的目的而被利用;另一方面,空间是一切生产和一切人类活动的要素"。③

(二) 农业的发展是国民经济其他部门独立存在的基础

马克思从社会分工和农业劳动同其他社会劳动按比例分配的角度来观察农业,认为一个社会的农业劳动生产率的提高,是人们能够进行其他物质生产和精神生产的前提。在人类社会初期,由于劳动工具简陋,生产力低下,每个有劳动能力的人只有都参加农业生产,才能勉强维持生存。所以,那时的劳动全都是农业劳动,而不可能有工业劳动。随着农业劳动生产率的逐渐提高,农业劳动者的生产成果除了维持本人生存之外,还能提供剩余产品,用来供养那些不从事农业生产的劳动者,社会才有可能分出一部分人来从事其他活动,也正是在此前提下,手工业才逐渐从农业中分离出来,成为独立的生产部门。随着农业和手工业的进一步发展,交换的产品增多,这才产生了商人和独立的商业部门,也才有了后来的工业、交通运输业等独立的产业部门。同时,实践表明,农业越发展,农业的劳动生产率越高,从事农业意外的生产和交换活动的人数就越多。因此,马克思指出:"最文明的民族也同最不发达的未

---

① 《马克思恩格斯文集》第1卷,北京:人民出版社2009年版,第531页。
② 《马克思恩格斯全集》第25卷,北京:人民出版社1974年版,第715页。
③ 《马克思恩格斯文集》第7卷,北京:人民出版社2009年版,第875页。

开化民族一样,必须先保证自己有食物,然后才能去照顾其他事情;财富的增长和文明的进步,通常都与生产食品所需要的劳动和费用的减少成相等的比例。"① "农业劳动是其他一切劳动得以独立存在的自然基础和前提。"② 马克思在深刻批判传统农业观尤其是批判分析重农学派的基础上进一步强调了农业在国民经济中的基础性地位。在《1861—1863年经济学手稿》中,马克思以"重农学派"为题对此进行了辩证分析和深刻批判。"重农学派正确地认为,一切剩余价值的生产,从而一切资本的发展,按自然基础来说,实际上都是建立在农业劳动生产率的基础上的。如果人在一个工作日内,不能生产出比每个劳动者再生产自身所需要的生活资料更多的生活资料,在最狭窄的意义上说,也就是生产出更多的农产品,如果他全部劳动力每日的耗费只够再生产他满足个人需要所不可缺少的生活资料,那就根本谈不上剩余产品,也谈不上剩余价值。超过劳动者个人需要的农业劳动生产率,是一切社会的基础,并且首先是资本主义生产的基础。"③ 马克思认为,超出劳动者个人需要的农业剩余是人类社会存在与发展的前提。农业越发展,农业劳动生产率越高,从农业中分离出来并从事非农业生产劳动的人就越多,由农业所体现的生产力和社会分工也会越发达,社会也会因此得到更充分发展。正如马克思所说:"社会为生产小麦、牲畜等等所需要的时间越少,它所赢得的从事其他生产,物质的或精神的生产的时间就越多。"④ 在这里,马克思清楚地说明,只有农业生产发展了,劳动生产率提高了,农业劳动者生产的食物等生活资料,除了满足自己的需要之外,还有剩余,才有可能使一部分人从农业部门分离出来,专门从事文化、艺术等活动。没有农业部门不断地提供日益增多的剩余,文化、艺术等非经济部门的

---

① 《马克思恩格斯全集》第9卷,北京:人民出版社1961年版,第347页。
② 《马克思恩格斯全集》第26卷(第1册),北京:人民出版社1972年版,第28—29页。
③ 《马克思恩格斯全集》第25卷,北京:人民出版社1974年版,第885页。
④ 《马克思恩格斯全集》第46卷(上),北京:人民出版社,1979版,第120页。

存在和发展是不可能的。农业的发展促进了分工的发展，进而使社会得以逐步发展。马克思指出："一个民族的生产力发展的水平，最明显地表现于该民族分工的发展程度。任何新的生产力，只要它不是迄今已知的生产力单纯的量的扩大（例如，开垦土地），都会引起分工的进一步发展。"① 此外，农业发展是人实现物质解放的重要内容之一，也是实现人的解放的主要物质前提之一。马克思、恩格斯指出："'解放'是一种历史活动，""'解放'是由历史的关系，是由工业状况、商业状况、农业状况、交往状况促成的"。②

三、农业发展的道路：农业合作化道路是改造小农经济，实现向社会主义过渡的必经之路

针对生产日益社会化的现实以及劳动群众合作经营的实践，马克思和恩格斯进行了深入思考，总结了劳动者合作经营的经验，提出了农业合作社思想。

（一）小农经济的落后性和走农业合作社道路的必然性

小农经济是一种以直接生产者的小私有制为基础的、以个体家庭为单位进行的、以劳动的孤立性为特征的小生产经济。无论在资本主义制度下，还是在社会主义制度下，都是一种落后的经济形式。由于小农经济的自然特性，随着资本主义经济的发展，小农经济必然被社会化大生产所取代。恩格斯在《法德农民问题》一书中也指出："资本主义生产形式的发展，割断了农业小生产的命脉；这种小生产正在无法挽救地灭亡和衰落。"③ 但是小农经济的衰亡不是农业的终结或者乡村生活的终

---

① 《马克思恩格斯文集》第 1 卷，北京：人民出版社 2009 版，第 520 页。
② 《马克思恩格斯文集》第 1 卷，北京：人民出版社 2009 版，第 527 页。
③ 《马克思恩格斯选集》第 4 卷，北京：人民出版社 2012 版，第 356 页。

结，而是小农的终结。无论社会怎样发展，无论乡村怎样变化，农民怎样减少，农业作为基本生活必需品原料的物质生产不会消失，只是农业生产方式必然从小农经济走向社会化大生产。而马克思与恩格斯则从小农经济的发展道路中获得启示，指出要想扭转走向灭亡的局面，就必须要引进先进技术，就必须要改造小农，就必须走农业合作化发展道路。

（二）农业合作社的实施原则和方法

为了改造小农经济，马克思恩格斯主张在实现土地国有化后，再引导农民走合作化的道路。而这种改造应该是说服动员、逐步过渡，不能采取强迫命令的方式。恩格斯系统阐述了马克思主义关于怎样引导农民走社会主义道路、农民合作社的理论，对个体小农经济进行社会主义改造时应该注意的事项作了原则性的设计——"当我们掌握了国家政权的时候，我们决不会考虑用暴力去剥夺小农（不论有无报偿，都是一样）……我们对于小农的任务，首先是把他们的私人生产和私人占有变成合作社的生产和占有，不是采用暴力，而是通过示范和为此提供社会帮助。"① 这就是说，对农业合作社必须坚持自愿、典型示范、循序渐进、社会援助和保障农民经济利益的原则，反对行政命令，反对暴力剥夺；改造的基本步骤是首先把小农的私人生产和私人占有变为合作社的生产和占有，然后通过合作社吸引多数农民参加社会主义建设。

此外恩格斯还强调把握小农的合作社和中农、大农的关系。他认为，小农的合作社是无产阶级国家通过示范和社会帮助，逐渐使小农自己愿意把他们的私人生产和私人占有变为合作社的生产和占有；至于中农和大农，可以把各个农户联合为合作社，以便在这种合作社内愈来愈多地消除对雇佣劳动的剥削，并把这些合作社逐渐变成全国大生产合作社拥有同等权利和义务的组成部分。当然，小农、中农和大农的合作

---

① 《马克思恩格斯选集》第4卷，北京：人民出版社，2012版，第370页。

社，都是新的生产方式，都可以使农民免除因资本主义经济排挤而破产的结局。尤其是小农的合作社，由于把各小块土地结合起来并且在全部结合起来的土地上进行大规模经营，显示出比小农经营更高的经济效益。此外，合作社的形式也不是固定不变的，从小农的私人生产和占有到合作社的生产和占有，会有一些中间的过渡形式。当农民合作社达到与社会其他部分权利和义务相等时，也就意味着农民集体所有制消亡而进入整个社会共同占有生产资料的时期，出现新的更高级的形式。

四、农业发展的保证：土地国有化

土地是人类最基本的生产资料之一，土地所有制在人类的社会经济生活中起着极为重要的作用。马克思恩格斯十分重视土地所有制问题，主张土地国有化。

（一）土地的重要性和改造土地私有制的必要性

土地是农业最基本的生产资料，离开了土地，农业的发展和人类的生存是无法想象的。恩格斯早在1843年所著的《国民经济学大纲》中就说："土地是我们的一切，是我们生存的首要条件；出卖土地，就是走向自我出卖的最后一步。"①"土地（在经济学上也包括水）最初以食物，现成的生活资料供给人类，它未经人的协助，就作为人类劳动的一般对象而存在。"② 随着自然科学和农艺学的发展，土地的肥力也在变化，所谓的坏地，并不是由于它的化学构成，而只有由于某些机械的、物理的障碍妨碍它的耕作，一旦克服了这些障碍，坏地就能变为好地。在工业中和在农业中土地的作用是不同的，马克思在《资本论》中指出："土地只要处理得当，就会不断改良。土地的优点是，各个连续的

---

① 《马克思恩格斯文集》第1卷，北京：人民出版社2009年版，第70页。
② 《马克思恩格斯文集》第5卷，北京：人民出版社2009年版，第208—209页。

投资能够带来收益，而不会使以前的投资丧失作用。不过这个优点同时也包含着这些连续投资在收益上产生差额的可能性。"①

马克思恩格斯认为，土地国有是土地所有制发展的必然趋势。马克思综合运用历史与逻辑相统一的方法对土地所有权进行了考察，在《论土地国有化》等著作中充分论证了土地国有是人类土地所有权制度发展的必然趋势。恩格斯更是在《反杜林论》里论述了土地所有制发展的否定之否定过程。在他看来，人类社会发展过程中，每个民族都是从土地公有开始的。随着社会的发展，这种原始的土地公有制逐渐不能适应生产力的发展，于是就出现了土地私有制。这个土地私有包括小地产私有和大地产私有。而随着时代的发展，这种土地私有也从其内部生长出否定自身的因素来。于是，最终发展到高级的土地公有②，到了资本主义社会，土地私有制更加发展，但已经无法容纳资本主义产生的巨大生产力的土地私有制，必然要被克服。马克思恩格斯对无产阶级应该怎样消除私有制作了阐释，他们在《德意志意识形态》中认为"只有随着大工业的发展才有可能消灭私有制"③。无产阶级是大工业发展的产物，废除私有制是无产阶级革命的主要任务。正如恩格斯在《共产主义原理》中指出："共产主义者完全正确地强调废除私有制是自己的主要要求。"④ 马克思进一步认为"改造农业，因而改造建立在农业基础上的所有制这种肮脏东西，应该成为未来的变革的核心"⑤。

（二）土地国有化

马克思恩格斯批判地接受了英国资产阶级经济学家和社会主义者关于土地国有化的主张，但也看到了这些资产阶级土地国有论者的阶级局

---

① 《马克思恩格斯文集》第5卷，北京：人民出版社2009年版，第883页。
② 《马克思恩格斯选集》第3卷，北京：人民出版社1995版，第127页。
③ 《马克思恩格斯文集》第1卷，北京：人民出版社2009年版，第556页。
④ 《马克思恩格斯文集》第1卷，北京：人民出版社2009年版，第683页。
⑤ 《马克思恩格斯文集》第10卷，北京：人民出版社2009年版，第91页。

限性。马克思认为,资产阶级的国家很难实行土地国有化,只有在无产阶级取得政权以后,才能在真正意义上有效地实施土地国家所有。为了进一步解决土地所有关系改变后的土地经营问题,马克思提出了农业生产的计划论。他在《论土地国有化》一文中对土地国有化进行了更多的经济学论证。他指出,土地国有化是符合经济发展规律的措施,是促进无产阶级解放的重大举措。他写道:"社会的经济发展、人口的增加和集中——这些情况迫使资本主义农场主在农业中采用集体的和有组织的劳动并使用机器和其他发明——将使土地国有化愈来愈成为一种'社会必然性',抗拒这种必然性是任何用户所有权的言论都无能为力的。社会的迫切需要必须而且一定会得到满足,社会必然性所要求的变化一定会给自己开辟道路,并且迟早会使立法适应这些变化。"① 马克思提出无产阶级掌握政权后,只能选择土地国有,"社会运动将作出决定:土地只能是国家的财产……土地国有化将使劳动和资本之间的关系彻底改变,归根到底将完全消灭工业和农业中的资本主义生产方式。只有到那时,阶级差别和各种特权才会随着它们赖以存在的经济基础一同消失。靠他人的劳动而生活将成为往事。"②

(作者简介:王云霞,女,潍坊学院马克思主义学院讲师)

---

① 《马克思恩格斯文集》第3卷,北京:人民出版社2009年版,第231页。
② 《马克思恩格斯文集》第3卷,北京:人民出版社2009年版,第233页。

论马克思主义唯物史观的"人学"基质

唯物史观作为马克思主义理论的基本特征,从理论上来看是关于社会发展的根本动力(生产力和生产关系、经济基础和上层建筑),从实践上看它是阶级社会中被压迫阶级反抗和斗争的运动(地主阶级与农奴阶级、资产阶级和无产阶级),从结构上看它是人类社会形态发展与更替过程(人的依赖、物的依赖、自由人的联合体),但是所有这些内容都是奠基在马克思主义理论是为人类自由和全面发展之上,因此人是马克思主义理论的最基本内核,这正是唯物史观与近代的机械唯物主义、庸俗的唯物主义以及经济决定论的不同之处。因此马克思理论究竟是作为共产主义运动的学说还是一种知识化的理论,这不仅关乎马克思主义的立场和性质问题,而且还关系到马克思主义发展的路向和途径问题。与此直接相关的是,对于这一问题的回答决定了马克思主义中国化、时代化和大众化的基本内容和性质。就马克思理论的形成,结构上和西方哲学、社会学有着某种同构性,甚至在某些功用上(譬如对于社会的分析与现代性的批判)和西方理论也是一致的。比如马克思对于社会所建立起来的分析方式和逻辑结构框架(资本、阶级、货币、商品等)被人们广泛用于社会分析理论,因此他和马克斯·韦伯、涂尔干被称为西方三大社会学理论家。但是对于马克思主义的认识仅在此意义上是不够的，因为它忽视了马克思主义和资本主义的发展，尤其是和现代社会大生产下的工人阶级的运动是密切联系在一起的，而正是工人阶级运动才凸显了马克思主义理论和西方社会理论的不同特质，它是关于人解放和自由的实现和发展的理论，因而它体现了一种"人学"基质。

一、唯物史观中的"人"与"物"

人是宇宙的精灵，在世界中人是最高的存在者，从希腊神话中的"斯芬克斯"之谜到普罗泰戈拉人的"万物的尺度"，从笛卡尔的"我思故我在"到康德心中的"道德律令"，从雅斯贝斯的"轴心时代"到马克思的"自由人的联合体"，在这个世界上从自然到生物再到人类自身无不是以人的存在和活动为中心。"哲学家们不同的哲学理论，在某种层面或意义上，都是关于人的理论的某种独特的表现形态。"① 尽管人和其他一切自然的存在者都是这个世界的存在，但是正是由于人的存在才使得这个世界真正具有意义。正如马克思的批判："被抽象地理解的，自为的，被确定为与人分隔开来的自然界，对人来说也是无。"② 就人与其他生物的区别来说，作为最高的存在者与外在的自然是既对立又统一的关系，换言之，世界中的人既是主体又是客体。作为主体的存在者，人对于自然的认识和利用，从而使自然作为人类存在和发展的条件。作为客体的存在者，人是自然的一部分，自然是他存在和发展的前提和基础，自然一旦受到破坏人类自身存在也会受到威胁。在人与自然的对立统一中完成物质的交换过程，这个过程就是人的实践活动，它具体表现为人在社会中的生产与劳动。而动物则不同，它与周围的世界是直接统一的，它只能是适应周围的世界，"动物的生产是片面的，而人的生产

---

① 陶富源：《哲学、人学与人》，载《哲学研究》，2003年第11期。
② 《马克思恩格斯全集》第3卷，北京：人民出版社2002年版，第335页。

则是全面的；动物只是在直接的肉体需要的支配下生产，而人甚至不受肉体需要的影响也进行生产，并且只有不受这种需要的影响才进行真正的生产；动物只生产自身，而人再生产整个自然界；动物的产品直接属于它的肉体，而人则自由地面对自己的产品。动物只是按照它所属的那个种的尺度和需要来构造，而人懂得按照任何一个种的尺度来进行生产，并且懂得处处都把内在的尺度运用于对象；因此，人也按照美的规律来构造。"① 正因为如此，"鱼的'本质'就是它的'存在'即水。"② 所以说相比于人的整体性存在，生物的存在则是一种片面的存在。更为重要的是自然界的生物依赖于其本身的本能进行生存，而人类除了生存之外还有一种意义的追求，这就是生活。从这一意义上讲，人是高于自然界的生物的，因为"最蹩脚的建筑师从一开始就比最灵巧的蜜蜂高明的地方，是他在用蜂蜡建筑蜂房以前，已经在自己的头脑中把它建成了"。③

人不同于其他物的存在，还因为人是通过社会实践活动得以存在，是一种历史性的过程，这个过程是从历史走向未来，所以是未完成的无限性。随着社会生产发展，特别是科学的发展加强了人对自然的控制，因此从"物的利用"来看待这个世界，忽视了人存在的特性，所以海德格尔说哲学史就是一部"此在"被遗忘的历史。在科学研究中它需要对研究事物的具体性进行分析，必然要采取人与物区别开加以对待，而所研究之物又必然是具体的有限之物。在科学的影响下，哲学"从不同方面，在不同层次上限定自然科学所揭示的因果关系、线性决定等决定性因素的作用范围，打破基于数学化的自然运动的大一统的世界图景及其普遍理性的统治，为人的存在和生活世界保留特殊的可能性空间。同时，它们对于人的存在和生活世界的探讨，不再强调普遍知识和普遍逻

---

① 《马克思恩格斯全集》第3卷，北京：人民出版社2002年版，第273—274页。
② 《马克思恩格斯选集》第1卷，北京：人民出版社1995年版，第97页。
③ 《资本论》第1卷，北京：人民出版社2004年版，第208页。

辑，而是立足于把生活世界当作人的生存的意义结构和价值根基来加以展示与重建，在社会行为的互动和主体间的交往中确立人的自由和个性的生成空间"。① 这种科学研究采取的"物的逻辑"在哲学中就表现为主客二分、实证化以及知识化的思维方式，在这种意义上的存在者就是被"对象化"即"物化"。科学研究的方式和手段不但影响了人们对于世界的观念和认识，而且对于哲学发展产生了影响，更为重要的是，科学研究中的"物的逻辑"延伸到了社会中来，它就典型地表现为"物对人"的控制，这就是"资本"主义。它是在商品经济发展到一定程度之后在社会中的表现，在这种社会中人只是"为物"而存在因而失去了他自身的价值和意义。这也就是西方马克思主义者霍克海默和阿多诺在《启蒙辩证法——哲学片断》中所批判的那样，启蒙起初在于反对神话最后反而成为了新的神话。同样，科学作为反对封建愚昧统治的武器后来却发展为新的统治工具。而人的逻辑是对于人自身价值的追求，它体现为道德、自由以及人发展的全面性，在认识上常常表现为对于外在世界的体验与感受，反对理性主义。由启蒙运动开启的理性的发展导致了科学的盛行，但是它忽视了人的价值和意义。针对这一情况，浪漫主义、人本主义批判了科学理性和人类社会生活的工具化和知识化。所以"在马克思人学中，对西方当代人学产生重大影响的主要是其中所包含的人道主义旨趣、异化观、实践观、社会批判理论以及历史唯物主义。事实上，通过与当代资本主义社会及文化状况的批判性关联，直接形成了在今天审视当代马克思主义状况时不可回避的西方马克思主义"②。马克思主义对于资本主义社会的批判以及对于未来共产主义社会的设想，是这一理论"人学基质"的必然逻辑。

---

① 衣俊卿：《关于人学研究内在局限性的反思》，载《江海学刊》，2005年第5期。
② 邹诗鹏：《马克思人学与西方当代人学的关联性》，载《江苏社会科学》，2001年第1期。

二、唯物史观与人学

马克思说:"从前的一切唯物主义(包括费尔巴哈的唯物主义)的主要缺点是:对对象、现实、感性,只是从客体的或者直观的形式去理解,而不是把它们当作感性的人的活动,当作实践去理解,不是从主体方面去理解。"① 实践作为马克思哲学的基本特征体现了马克思的唯物主义区别于旧唯物主义,"从解释世界"到"改造世界"体现了马克思哲学对于传统哲学的革命。这意味着马克思哲学突破了传统哲学意识的内在性,由思辨社会转变到社会世界。"马克思人学本身就内含着历史唯物主义。历史唯物主义不过是人自身生成的逻辑学,它所要凸显的是人的历史,即人的自我解放与自我创造的历史。"② 所以说马克思的新唯物主义即历史唯物主义是在现实的基础上对于人的本质以及发展的理论,因此历史唯物主义基质就是"人"的理论。在这一层面来说,把"物"理解为现实的生活"物质需求"而走向"庸俗的唯物主义",而"机械唯物主义"则把人降低为现实的"物"忽视了人的价值。"对人的本质的理解,是马克思研究人的其他问题的逻辑起点和根据。从对人的本质认识中,可揭示出马克思人学理论的思维模式和内容结构。"③ 所以马克思的唯物主义在根本上就体现为关系性(社会)、中介性(实践)以及过程性(历史),这也就是人的本质展现的具体内容,因此马克思的唯物主义在根本意义上来说就是"人学"。"历史唯物主义在哲学变革中的主要理论价值在于:它首先实现了哲学从科学逻辑向历史逻辑的转变、从科学思维向历史思维的转变,从而真正实现了以'人的逻辑'取代西

---

① 《马克思恩格斯选集》第1卷,北京:人民出版社1995年版,第54页。
② 邹诗鹏:《马克思人学与西方当代人学的关联性》,载《江苏社会科学》,2001年第1期。
③ 韩庆祥:《马克思人学的总体图像(下)》,载《珠海市行政学院学报》,2007年第4期。

方传统哲学本体论的'物的逻辑'的哲学解释原则,超越了本体论哲学对人的抽象解释,达到了对人的现实的理解和解释。"① 但有的学者径直把马克思唯物主义称之为"物质主义"。②

作为"人学"的马克思主义理论是关于人的自由本质及其实现,对于资本主义的批判和革命斗争是人的自我实现的途径,而未来共产主义社会是人的自由的实现,而关于社会和历史的理论则是人的本质自我展开的过程。在此意义上马克思说"我们仅仅知道一门唯一的科学,即历史科学",③ 其意义在于:其一,近代意义上的科学只是一种客观意义上的认识学,它所了解的只是事物的知识和技能而已,这种科学性知识只是一种实用性技能,它忽视了人的根本性存在。其二,真正的科学是一种整体,它不是一个个体的事物,它是在发展的过程中来认识,它是一个过程性,而不是实体性。实体性的思维方式的特点主要体现为本质主义和二元对立模式。其三,真正的科学是关于人的学说,人是世界存在和发展的中心,人的发展就体现为社会性和历史性。它是一种辩证思维模式,它体现为过程性、中介性和系统性。马克思把历史学称为真正的科学其意义在于把握了人的本质,人存在的社会性,人在发展中就是历史性。在旧唯物主义陷入唯心主义的地方,马克思却发现了真正的科学,这就是马克思的辩证思维不同于旧唯物主义的实体性思维以及传统哲学的思辨思维。其四,马克思的科学性还有一种现实性与目的性,因为科学性本身含有强烈的功能性意义,它可以使我们认识和了解世界,它可以使我们发展生产,改善社会的生活条件和发展水平。因此历史作

---

① 刘福森:《从本体论到生存论——马克思实现哲学变革的实质》,载《吉林大学社会科学学报》,2007年第3期。
② 美国学者海斯就在其《现代民族主义演进史》中指出:"马克思社会主义者是物质主义者",但是与经济决定论不同,海斯还看到了物质主义之外的人的因素,他接着说:"但他们也是别样东西;他们是传教士,热心的传福音者;他们照例有一些必要的职能素质"。参见海斯:《现代民族主义演进史》,帕米尔译,上海:华东师范大学出版社2005年版,第202—203页。即便如此海斯仍是没有真正把握唯物史观的基本精神即人的要素和发展。
③ 《马克思恩格斯选集》第1卷,北京:人民出版社1995年版,第66页。

为真正的科学也就意味着所有其他的学科是为了人的发展而存在的，亦即是为了人本身的存在而存在，人是社会的主体，也是发展的目的，而不是手段。这就突破了把人只是看作手段而忽视目的的资本主义社会中的发展。故历史是"真正的科学"，它是"人的科学"，是为了人的自我实现。正是在人学的视域内，马克思哲学才体现为人的生产活动的本质特性即实践性，马克思主义理论的主要内容是对于人的活动场域的批判即对于资本主义社会的批判以及对于未来社会即共产主义社会的设计。在社会的发展中形成了人的活动以及人的本质的展开过程亦即社会历史性。实践、社会与历史都是人的发展过程中的具体呈现，这也是马克思主义哲学的本质特征。所以马克思哲学的唯物主义不是形而上学的思辨，而是现实社会，这种唯物主义"并不理会关于心灵的或物质的本性问题；即使对这种问题做出唯物主义的回答，也往往会给社会带来唯心主义的，也即贻害人的作用。而马克思的唯物主义首先关心从这个世界上消除饥饿和痛苦的可能性问题"①。

马克思主义理论是对人的存在和发展具体体现。首先，马克思哲学是对人存在的哲学思考，因为作为哲学中的基本问题思维与存在的关系，实际上它是人的思维与存在的关系，思维是独具的基本意识活动，而存在并不是人之外的客观存在物，而是人的存在。"意识在任何时候都只能是被意识到了的存在，而人们的存在就是他们的现实生活过程。"② 从哲学的发展史上来看，人是哲学的中心，哲学的核心就是人学，是关于人自由的学问。毫无疑问马克思哲学是继承了传统哲学产生的基本规定，作为本体论意义上形而上学在马克思那里其实并未消失，在这意义上本体论有着基础性和决定性的地位和作用。"马克思哲学的核心是人学，通过对传统哲学的批判与超越，马克思的人学思想直接开

---

① A. 施密特：《马克思的自然概念》，欧力同、吴仲昉译，北京：商务印书馆1988年版，第31页。
② 《马克思恩格斯选集》第1卷，北京：人民出版社1995年版，第72页。

启了西方哲学范式的现当代转换,这就是从传统哲学的超验的、实体性的本体论哲学形态以及知性的认识论哲学形态转向奠基于实践的、感性的生存论本体论基础上的,以人的主体性及价值为理论硬核的人学形态。"① 因此所说的马克思哲学对于传统哲学的革命与终结,他只是终结了传统哲学形而上的形式,而并没有终结形而上学的地位和作用,因此"哲学无法终结,只能改变自身存在的方式"②。其次,马克思主义的政治经济学也是一种人学,它是关于人的存在内容、方式和价值的理论。马克思政治经济学不同于一般意义上的经济学理论,因为它是政治—经济学,或者说是经济—政治学。简言之它不是关于如何获得最大利润的经济效益学与致富学,而是在资本主义社会经济制度与生产关系运行中来分析社会制度和政治的理论,进而分析资本主义的本质性存在,从而确立对于资本主义社会的批判。也就是说在现实的经济制度与生产中,把哲学批判转变为社会批判,这是马克思的哲学革命在社会中的反映。马克思对于资本主义的批判不是像旧唯物主义者和空想社会主义者那样诉诸抽象的人性、平等与自由等概念,而是从资本主义社会的现实出发。所以马克思的批判正是从资本主义社会中最为常见最为普通的"物"开始,这个"物"就是"商品"。商品是资本主义社会经济中的基础,正是在商品中马克思发现了资本主义的秘密。英国古典经济学家大卫·李嘉图和亚当·斯密同样是在商品经济生产中来认识资本主义,但是他们的贡献只是在于发现了商品的价值是在劳动过程中形成的,但是无法解释工人的劳动与贫困之间的矛盾。在古典经济学基础上,马克思把商品区分为价值和使用价值,区分了劳动和劳动力之间的差异。一个简单的商品其实是一个矛盾(价值和使用价值)的统一体,它是资本主义社会矛盾发源地,也是整个资本主义社会发展的缩影。简言之,商

---

① 邹诗鹏:《马克思人学与西方当代人学的关联性》,载《江苏社会科学》,2001年第1期。

② 刘森林:《实践的逻辑与哲学终结论的困境》,载《现代哲学》,2002年第3期。

品的性质与矛盾决定了资本主义社会的基本矛盾和发展趋势。在商品的内在矛盾基础上,马克思分析了剩余价值、工资以及经济危机等资本主义的社会基本矛盾。从表面上来看,商品、工资、交换以及价值是属于经济学的范畴,但是随着对于商品内在矛盾的分析,马克思把资本划分为可变资本和不变资本,揭示了剩余价值的来源,从而发现了资本主义社会中工人阶级劳动与贫困根源。而解决这一问题的根源不是破坏机器和增加收入,而是推翻社会制度,实现共产主义社会,实现真正的人的社会,这样马克思经济学同时也是政治学。最后,马克思共产主义社会理论就其本质上其实是人的最终目的和归宿的理论,那就是人类的解放和自由的实现。如果说马克思哲学是发现和认识人的手段和武器,那么政治经济学就是分析人存在现实状况的描述,那么共产主义学说就是人未来存在的理想状态。马克思把社会发展的理论划分为三个不同的阶段即人的依赖阶段、物的依赖阶段和自由人的联合体。在人的依赖阶段,社会生产不发达,人的关系主要是依赖于血缘关系形成社会共同体。到了物的依赖阶段,随着生产的发展与社会的进步,人们之间的关系主要是通过物的关系来表现,人受所生产出来的物控制。马克思把物对于人的控制称为"异化",在这种状态下,人的历史还没有形成,社会的发展是人类的史前史阶段。到了生产的发达阶段,产品极大丰富,人们摆脱了对物的依赖,不再受物的控制,在此基础上实现了人个性和发展的自由,社会是自由人的联合体,人类的历史才真正开始。"人的本质—人的需要—人的创造性实践活动—人的社会关系—人的个性,这五者之间的必然联系和有机统一,反映出马克思人学理论的思维模式和内容结构:它体现着马克思人学理论的思维逻辑。"①

历史作为真正的科学,它不但具有现实性意义,更重要的是马克思通过社会在发展过程中的规律性来揭示历史的规律性,这种规律性体现

---

① 韩庆祥:《马克思人学的总体图像(下)》,载《珠海市行政学院学报》,2007年第4期。

为一种"似自然性"。马克思把社会发展划分为人的依赖、物的依赖和自由个性三个阶段，他说："人的依赖关系（起初完全是自然发生的），是最初的社会形式，在这种形式下，人的生产能力只是在狭小的范围内和孤立的地点上发展着。以物的依赖性为基础的人的独立性，是第二大形式，在这种形式下，才形成普遍的社会物质变换、全面的关系、多方面的需要以及全面的能力的体系。建立在个人全面发展和他们共同的、社会的生产能力成为从属于他们的社会财富这一基础上的自由个性，是第三个阶段。第二个阶段为第三个阶段创造条件。"① 马克思对于资本主义的批判正是在历史发展的基础上来进行的批判，他不但看到了资本主义发展的不合理性，而且在历史发展的必然性上也认识到了资本主义的进步性与发展性，在《共产党宣言》中，马克思就指出："资产阶级在它的不到一百年的阶级统治中所创造的生产力，比过去一切世代创造的全部生产力还要多，还要大。"② 资本主义不但创造了先进的生产力，而且资本主义社会制度形成了推动社会发展的政治、经济和文化制度。

三、人与社会

从人类发展历史来看，人对于自我的认识和发现经历了一个漫长的过程。人的自我发现首先是从自然界中分离出来，它主要表现为人的意识和语言的形成，这一时期是在人类社会的初级阶段，人开始摆脱了自然的束缚，开始制造和使用劳动工具，利用自己的能力进行独立生产和生活，初步的生活共同体开始形成。但是在这一时期人对于自然界的现象无法理解，从而出现了神学和宗教，也就是说人类虽然从自然界中独立出来，但是在精神上依附于神学和宗教，这一时期一直持续到中世纪末期。随着人类生产和文明的进步，人们摆脱了神学与宗教的约束，开

---

① 《马克思恩格斯全集》第 30 卷，北京：人民出版社 1995 年版，第 107—108 页。
② 《马克思恩格斯选集》第 1 卷，北京：人民出版社 1995 年版，第 277 页。

始凭借自己的力量改造自然和外在的世界，用现实社会的力量反对宗教的理论，这一时期人们不但从自然界中独立出来，而且在精神上也开始挣脱了神学和宗教的羁绊，人神开始分离。这一时期在历史上就是欧洲封建社会时期王权对于教权的胜利，封建专制国家的形成。从此宗教神学退出了政治的舞台，出现了"把上帝的还给上帝，把凯撒的还给凯撒"，政治和宗教分离也形成了欧洲历史上的政治和宗教的二元制。这一现象随着资产阶级的启蒙运动和文艺复兴运动而发生了改变，生产的发展不但促进了社会的进步，而且也推动了人自身的发展，人开始用人学反对神学，用理性反对神性，用自由反对封建等级制度，资产阶级用普遍的自由、平等、博爱作为革命的口号反对封建社会制度，这样随着资产阶级革命的胜利以及封建社会制度的瓦解，人就从专制的社会中解放出来。但是随着资产阶级统治地位的确立，社会生产的发展和提高，特别是资本主义社会的商品经济发展，独立的个人脱离了社会组织，走向原子化的个人，人们失去了原来的有机联系，而只是物质生产之间的关系，这样人就从人与人的社会联系中分离出来，造成了人与自身的分离。在人的本质问题上，马克思不再是抽象的一般，而是把对人的认识放到现实的社会中。他认为人的本质是社会关系的总和，这种社会关系不是在思辨中形成的，而是在现实的劳动过程中形成的。这种社会性既是人本质特征的前提，也是人类劳动过程的结果，它体现了现实性和过程性。具体来说，这种本质就是在资本主义社会中进行的大工业生产中形成社会关系，它包括阶级关系和经济关系等。而这种工业大生产活动就是人类的基本活动形式之一，它就是人的本质形成的基本途径即实践活动，实践活动的展开过程就是历史，因此马克思对于人的本质探讨总是和实践、历史以及生产紧密联系在一起的。而这些内容共同构成了马克思历史唯物主义的基本组成部分，它们又是为马克思人学理论服务的。社会是人的本质形成的基本场域，而实践是人的本质形成的基本途径，而历史则是人本质形成过程的持续性，它们只不过是人本质的自我展开的不同内容而已。而立足于现实基础上人的本质的分析实际上为马克思资本主义批判奠定了基础，这是因为资本主义社会就是在"物的逻辑"基础上展开和体现。

四、结语

以人类解放为目的的马克思主义理论体现了它的人学逻辑，这决定了它在历史中是作为工人阶级和被压迫民族的解放理论和指导思想，也决定了马克思主义的理论始终和共产主义的运动联系在一起的。从理论上来说马克思主义的唯物史观在本质上就是建立在社会现实基础上的人类解放的历史运动过程，它是同庸俗的唯物主义以及经济决定论唯物主义区分开来的。作为当前主要问题，马克思主义的大众化使得我们不得不思考这样一个问题：作为为劳动群众服务的理论如何获得群众的理解。这也说明，一方面，马克思主义大众化是我们推进马克思主义发展的基本途径；另一方面，脱离大众立场和利益的大众化难免也会走向另一种知识化的马克思学。知识化的马克思主义意味着把它作为一种外在的、对象化的"他们"，而不再是主体的"我们"。所以马克思主义人学基质决定了当前中国化、时代化与大众化绝不是理论内容、语言和形式上的大众化，它应该是立场和利益上为群众服务的理论学说。人学的逻辑要求是一种马克思主义是人的发展和自我实现的要求，而不是把马克思主义对象化、学科化和知识化，因而任何对于人学逻辑的背离就是对马克思主义的背离。

（作者简介：王幸平，男，潍坊学院马克思主义学院副教授）

基于形式逻辑的马克思主义
思想方法研究

任何一种思想,都不是凭空产生的,都是建立在对现实的分析、研究基础之上得出的结论。马克思的相关理论也不例外。马克思理论的生命力就在于,理论提供的不仅是理论本身,更是一种方法,是一种可以用来自我证明的科学理论。任何思想都来源于现实,思想又是对现实的思考,这一思考是一个复杂的过程。具体来说,建立在对事物性质和关系认识的概念的基础之上,通过对事物情况的判断,运用人类社会长期实践总结出来的知识和不断发展变化涌现的新材料,将诸多判断联系起来,经由缜密的推理以及严密的论证,得出新的结论,这既是创造新概念的思维过程,也是提出新思想、新理论的思维过程。分析、研究一种理论的思维过程,掌握马克思相关理论的概念、判断、推理以及论证之间的逻辑联系,不仅能更好地认识一种理论,还能够学会创造理论的思想方法。

一、概念与语词:马克思主义思想方法的逻辑起点

任何一个理论,一种思想,一种理论的思想方法,都是针对某些特定事物展开分析、研究的,马克思主义思想方法针对现实事物进行具体分析,以对事物及其关系进行抽象提炼的概念为逻辑起点,对现实社会

展开分析，因此，研究马克思主义思想方法，要以概念为逻辑起点。其经典著作《资本论》正是以商品这个概念为起点，通过逻辑分析的方法，揭示了资本的奥秘。

客观世界由不同的事物构成，每一个事物都有自身的特性，每一个事物又与其他事物有着千丝万缕的联系。一事物的形状、色彩、气味乃至质地以及较复杂的内外部运动状态都是这一事物的性质。事物总是作为一种关系存在的，脱离其他事物独立存在的单个事物是不存在的。事物间的关系可以是两个事物，也可以是多个事物间的关系。"一个事物的性质与关系，都叫做事物的属性。"①

人们对一个事物的认识是一个不断渐进和深化的过程，是一个从感性直观到抽象思维，从感性认识到理性认识的飞跃过程。在感性认识阶段，人们通过感觉、知觉和表象等具体因素来认识事物；而在理性认识阶段，人们则通过概念、判断、推理等抽象因素来认识、分析事物。感觉是对事物某一种属性的认识；知觉是对事物各种属性的综合认识；表象是人们经由记忆通过多次感觉、知觉认识后留在头脑中的形象。在对一事物认识的感觉、知觉、表象的基础之上，通过语言的抽象作用，人们便形成了所谓的概念。因此，概念并不是直观呈现出来的，而是具有抽象性的。概念是人们认识过程中质变的产物，概念是从具体事物中抽象出来的反映事物特有属性的抽象思维形态。

客观世界本身是变化发展的，客观世界中的一切事物也都是变化发展的，同时，人们对客观事物的认识也是不断变化的。此外，在对客观事物认识过程中抽象出来的概念本身也是不断变化和发展的。当然，既然是对客观世界的认识，必然存在正确认识和错误认识两种情形，那么随之而产生的概念也就有真实和虚假之分。人们对客观世界的认识过程是一个不断产生概念的过程，同时，也是一个不断由真实概念替代虚假

---

① 金岳霖：《形式逻辑》，北京：人民出版社1979年版，第15页。

概念的过程。而概念本身也不是一成不变的，伴随着旧概念的消亡，新概念也随之产生，而后人们又对新概念不断地加以认识，这也是一个真实概念不断替代虚假概念的过程。如图所示：

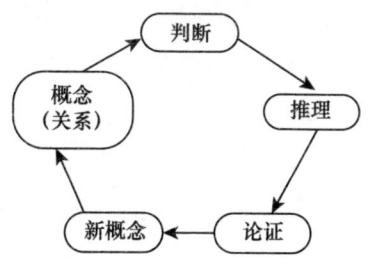

马克思主义关于社会主义这一概念的界定，就通过新判断、新推理、新论证，最后得出对社会主义的新认识或结论（即新概念），赋予社会主义新的内涵，并为人类社会未来发展指明了方向，就是共产主义。因此，概念既是思维的起点，也是思维的终点，当然终点又是新起点。

概念是抽象的，是对事物性质和关系的抽象思维形态，人们对概念的认识是通过语词来实现的。"语词是概念的语言形式，概念是语词的思想内容。"① 不同语词可以表达同一概念。如社会主义这一概念可以用汉语"社会主义"来表示，也可以用英语 socialism 来表示。同一语词也可以表达不同概念，如在不同的语境下，社会主义表示共产主义的初级阶段，也可以表示共产主义本身。因此，要明确语境，正确把握相关概念。

如前所述，概念是反映事物特有属性的思维形态，所以说，某一个概念总能反映事物的特有属性。如"社会主义国家"这一概念就具有无产阶级专政的特有属性。事物是有特定属性的事物，而属性总是某一事物的属性。所以说，概念在反映事物特有属性的同时，也反映具有这些

---

① 金岳霖：《形式逻辑》，北京：人民出版社1979年版，第20页。

特有属性的事物。因此概念是既有内涵又有外延。概念的内涵就是"概念所反映的事物的特有属性"。① 概念的外延就是"具有概念所反映的特有属性的事物"。② 如前所述，社会主义国家的特有属性是无产阶级专政，这是社会主义国家这一概念的内涵，那么具有无产阶级专政这一属性的国家，就是社会主义国家这一概念的外延。概念的内涵和事物的特有属性不是完全相同的，因为概念的内涵属于思想方面，既然是人的思想认识，就有错误的可能；而事物的特有属性属于事物方面，具有客观性，是事物的客观存在。因此，当概念的内涵正确反映客观事物时，才是真实正确的概念。

对同一事物的认识，不同的人有不同的概念。真实的概念有外延，虚假的概念无外延，因为虚假概念在客观世界里没有与之相对应的事物类存在。所以，概念明确是进行正确判断、推理以及论证的首要条件。概念明确意味着其内涵和外延都要明确。因而，在思维过程中，既要检验某一概念的内涵，也要检验这一概念的外延。此外，还要明确概念内涵与外延相互制约的反比关系。

正确的思维要求明确概念的内涵和外延，要明确概念的内涵和外延则要求掌握概念所反映事物的具体知识，要掌握具体知识，则必须掌握大量的一手材料和知识，归根结底要通过实践来获得。明确概念需要掌握两种逻辑方法：定义与划分。"定义是揭示概念的内涵的逻辑方法。"③ 定义就是揭示事物的特有属性的逻辑方法。如商品，马克思在《资本论》中明确提出商品是用来交换的劳动产品，给商品下了一个非常明确的定义。定义是为了更好地明确概念。在思维过程中，定义起到至关重要的作用。人们通过实践或学习对某一事物有了一定的认识之后，就会通过定义把对该事物的认识总结和巩固下来。总结概念与巩固概念的过

---

① 金岳霖：《形式逻辑》，北京：人民出版社1979年版，第22页。
② 金岳霖：《形式逻辑》，北京：人民出版社1979年版，第22页。
③ 金岳霖：《形式逻辑》，北京：人民出版社1979年版，第41页。

程同时也是明确概念的过程，概念明确与否可以通过定义来检验。定义是揭示概念内涵的逻辑方法，与之相对，划分则是明确概念外延的逻辑方法。划分是把一个属分为几个种的逻辑方法，任何一个种则必须具备属的特有属性。

二、判断与语句：马克思主义思想方法的逻辑定点

通过定义对事物的性质和关系加以总结和巩固之后，明确概念，然后就需要在概念的基础之上，对事物进行断定，这就需要对事物进行判断。"判断就是断定事物情况的思维形态。"① 判断是对一事物肯定或否定情况的断定。判断直接或间接地来源于人的感觉和知觉。感觉、知觉既是人们知识的源泉，又是人们在客观世界的实践过程中产生的，所以说，判断是人们在实践的过程中产生的思维形态。人们在实践中形成的判断不是对客观世界的简单描述，而是要通过这一判断更好地改变事物，改造客观世界。正如毛泽东在总结指挥员应具备的能力时所强调的那样："指挥员的正确的部署来源于正确的决心，正确的决心来源于正确的判断，正确的判断来源于周到的和必要的侦察，和对于各种侦察材料的联贯起来的思索。"②

判断既然是对事物情况的断定，那就属于思想方面的内容，而思想方面的内容与事物情况则存在符合与否的问题。因此，判断也是有正确和错误之分的。一个判断正确与否，即一个判断是否符合客观事物真实情况，有待于实践的最后检验。正如马克思在《共产党宣言》中对社会未来发展趋势的判断所说的社会主义必然胜利和资本主义必然灭亡同样是不可避免的这一判断，也需要实践的最终证明。也如同毛泽东所说："马克思主义者认为，只有人们的社会实践，才是人们对于外界认识的

---

① 金岳霖：《形式逻辑》，北京：人民出版社1979年版，第68页。
② 《毛泽东选集》第1卷，北京：人民出版社1991年版，第179页。

真理性的标准。实际的情形是这样的，只有在社会实践过程中（物质生产过程中、阶级斗争过程中、科学实验过程中），人们达到了思想中所预想的结果时，人们的认识才被证实了。"①

判断有简单判断和复合判断之分。简单判断就是不包含其他判断的判断。简单判断有两种，一种是性质判断，一种是关系判断。性质判断就是断定某事物具有（或不具有）某性质的判断。关系判断就是断定事物与事物之间关系的判断。复合判断包含其他判断，其判断真假取决于它所包含的判断的真假。复合判断由简单判断构成，简单判断由"如果……那么"、"或"、"而且"、"并非"等逻辑词连接。复合判断主要有假言判断、选言判断、连言判断、负判断几种。假言判断就是断定某一事物情况存在是另一事物情况存在的条件的判断。其逻辑词是"如果……那么"、"只有……才"等。

条件对一事物的存在与否极为重要。从事物的存在与不存在看，条件可以分为三种：充分条件、必要条件和充要条件。充分条件的假言判断，就是断定一个事物情况是另一个事物情况的充分条件的判断，其逻辑词为"如果……那么"；必要条件的假言判断，就是断定一个事物情况是另一个事物情况的必要条件的判断，其逻辑词为"只有……才"、"除非……不"、"除非……才"、"没有……没有"等；充要条件的假言判断，就是断定一个事物情况是另一个事物情况的充要条件的判断，其逻辑词为"如果/而且/仅仅/如果……那么"、"当且仅当"、"如果/而且/只有……才"等。假言判断在人们认识客观世界的过程中具有重大的作用，它反映的是事物之间的条件联系，这就意味着要达到一定的目标就必须创造出该目标存在的充分条件，从而使事物朝着既定的方向发展；同时，也可以破坏一些必要条件，使事物存在的条件消失，从而实现一定的目标。

---

① 《毛泽东选集》第1卷，北京：人民出版社1991年版，第284页。

对一事物的判断要通过具体的语句表达形式来呈现。判断是对客观事物认识情况的一种思维形态，那么，只要对于同一事物的认识是相同的，不管哪个民族的哪一种语言，他们的判断都是相同的，也就是说同一个判断可以用不同的语句来表达。如马克思和恩格斯共同撰写的《共产党宣言》被翻译成200多种文字，成为全世界共产党人和一切进步人士必读的著作。该书中的各种判断，用各民族的语言来表述相同的意思。另外，同一语句在不同的情况下也可以表达不同的判断。因此，要明确一个语句表达什么样的判断，必须将其放在具体的语境中加以分析，切不可断章取义，否则将与语句的本意大相径庭，甚至相反。

选言判断就是断定在几个事物情况之中至少有一个事物情况存在的判断。其逻辑词为"或"、"或者"、"或者……或者……或者兼而有之……"、"要么……要么……"等。联言判断就是断定几种事物情况都存在的判断。其逻辑词为"又……又……"、"并且"、"不但……而且……"、"虽然……但是……"等。负判断就是否定一个判断的那个判断。其逻辑词为"并非"、"并不"、"不是"等。

逻辑词在阐述观点中发挥着重大作用，上述的逻辑词在马克思的理论著作中随处可见，由不同的逻辑词连接起来的语句，分别表达着不同的语义，不能随意替换。

三、演绎与归纳：马克思主义思想方法的逻辑节点

人们通过判断得出对客观事物的基本判断，并经由这些判断得出新的结论，这就是推理，推理是得出新的判断的思维过程，是思维过程中的关键环节。推理就是根据一个或一些判断得出另一个判断的思维过程。推理的正确与否有赖于正确的推理形式，正确的推理形式是从大量的正确的具体推理中抽象出来的，而正确具体的推理又是客观世界中事物情况之间的相互联系的具体反映。因此，正确的推理源于对客观世界

事物情况之间联系的正确反映。也正因为如此，人们可经由真实的前提推理出原来人们尚未知晓或未经证实的真实结论。当然，推理的环节是一环一环紧密相扣的，任何一个环节的故障，都会导致推理结论的失真，所以，推理形式极为重要。

恩格斯指出："甚至是形式逻辑也首先是探寻新结果的方法，由已知进到未知否定方法"①。推理的两种重要形式即演绎和归纳。"演绎推理就是前提与结论之间有必然联系的推理。……归纳推理就是前提与结论之间有或然联系的推理。"②

对于任何演绎推理而言，前提的真实性与形式的正确性都是各自独立的，要想得出正确而真实的结论，一个演绎推理就必须同时具备前提的真实性和形式的准确性。从真实的前提出发，运用正确的推理形式必然能得出正确的结论。正如恩格斯所说："如果我们有正确的前提，并且把思维规律正确地运用于这些前提，那么结果必是与现实相符"。③ 马克思在《资本论》中运用的思想方法就是从抽象到具体的演绎推理方法。从价值到价格，从劳动力价值到工资，从抽象到具体，通过层层推理，运用正确的推理形式，得出正确的结论。

归纳推理一般是由个别的事物或现象推出该类事物或现象的普遍性规律的推理，它是由个别到一般的思维方法，归纳推理的结论要比前提所断定的范围更广。归纳推理在人们认识客观世界的过程中起着至关重要的作用。因为，人们要认识客观世界，就必须先从客观世界中获得大量的感性材料并对其进行加工、整理、分析，最终才能得出正确的结论。归纳推理的前提是占有大量的感性材料，通过分析与综合来了解事物真实情况。分析与综合是相反的思维过程，通常情况下先分析而后综合，二者是密不可分的两种方法。正如恩格斯在《反杜林论》中所说：

---

① 《马克思恩格斯文集》第9卷，北京：人民出版社2009年版，第142页。
② 金岳霖：《形式逻辑》，北京：人民出版社1979年版，第144页。
③ 《马克思恩格斯文集》第9卷，北京：人民出版社2009年版，第345页。

"……思维既把相互联系的要素联合为一个统一体,同样也把意识的对象分解为它们的要素。没有分析就没有综合"。① 马克思主义思想方法正是由个别上升到一般,从抽象到具体,恰当地运用了归纳和演绎的推理形式。

"人们应用已有的知识,对事物的规律作出一个初步的预想,这就是假说。"② 假说是一种从个别得出普遍规律的归纳方法。列宁在《什么是"人民之友"以及他们如何攻击社会民主主义者?》一文中提到唯物史观的基本观点,其中的观点一开始也是作为假说提出的。列宁指出:"社会学中这种唯物主义思想本身已经是天才思想。当然,这在那时暂且还只是一个假设,但是,是一个第一次使人们有可能以严格的科学态度对待历史问题和社会问题的假设。"③ 列宁接着指出:"现在,自从《资本论》问世以来,唯物主义历史观已经不是假设而是科学地证明了的原理。"④

一切推理最终都将回到实践中,从具体到抽象,再从抽象到具体,从实践到理论最后再回到实践,而后再形成新的理论,切忌不要脱离现实,否则,只会从抽象的概念到更多抽象的概念,其结论只能使人陷入更加抽象的思维状态。

四、论证与反驳:马克思主义思想方法的逻辑终点

马克思的思想理论通过对抽象概念的层层剖析,从抽象到具体,经过一系列判断和推理,最后到达论证阶段。论证的方式有两种:证实和证伪。马克思的著作中有很多理论是通过收集大量的感性材料,通过逐一考察、证实或证伪,才会运用到自己的论著中,作为理论论证的一个

---

① 《马克思恩格斯文集》第9卷,北京:人民出版社2009年版,第45页。
② 金岳霖:《形式逻辑》,北京:人民出版社1979年版,第213页。
③ 《列宁选集》第1卷,北京:人民出版社1995年版,第7页。
④ 《列宁选集》第1卷,北京:人民出版社1995年版,第10页。

个严密的环节。

论证就是断定一个或一些判断的真实性,进而断定另一个判断的真实性。论证在发现真理的思维活动中起重大作用,同时在宣传教育等方面也发挥着重大作用。论证由论题、论据和论证方式等要件构成。所谓论题就是其真实性需要加以确认的那些判断;论据就是确认论题真实性时所依据的判断;论证方式就是由论据到论题的联系方式,即推理形式。论题既是开端也是结论。一些论题对某些人来说是确定的,对某些人来说又是不确定的。一个论题只有真实地反映客观事实才能被论证为真。论据的真实性是论题真实与否的依据,论据必须是事实上的真而非论证者所认定的主观上的论据为真。在讨论论题时必须全面考虑相关事实,而不能片面地截取某部分而忽略其他相关事实。

列宁:"如果从事实的整体上、从它们的联系中去掌握事实,那么,事实不仅是'顽强的东西',而且是绝对确凿的证据。如果不是从整体上、不是从联系中去掌握事实,如果事实是零碎的和随意挑出来的,那么它们就只能是一种儿戏,或者甚至连儿戏也不如。"① 马克思的唯物史观就是在与不同思想进行论战反驳的过程中逐渐确立起来的。反驳是驳斥别人论证的一种方法。反驳可从三个方面进行,一是反驳对方的论题,二是反驳对方的论据,三是反驳对方的论证方式。论证的最终目的是为了立论,得出新结论、新概念、新论题。恩格斯在著名的《反对林论》中,针对杜林的主张,逐一展开驳论。从论点到论据到论证过程全面展开对杜林错误观点的反驳,最终确立了马克思主义的唯物史观。

从概念的明确界定,到判断的正确作出,再到推理的归纳演绎,最后到论证的立论驳论,从而得出新的结论(新概念)。马克思主义理论给人们呈现了一幅幅生动而又具有严谨风格的画卷,马克思主义思想方

---

① 《列宁全集》第28卷,北京:人民出版社1990年版,第364页。

法对形式逻辑的运用恰恰又符合形式逻辑本身的规律，换句话说，马克思主义思想方法又是研究马克思理论的方法。

（作者简介：邹丽萍，女，潍坊学院马克思主义学院讲师；聂培英，女，潍坊职业学院教师）

树立"文化自信"须首先端正认识观

中国拥有全世界独一无二的未曾中断的文明并由此孕育了中华民族的优秀传统文化,从而塑造了中华民族的自信。近代史上的屈辱一度令中国丧失了自信,但在中国共产党的坚强领导下,中国摆脱了压迫并在前进道路上砥砺奋进。正基于此,中国在新世纪树立起了全方位的"自信"。巨大的成就不仅改变了中国对自身的认知,亦令占据国际主导地位的西方世界刮目相看,而这又为中国强化自信提供了重要的外力支持。可是国内依然存在着过分推崇西方社会,并贬低本国文化的情况。从这种角度来说,在思想认识层面上打破对"西方神话"的迷信对树立自信是极为必要的。

一、中华民族文化自信源于民族内心深处

中华民族历史悠久、文化深厚,在世界历史上长期占据重要而特殊的地位。可是,近代中国长期故步自封、看不清世界大势,顽固地坚守落后的生产方式及政治、社会制度,结果被拥有先进生产力的西方列强一再欺压,导致"丧权辱国",而构建在传统中华文明基础上的自信心也遭到了空前沉重的打击。由此,扭转鸦片战争以来的衰落之势,使中国走上发展、富强之路,进而重塑自信就成为历史对中华民族提出的核心问题,亦是志在改变现状的各种政治团体必须完成的

艰巨任务。

历经百年彷徨与摸索,这一任务最终被历史性地交给了中国共产党,而正是在中国共产党坚强领导之下,中华民族才能以艰苦卓绝的斗争摆脱被奴役、被压迫的命运而建立新中国,并且在"一穷二白"的基础上开启全面工业化建设,从而取得前所未有的发展成就。虽然中国共产党在领导中国革命、建设的过程中历经波折,但现实的发展成就充分证明——只有中国共产党找到了改变民族命运、推动国家进步的正确道路,只有沿着中国共产党探索出来的道路一直走下去,才能实现中华民族伟大复兴。

在中国共产党领导下取得的一系列重大成就深刻地影响乃至改变了中华民族的精神世界,而这一系列成果更要求中国必须在新世纪中树立文化自信。2012年11月,胡锦涛总书记在十八大报告中提出"三个自信",即"道路自信"、"理论自信"、"制度自信"。2016年7月1日,习近平总书记在庆祝中国共产党成立95周年大会上的重要讲话中第一次向全党明确提出了坚持"四个自信"的整体战略要求,强调"坚持不忘初心、继续前进,就要坚持中国特色社会主义道路自信、理论自信、制度自信、文化自信"。习近平总书记强调,"文化自信"是更基础、更广泛、更深厚的自信,而中国、中华民族的文化自信不仅来自新中国成立以来所取得的综合国力建设成就,更是以"在5000多年文明发展中孕育的中华优秀传统文化,在党和人民伟大斗争中孕育的革命文化和社会主义先进文化"作为基础的,这种文化"积淀着中华民族最深层的精神追求,代表着中华民族独特的精神标识"。中国的确是全世界最有理由自信的国家和民族。

通常认为,自信是对自身力量的确信,自信又是一种积极性,就是自我评价角度上的积极态度,而文化自信是"一个民族、国家以及一个政党对自身文化价值的充分肯定和积极践行,并对其文化的生命力持有的坚定信心"①。由此看来,文化自信首先是内因性问题,即作为矛盾主体的国家、民族等对自身所具有的文化及其发展模式等所具有的发自内心的认同,这在文化自信的树立及发展中无疑具有根本性指导意义。

二、西方从不乏重视乃至褒扬中国之声但国人时下总难免"不自信"

在中西实力对比出现历史性质变的大背景下,"国际主流舆论"对中国及中华文明开始另眼相看自在情理之中。然而在客观的学术发展历程中,早在中国走向"崛起"之前,高度评价中国历史及中华文明之声就已经屡见于西方学者著述之中,例如美国学者吉尔伯特·罗兹曼就表示,中国"一向是东亚社会的文明巨人,其扮演的角色集西方人在文化上无限景仰的古希腊、罗马和作为现代欧洲文明中心而备受倾慕的法兰西于一身",中国"拥有程度极高且造诣极深的多样化文化价值,拥有控制、管理和协调幅员辽阔、人口众多的国家的能力,拥有有效的把技术开发应用于生产扩大并维持数倍于19世纪欧洲人口的组织天才",中国人"曾经拥有的生活标准是其他民族根本无法比拟的"②;而在更早的时候,号称"近世以来最伟大的历史学家"的英国学者阿诺德·约瑟夫·汤因比不仅在其晚年言论中对西方社会表示极度担忧,在瞻望未来之时更将对世界的希望寄托在东方——A. J. 汤因比③表示,"21世纪是

---

① 《文化自信——习近平提出的时代课题》,http://www.xinhuanet.com/politics/2016-08/05/c_1119330939.htm
② 刘东主编:《中国的现代化》,南京:江苏人民出版社1995年版,第21—22页。
③ 阿诺德·约瑟夫·汤因比有一位同样是历史学家的伯父,其人专门研究经济发展史且同样名为阿诺德·汤因比,而汤因比之名正是为纪念早逝的伯父而取的,后世为了区分两人故通常称呼其全名。——笔者注

东亚人的世纪"其实"并非惊人之言"①,而其在与日本佛学家池田大作的对话中更一再称颂中华文明之美德能够代代相传、不断发扬,甚至在"屈辱的世纪"(这显然是指"鸦片战争"后、中华人民共和国成立前的百余年历史)里仍在继续发挥作用;② 池田大作则针对汤因比之说表示,"从两千年来保持统一的历史经验来看,中国有资格成为实现统一世界的新主轴",您(汤因比)这一说法在考虑今后世界问题时"具有极为重要的启示"。③ 甚至,面对西方世界在内外交困中趋于停滞而中国仍坚持较高速发展之时,英国学者、中国问题专家马丁·雅克(Martin Jacques)在2009年出版了极富震撼力的著作《当中国统治世界:中国的崛起和西方世界的衰落》,并且在延续至今的公开言论中始终坚持自身观点。马丁·雅克以其独到的眼光剖析了中国发展模式和西方模式的根本异同,指出21世纪西方将不再占据主导地位,中国崛起改变的将不仅是世界经济格局,而且将彻底动摇我们(已有)的思维和生活方式。

来自西方世界高度而积极的评价为中国树立自信提供了最为强大的外力支持,然而在现实实践及思想认知之中,对中国发展成就及历史、文化持怀疑乃至否定态度的声音仍大有其所在——就在中国逐步超越日本、中日力量对比发生变化之时,有"精日"分子竟然不时招摇过市之消息屡现于网络,各种为日本侵略历史翻案之说亦不绝于耳;近代以来,西方主导国际关系及世界格局走向是必须承认并客观看待的历史现实,客观而公正地对西方在历史发展中所起到的作用予以评价是学术界始终要进行的重要任务,这一点无可否认,但"言必称希腊罗马"之类的"西方中心论"或"西方至上主义"的论调在各种舆论场上仍大行其

---

① 阿诺德·约瑟夫·汤因比:《半个世纪——中日历史与文化》,台北:台湾枫城出版社1979年版,第15页。
② 张广智:《西方史学史》,上海:复旦大学出版社2005年版,第307页。
③ 池田大作:《中国与世界》,http://www.360doc.com/content/14/1119/09/19463_426317799.shtml

道。而中国与美国之间依然有较大差距这种事实被"极少数别有用心者"当作攻击国家所能够借用的稀有口实,甚至进一步将之歪曲为中国应该走"改旗易帜"的邪路的依据……凡此种种与我国社会发展之流完全相反甚至逆历史潮流而动的行为,其之所以能够出现并长期占据相当的市场,其实都可以被归结为"文化不自信"问题并作为其典型表现。针对此种问题须对症下药,从思想认识上实现彻底转变才是正确的解决之道。

三、树立民族自信须树立正确的历史认识观

意大利历史学家克罗齐①有一著名论断——"一切历史都是当代史",即人们研究、撰写历史总是从现实兴趣出发,服务于当前之目的,只要当现实生活发展需要历史时,"死历史"就可以复活,过去的(历史)就会变成现在的。② 克罗齐的观点用通俗的话说差不多就是"活在当下",而人们在面对现实中遇到的问题时总会自觉或不自觉地从过去的成功经验或失败教训中寻找解决的办法或者破解疑问的答案,即所谓"以史为鉴"或"以史为诫"。同理,"文化自信"的建立在本质上必须以历史作为依据,而中华民族作为世界上历史传统最为深厚的国家,浩如烟海的众多史书(典型如官修史书"二十四史"及中国历史上最重要的编年体史书《资治通鉴》)是支撑中华民族之自信的重要文本依据。

笔者认为在对中国 2000 多年历史的认识上颇具代表性——以近代百年之昏暗、屈辱而否认至少 2000 余年光荣而伟大的大一统的文明历史。

---

① 贝奈戴托·克罗齐(Benedetto Croce,1866—1952 年),意大利著名文艺批评家、历史学家、哲学家,其著作主要有《美学原理》(1902)、《逻辑学》(1908)、《历史学的理论和实际》及《实践活动的哲学》(1908)等,而其哲学观点亦浸润在这 4 部作品之中。

② 张广智:《西方史学史》,上海:复旦大学出版社 2005 年版,第 315 页。

为什么会出现这种认识观上的矛盾呢？自从两次鸦片战争以来，丧权辱国之现实逼迫中国必须作两道题，一是"西方文明为什么那么强大"，而与之相对应的问题就是"中华文明为什么那么弱小"？对此，中国知识分子给出的答案就是著名的"德先生"与"赛先生"，即"民主"与"科学"。由于这两大概念都是舶来品，是故西方文明就被描述成了这两位先生的发展史——西方（文明）从古希腊开始就是民主、人权、科学、求知和博爱的，虽然在中世纪封建贵族制度下存在种族冲突、奴隶制度、宗教战争等问题，但在叙述历史的过程中都有意无意地被忽略或掩盖掉了；甚至，即使是现代化以来的殖民主义的野蛮杀戮和掠夺也成了"社会达尔文主义"的论据！当然，以上答案在本质上的逻辑无非是"强者总是有理的"或"强权即真理"，然而正是从这种逻辑模式出发，中国学者长久以来其实比西方历史学者都在更小心地在维护西方历史的光辉形象，尽可能掩盖其历史中所有的不可磨灭的野蛮、愚昧的黑暗面——为此，甚至可以（大力）歪曲对本国历史的认识？"从认识论角度来说，笔者所想到的逻辑矛盾之根源就在于此，而时至今日仍不时出现的对中国历史及中华文明的否定等各种文化不自信问题，其情绪根源亦在于此！"而且，这种逻辑的可怕之处就在于在长期不厌其烦的对错误认知的重复之中，这道题目的解答最终成为"自我循环"（逻辑自洽）的"轮回"式"论证"——西方文明的今天是优秀的，所以它的历史就是优秀的；因为西方的历史是优秀的，所以它的今天才会这么优秀……当然，这其实也是符合"一般人性"的答案或做法，然而这种观念真的符合一切从实际出发的（历史）认识论基本原则吗？答案显然是否定的！

实际上，只要用"真正"的"历史的眼光"就会发现所谓"西方文明为什么（从来）那么强大"及与之相对应的"中华文明为什么（一直）那么弱小"等问题是有问题的——问题的正确表述方式应该是"中华文明为什么到清朝中后期时一度萎靡不振了？西方文明为什么从

18世纪开始突然强大起来了"？这种论述无疑为打破笔者沉积已久的疑问提供了突破口，而在对答案的持续求索之中，笔者从中国人民大学金灿荣教授有关当今国际热点问题的公开课的论述中意外地发现了解题思路——金教授讲道，日本在大国（关系）中最难接受中国崛起，因为日本有两个心理是其他国家没有的，其一是对中国有愚蠢的种族主义，而另一个当然是非常深刻的犯罪感。具体来说，过去一百多年日本学西方、"脱亚入欧"（"二战"之后又投入美国怀抱），日本在此过程中学到了一个很棒的（新）技能——工业体系。日本比中国早一步掌握了现代制造业，然后工业化也做得很好。日本的工业化好到什么程度？其不仅是亚洲第一，而且在全世界非西方的180个国家和地区它都能长期排名第一！相对地，中国过去有段时间（主要是晚清70年）愚蠢地拒绝了工业化。对比之下，日本朝野同心拼命地学且学得很好，而中国一再地拒绝（故步自封），其导致的结果就是形成了工业日本碾压农业中国的局面。1937年日本全面侵华从国际政治角度来讲是日本侵略中国，从历史（发展）角度来讲其实是工业打农业。在这种历史背景下，日本跟中国对比无疑具备了非常明显而全面的工业技术优势。对于这种事实，我们必须秉持尊重和承认之态度，然后谦虚地学习并改正历史性错误。

但是，"真正的问题"发生在下一环节——日本理论家、政治家、战略家错误地把这一段时间的技术优势解释为日本文明对中国文明的永恒优势（这显然是偷换概念）；更有比较恶劣、心胸（自然）比较狭窄者，恬不知耻地把它解释成了日本人比中国人强①（换句话说，日本比中国强是因为较早地进行了工业革命，可偏有人要逻辑颠倒，硬说自己比中国优秀，所以能且只有自己能玩转工业）……这显示是极大的认识论上的根本性错误！

金灿荣教授之说阐述的是中日关系问题，然而将这一论述所含的逻

---

① 有关论述参见《（金灿荣）未来10年世界可能的大变局》，http：//www.360doc.com/content/17/0801/14/414342_675839647.shtml，转引时有所修改。

辑模式与钱翰教授所指出的问题进行联系、对比之时就会发现，原来问题首先在于西方世界在论述自身优越性之时其实犯下了同日本极其类似的错误——西方并不从来都是先进的是客观历史，其先进性之确立建立在18世纪末发端自英国而后来逐步扩展至欧洲大陆及北美（准确地说是美国）的"工业革命"之上，西方相对于中国的优势其实只是技术优势而西方文明相对于中国文明则不具有绝对优势。当然，从解构文化自信问题的角度来说，较为客观而公正的说法应该是西方较之中国具有先发工业技术优势，西方（包括日本）在国际竞争中利用这种硬实力上的优势击败了中国，而西方世界在论述自身何以获得胜利之时"偷换概念"，而这可以被认为是要借机建立对华软实力优势或文化自信，欺骗其认定的落后国家，尤其是妄称工业化是他者无法习得的独门绝技，进而将自身在近代300多年以来所占据的技术优势说成是文明的永恒优势。

言至于此，笔者对文化自信问题的论述大致可以告一段落了。此时，笔者想说的是"知识（科学技术属广义上的知识）"是无价的，但其载体始终是"人"，而特定的人总有"利益"及"政治"方面的特定诉求——实际上，人在现阶段始终无法克服实现立身利益最大化的"自私"性，而这种狭隘观念一旦被无限放大（而且这往往是"有目的"的）就可能导致认识论出现巨大错误（甚至具有历史必然性）！针对这一问题，我们必须做的就是深刻改造认识观！

小结

对中国来说，古代历史上的荣光与近代史上的屈辱所构成的鲜明对比极为强烈地打击了中华民族的自信心，而为了重建信心，中国又必须向西方乃至向曾经是自己学生的日本学习，在不断探索之中逐步改变命运甚至走向成功……在这一有可能极其漫长的进程之中，中国要实现心态的转换并保证不丧失对自身的信心显然是极为艰难的。但是，正是这种严峻局面更要求中华民族必须树立正确的历史观与认识观（文化自卑或自负显然皆不可取），从根本上建立客观看待历史的逻辑思维体系，并以之指导中国今后的思想与实践，为中华民族之发展与中华民族伟大复兴之路铸就真正坚实的文化自信之基础！

（作者简介：刘锐，男，潍坊学院马克思主义学院讲师）

《关于费尔巴哈的提纲》中科学实践观的探讨

实践是人类生存和发展的最基本活动,正是在实践中,经济、政治、文化等人类社会的基本结构得以形成与发展,人类的文明得以发展。众所周知,马克思主义首要的和基本的观点是实践观点。从马克思主义的产生过程来看,马克思主义作为科学理论来源于实践,又推动了实践的发展,所以实践既是马克思主义的逻辑起点,也是其逻辑旨归。从马克思主义的发展历史脉络看,其理论不仅仅在实践发展中汲取力量,也是在对旧哲学旧观点的辩证否定中不断发展与创新。

马克思在《关于费尔巴哈的提纲》这个集中阐述科学实践观的重要文献中,提出全部生活在本质上是实践的。马克思写于1845年春的《关于费尔巴哈的提纲》被恩格斯称为"包含着新世界观的天才萌芽的第一个文件"[①],它是马克思主义形成时期的标志性著作之一,该文是为了深入批判费尔巴哈哲学并与其划清界限而写的提纲,该提纲简明扼要,思想深刻。首次公开于1888年,恩格斯在出版《路德维希·费尔巴哈和德国古典哲学的终结》单行本时把《关于费尔巴哈的提纲》作为附录发表。在此文中,马克思围绕着旧唯物主义的基本缺陷——直观性

---

① 熊华、方文:《〈关于费尔巴哈的提纲〉中科学实践观的理论探讨》,载《价值工程》,2016年第4期。

和被动性，完成了对以费尔巴哈为代表的旧唯物主义的批判，从实践角度出发阐释自然界、人类社会和思维世界，在科学实践观基础上建立起一种崭新的哲学体系即实践唯物主义世界观。

在该提纲中，马克思还进一步批判了费尔巴哈的抽象的人性论，特别是其关于人的本质的看法，马克思指出"人的本质不是单个人所固有的抽象物，在其现实性上，它是一切社会关系的总和"①。在人类生活中，我们既要看到矛盾的普遍性，又要看到矛盾的特殊性，社会实践丰富多彩，因而社会问题也纷繁复杂，这些问题不仅存在于自然界、人类社会，同样存在于思维世界，如马克思主义"过时论"、历史虚无主义、个人主义等错误思潮。探究《关于费尔巴哈的提纲》中的实践观，厘清实践与认识的辩证关系问题，有着重要的理论价值，它体现在能否正确把握实践创新与理论创新的良性互动，能否正确理解真理的绝对性和相对性的辩证关系，能否坚持与发展马克思主义科学理论，能否坚持与发展新时代中国特色社会主义理论，能否做到解放思想、实事求是，反对教条主义、马克思主义"过时论"和各种歪曲、篡改和否定中国特色社会主义的错误思潮等方面。同时，正确把握科学实践观对于我们明辨是非，抵制国内历史虚无主义、普世价值论、个人主义等错误思潮的侵袭，弘扬主旋律，学习与贯彻习近平新时代中国特色社会主义思想等方面有着重要的现实意义。

一、旧哲学对于实践范畴的理解

马克思、恩格斯以前的中外哲学都使用过实践的概念，并作过很多描述。在中国古代哲学中，实践更多地被称为"行"，与"知"相对应，主要指伦理道德行为。在西方哲学史上，尤以德国古典哲学对实践的论述相对集中，本文着重阐述康德、黑格尔、费尔巴哈关于实践的论述。

---

① 《马克思恩格斯选集》第1卷，北京：人民出版社2012年版，第60页。

康德的"三大批判"即《纯粹理性批判》(1781年)、《实践理性批判》(1788年)和《判断力批判》(1790年)构成了他的哲学体系,学界普遍赞同康德是近代专门而系统地研究实践理论的第一个哲学家。康德在《实践理性批判》中将道德作为实践概念的核心内涵,把实践看作是理性自主的道德活动。所谓"实践理性",是指实践主体的意志,对于实践理性的"批判",就是要考察规定道德行为的"意志"的本质以及它们遵循的原则,从抽象的理性角度阐释实践,它把人的主体性问题突出出来,强调了人格的尊严与崇高,表现了强烈的人本主义精神。在康德的哲学体系中,唯心主义本质表现得特别明显,他主张意志高于理性的说法,把意志提到了第一位,说理性只能居于从属的地位,离开意志就不能存在。所以,从本体论角度来看,康德的哲学并不是"科学的、合理的形态的实践哲学"①。

黑格尔克服了康德把实践局限于道德领域的狭隘性,把实践提升到一般哲学认识论范畴,黑格尔从生产劳动等不同视角对实践进行说明,辩证地看待实践活动,这是黑格尔哲学的合理性,这也为马克思主义哲学的产生提供了重要理论来源。尽管黑格尔触摸到了生产劳动的意义、认为劳动陶冶事物,但黑格尔最终还是把实践限定在抽象的精神活动范围之内,认为实践实质上是绝对理念(绝对精神)的精神活动,生产劳动不过是绝对理念的外化,因此黑格尔哲学在本质上是唯心主义的。②马克思指出:"黑格尔认为,世界上过去发生的一切和现在还在发生的一切,就是他自己的思维中发生的一切。"③ 很明显,黑格尔并没有真正把握实践的本质内涵。

与黑格尔不同,费尔巴哈则从实践出发来考量存在和思维的关系这

---

① 吴育林:《浅析马克思哲学的实践合理性》,载《学术研究》,2015年第6期。
② 吴育林:《浅析马克思哲学的实践合理性》,载《学术研究》,2015年第6期。
③ 孙正聿:《历史唯物主义与哲学基本问题:论马克思主义的世界观》,载《哲学研究》,2010年第5期。

一哲学基本问题。相比"纯粹的"唯物主义者,他承认人也是"感性对象",这是进步。但他仅仅局限在感情范围内承认"现实的、单个的、肉体的人",只是从抽象的理论看待人们现有的社会联系,费尔巴哈设定的"人"并不是"现实的历史的人"。感性是费尔巴哈哲学的出发点,实践活动在费尔巴哈看来就是感性直观的活动,而且其理解的实践仅仅限于日常生活活动,把实践等同于生物适应环境的活动,而不是主体能动的有目的地认识和改造外部客观世界的物质活动。也就是说费尔巴哈并没有从辩证的角度去理解实践,只是被动地反映世界,没有把认识世界与改造世界辩证地统一。费尔巴哈"对于实践则只是从它的卑污的犹太人的表现形式去理解和确定"①,他同样没有真正把握实践的本质内涵。

综上,无论唯心主义还是旧唯物主义哲学都没有科学理解人类实践的真正本质,在主体与客体的关系这一哲学问题上,唯心主义哲学更多地强调主体的基础性意义,认为认识先于人的实践,忽视了客体对主体的先在性作用。旧唯物主义哲学则恰恰相反,单纯从经验出发,更多地强调客体基础性意义,看不到主体基于实践基础上的能动性,把人的认识对象仅仅理解为外在于人的、感官直观的对象,而把人理解为单纯直观的、受动的存在,从而把人的认识活动理解为消极被动的照镜子式的直接反映活动,完全否认了人在认识过程中的作用,否认了认识的能动性、辩证性,忽视了主体的能动性与目的性作用。马克思在《关于费尔巴哈的提纲》中指出"从前的一切唯物主义(包括费尔巴哈的唯物主义)的主要缺点是:对对象、现实、感性,只是从客体的或者直观的形式去理解,而不是把它们当作感性的人的活动,当作实践去理解,不是

---

① 朱书刚:《试论马克思科学的实践观的形成及当代意义》,载《马克思主义哲学研究》,2004年第7期。

从主体方面去理解"①。马克思精辟地指出了旧唯物主义哲学和唯心主义哲学共同的主要缺点在于，二者都不懂得实践活动的本质特征、地位以及实践在人类认识和整个社会生活中的决定意义，而恰是这一缺点导致了近代哲学中唯物论和辩证法的分离。

在《关于费尔巴哈的提纲》中，马克思明确地提出哲学家只是以不同方式解释世界，而问题关键在于改变世界。他指出我们不仅要有认识、理论，更需要改变、实践，基于"改变世界"这一本质理解，确立科学的实践观。它超越了黑格尔思辨哲学的逻辑批判、费尔巴哈的道德批判，进入到"使现存世界革命化，实际地反对并改变现存的事物"②。

二、实践是马克思主义认识论的基础

马克思在对旧哲学扬弃的基础上，在本体论上将实践观点引入认识论，将辩证法应用于反映论考察认识的发展过程，并用唯物主义进行了积极的改造，克服了旧哲学离开实践、离开辩证法来考察问题的缺陷，科学阐明了实践的本质及其在认识世界和改造世界中的作用，创立了科学的认识论。

马克思主义哲学认为，认识是在实践基础上主体对客体的能动反映。在实践过程中，"主体既把自己的主观目的、计划、愿望等作用于客体，克服客体的自在状态，使客体从客观对象的存在形式转化为主体本质力量的因素，使客体趋近于主体，使客体失去客体性的形式，成为主体思想、观念和知识的来源"③；同时，人通过实践使自己的本质力量作用于客体，使其按照主体的需要发生结构和功能上的变化，又不断地

---

① 孙正聿：《历史唯物主义与哲学基本问题：论马克思主义的世界观》，载《哲学研究》，2010年第5期。
② 吴育林：《浅析马克思哲学的实践合理性》，载《学术研究》，2015年第6期。
③ 吴育林、李慧芳：《论科学实践观在马克思哲学中的基础性地位》，载《贵州社会科学》，2015年第5期。

改造着人的思维意识状态，使客体主体化。另外，马克思在《关于费尔巴哈的提纲》中正确地阐释了认识的发展和检验认识的标准问题，他指出："人的思维是否具有客观的真理性，这不是一个理论的问题，而是一个实践的问题。人应该在实践中证明自己思维的真理性，即自己的思维的现实性和力量，自己思维的此岸性。"① 马克思在这里指出了实践是检验认识真理性的标准，同时实践是不断发展的，这个检验标准也是不断发展的，从而确立了实践在认识中的地位。毛泽东也讲过"判定认识或理论之是否真理，不是依主观上觉得如何而定，而是依客观上实践标准的结果如何而定。真理的标准只能是社会的实践。"② 很明显，对于我国快速发展的社会实践来说，认识到"实践是不断发展的，实践标准也应该不断发展"具有重要指导意义和现实意义。

后继的马克思主义者以认识和实践的辩证统一为中心，系统阐述了实践的内涵、本质及其在认识中的决定作用，深化并丰富了马克思主义的认识论，科学地解决了几千年来哲学史上争论不休的知行关系问题。

三、科学理论对于实践的指导作用

马克思主义认识论不仅从唯物主义角度来看待实践在认识发展中的决定作用，也从辩证的角度来理解二者的关系，它认为认识对实践具有能动的反作用，正确的认识能够对实践具有促进作用，错误的认识则阻碍实践的发展。科学理论从规律上预见了实践发展的过程和结果，又在具体的实践中进行指导，所以科学理论对实践有巨大指导作用。"十月革命一声炮响，给我们送来了马克思主义，从此革命面貌焕然一新。"从我国的革命、建设和改革实践中，业已看到马克思主义作为科学理论

---

① 周德新、曾言：《解读马克思主义哲学实践概念》，载《湖南城市学院学报》，2005年第3期。

② 王丰：《习近平新时代中国特色社会主义思想的哲学研究》，中共中央党校博士论文，2018年。

的重要性，这就要求我们树立正确的认识。理论来源于实践并随着实践的发展而发展，恩格斯早就说过："马克思的整个世界观不是教义，而是方法。它提供的不是现成的教条，而是进一步研究的出发点和供这种研究使用的方法。"① 马克思主义是随着时代、实践、科学发展而不断发展的开放的理论体系，它不断探索时代发展提出的新课题、回应人类社会面临的新挑战，它没有结束真理，而是开辟了通向真理的道路。习近平新时代中国特色社会主义思想作为马克思主义中国化最新的理论成果，它植根于新时代的改革实践中，必将推动我国社会的发展。

四、现实挑战

始于1978年关于"真理标准问题的大讨论"解放了我们长期受苏联模式影响的思想，那时起，我们国家哲学界真正关注实践观和认识论。"真理标准问题的大讨论"阐明了检验真理的标准只能是社会实践，任何理论都要不断接受实践的检验，确立了实践是认识论的首要观点。自此，我国学界开始全面系统地研究探讨马克思主义哲学认识论和实践观。

现实中，学界中少数人在研究马克思主义的过程中，关注点出现了偏移即忽视马克思主义实践性，不是发挥马克思主义的实际功能，解决实质性问题，过分强调对马克思主义抽象化的研究，将理论研究局限于文本牢笼内，使理论疏离实践性。② 研究马克思主义，是源于实践又指导实践的研究，而不在于抽象概念的精雕细琢，马克思主义的不断创新发展，目的是认识社会，认识人类自身，改造社会。

多数人往往从理论上能够辩证理解实践与理论的辩证关系，也知道

---

① 《马克思恩格斯选集》第4卷，北京：人民出版社1995年版，第742页。
② 熊华、为文：《〈关于费尔巴哈的提纲〉中科学实践观的理论探讨》，载《价值工程》，2016年第4期。

知行合一的重要性,但实践中并没有理解马克思在《关于费尔巴哈的提纲》所讲的从"解释世界"到"改变世界"的真正内涵,这特别明显的是学生群体,理论强,实践弱,其中的原因复杂,短时间改变并非易事。

理论的创新和发展从来都不是经院哲学那种无中生有的空洞探讨,理论的创新和发展自始至终都与实践的发展紧密相关。① 习近平总书记多次论述理论创新和实践创新问题,指出:"我们党之所以能够历经考验磨难无往而不胜,关键就在于不断进行实践创新和理论创新"②,这就要求我们树立、增强问题意识,坚持问题导向,善于抓关键、前沿问题,认真研究问题,解决问题,以此推进理论创新和实践创新不断向纵深发展。

另外,在实际生活中,各种错误思潮如教条主义、马克思主义"过时论"、历史虚无主义、普世价值论、个人主义等也在侵袭着人民群众,马克思主义在意识形态领域面临着诸多挑战。新时代,这就需要我们更要弘扬马克思主义主旋律,筑牢坚定正确的理想信念,坚持以立为本、立破并举,立场坚定地批驳各种错误思潮。

(作者简介:孙安忠,男,潍坊学院马克思主义学院讲师)

---

① 熊华、方文:《〈关于费尔巴哈的提纲〉中科学实践观的理论探讨》,载《价值工程》,2016年第4期。
② 《决胜全面建成小康社会 夺取新时代中国特色社会主义伟大胜利——在中国共产党第十九次全国代表大会上的报告》,载《人民日报》,2017-10-28,第01版。

第二篇

实践研究

浅谈我国海洋生态文明建设的保障体系问题[*]

党的十九大提出:"坚持人与自然和谐共生。建设生态文明是中华民族永续发展的千年大计。必须树立和践行绿水青山就是金山银山的理念,坚持节约资源和保护环境的基本国策,像对待生命一样对待生态环境,统筹山水林田湖草系统治理,实行最严格的生态环境保护制度,形成绿色发展方式和生活方式,坚定走生产发展、生活富裕、生态良好的文明发展道路,建设美丽中国,为人民创造良好生产生活环境,为全球生态安全作出贡献。"[①] 要"加快生态文明体制改革,建设美丽中国。推进绿色发展、着力解决突出环境问题、加大生态系统保护力度、改革生态环境监管体制。生态文明建设功在当代、利在千秋。我们要牢固树立社会主义生态文明观,推动形成人与自然和谐发展现代化建设新格局"[②]。"实施区域协调发展战略。坚持陆海统筹,加快建设海洋强

---

[*] 山东省社会科学规划研究项目"山东加快建设海洋强省的关键问题研究"(项目编号:19CHYJ13)的研究成果。

[①] 《决胜全面建成小康社会 夺取新时代中国特色社会主义伟大胜利——在中国共产党第十九次全国代表大会上的报告》,载《人民日报》,2017-10-28,第1版。

[②] 《决胜全面建成小康社会 夺取新时代中国特色社会主义伟大胜利——在中国共产党第十九次全国代表大会上的报告》,载《人民日报》,2017-10-28,第1版。

国。"① 我国是海洋大国,海洋是中华民族生存和发展的重要空间。海洋生态文明建设是国家生态文明的重要组成部分,是生态文明理念在海洋事业发展中的贯彻和体现。因此,我们要树立尊重、顺应和保护海洋的海洋生态文明理念,着力构建我国科学的海洋生态文明建设保障体系,全面加强海洋生态文明建设,实现人海共生共融、协同发展,建设海洋强国和打造美丽海洋,实现中华民族伟大复兴的中国梦。

一、海洋生态文明建设的目标

当前海洋生态文明的建设必须要树立海洋生态理念,科学认知和利用海洋;倡导海洋绿色发展,引领海洋科学发展;共建海洋生态文明,打造和建设美丽海洋三个方面的目标。

(一) 树立海洋生态理念,科学认知和利用海洋

进一步树立海洋生态理念,提高向海洋进军的自觉性。② 随着我国海洋事业的发展,尽管公民的海洋生态理念有了较为明显的提高,但仍然存在一些问题和不足,一是公民的海洋意识普及不够,缺乏海洋生态观念。我国的海洋蕴含着巨量的各种资源,是我国经济社会发展的重要支撑,也是我国可持续发展的战略保障。二是当前我国公民的海洋生态意识还停留在初级和低层次状态。人类大规模对海洋资源的掠夺性开发利用,虽然拓展了人类的生存空间,提升了海洋经济发展水平,但海洋生态环境的破坏也十分严重。三是山东半岛蓝色经济区等沿海蓝色经济区域由于陆地污水无度、无序、无偿地排放到大海,致使海水污染严重,海水养殖业难以为继,海中生物死亡率增加。四是近海区域重化工

---

① 《决胜全面建成小康社会 夺取新时代中国特色社会主义伟大胜利——在中国共产党第十九次全国代表大会上的报告》,载《人民日报》,2017-10-28,第1版。
② 刘小刚、张晓忠:《关心海洋 认识海洋 经略海洋——习近平海洋强国思想探析》,载《江苏理工学院学报》,2018年第5期。

企业布局分散,垃圾遍布,关键是重化工布局抵近海洋生态敏感区域,损害了海洋原生态安全,进一步加大了海洋环境的压力。五是由于人们对海洋的粗放式开发使用,使得海水富营养化,从而导致海洋各种自然灾害不断发生。这不仅给海洋生态造成严重破坏,更将给人类自身造成不可估量的损失等。面临诸如此类的问题,就要求人们深入了解我国海洋的基本情况,树立"海洋国土"概念、现代海洋理念和海洋生态观念,以海洋生态文化及海洋生态文化建设理论为指导,开发、建设、利用并保护我国蓝色海洋。主要是在加强临海、近海、远海的统筹建设,优化海洋资源开发利用的空间布局,提高海洋宏观管理水平和维护我国海洋权益等方面①需要我们进一步树立海洋生态理念,提高人类的海洋生态意识。

树立可持续发展观念,科学认知和利用海洋。我们要自觉树立可持续发展观念,科学认知和利用海洋。要坚持海洋自然观、海洋整体论和海洋有机论的海洋观;坚持人与海洋的相互依存、共生共融、和谐发展、共同进化的认识论;坚持人类化解海洋生态危机的产生以生态学方式科学思维的方法论;坚持尊重"海洋生命"的价值、生存、发展权利的价值观和伦理观;坚持自觉遵循自然规律,开发、利用并保护海洋的实践论。② 坚持绿色低碳循环发展和高质量发展,充分考虑海洋环境与资源的承受能力,不断满足人民对美好生活的需求。海洋环境是海洋经济发展的物质基础,任何以牺牲海洋环境换取一时的海洋经济繁荣都是有害的。我们要正确处理人海关系,注意避免两个极端倾向,一是不顾海洋生态环境承受能力、盲目开发,只讲经济效益,不讲海洋生态环境保护;二是片面强调海洋生态环境保护的重要性,抑制海洋开发和我国

---

① 刘勇、刘秀香:《对我国海洋生态文化建设问题的思考》,载《福建江夏学院学报》,2013年第4期。

② 刘勇、刘秀香:《对我国海洋生态文化建设问题的思考》,载《福建江夏学院学报》,2013年第4期。

山东半岛蓝色经济区等沿海蓝色经济区的经济发展。正确的做法是树立可持续发展观念，科学认知和利用海洋，即在开发利用海洋资源为人类服务的同时，重视海洋生态环境的保护。海洋开发要与海洋环境保护、资源保护同步进行，协调发展，以确保海洋资源的永续利用和海洋生态环境的健康发展、平衡。只有这样，才能使海洋经济的发展长盛不衰。

（二）倡导海洋绿色发展，引领海洋科学发展

1. 寻找一条绿色、低碳、循环、可持续开发利用海洋的新路

多年以来，我国在海洋经济发展和海洋开发利用，以及海洋事业综合提升等方面取得了辉煌的成就。可是，在征服海洋的喜悦和成功之后，背后却隐藏着威胁人类生存的重大海洋生态破坏、海洋资源剧减匮乏、海洋环境趋于恶化、绿潮海洋等各种自然灾害频发问题。正如恩格斯曾指出的："我们决不像征服者统治异族人那样支配自然界……我们对自然界的整个支配作用，就在于我们比其他一切动物强，能够认识和正确运用自然规律。……我们不要过分陶醉于我们对自然界的胜利。对于每一次这样的胜利，自然界都报复了我们。每一次胜利，在第一步都确实取得了我们预期的结果，但是在第二步和第三步却有了完全不同的、出乎预料的影响，常常把第一个结果又取消了。……事实上，我们一天天地学会更正确地理解自然规律……渐渐学会了认清我们的生产活动在社会方面的间接的、较远的影响，从而有可能去控制和调节这些影响。"① 因此，我们必须倡导海洋绿色发展，引领海洋科学发展，努力寻找一条绿色开发利用、低碳、循环、可持续开发利用海洋的新路。必须树立合理开发建设、有效利用保护海洋的思想，加强陆源海源污染防治，实现海洋高端产业发展和节能减排，有效保护海洋生态环境，积极推进海洋经济绿色发展。通过大力发展绿色经济、低碳经济和循环经

---

① 《马克思恩格斯选集》第 26 卷，北京：人民出版社 2014 年版，第 769—770 页。

济,转变海洋经济发展方式,调整优化升级海洋经济结构,整体提高海洋生产资料的利用率、海洋产业的孵化率和海洋经济质量水平,不断增强海洋生态环境保护和海洋生态恢复能力,实现海洋生态环境与现代海洋经济和谐高质量发展。①

2. 开发利用海洋需要高度重视人与海洋的和谐相处

倡导海洋绿色发展,引领海洋高质量发展,就是要求人们在用海的过程中特别注意人海共融共生、共同进化、协同发展,关爱蓝色美丽海洋。这是重视海洋绿色发展、引领海洋科学发展的重要前提。因此,一是强化海洋绿色开发利用意识,解决海洋经济不平衡不充分发展问题,满足人们对美好生活的需要,既有利于满足人们亲近海洋、回归海洋的需求,增进人民福祉,又促进了人海和谐、共生共融、合作共赢。二是海洋绿色开发利用要特别注重天、地、人、物的协调统一,即把海洋自然环境、海洋生物活动与人的活动视为一个统一的整体,强调自然万物与人类和谐相处。三是倡导海洋绿色发展,就是要以海洋生态文化为引领,坚持绿色低碳循环和可持续发展的生产方式和生活方式,实现显著海洋经济效益、良好海洋生态和优美海洋环境的良性循环,真正做到海洋资源与海洋环境同步协调推进、绿色可持续发展、人与海洋和谐相处。

(三) 共建海洋生态文明,打造和建设美丽海洋

要保护海洋生态环境,着力推动海洋开发方式向循环利用型转变②。坚持绿色低碳循环和可持续观念,努力实现海洋开发利用向海洋绿色发展方式转变。海洋绿色发展方式体现了海洋产业经济生态化和海洋生态

---

① 刘勇、刘秀香:《对我国海洋生态文化建设问题的思考》,载《福建江夏学院学报》,2013年第4期。

② 《进一步关心海洋认识海洋经略海洋 推动海洋强国建设不断取得新成就》,载《人民日报》,2013-08-01,第1版。

资源产业化的生产方式新理念,体现了简约适度和反对浪费的海洋生活方式新时尚,实现海洋经济的高质量发展和满足人民日益增长的优美海洋生态环境需要。

坚持绿色低碳循环和可持续观念,努力实现海洋开发利用向海洋低碳发展方式转变。加快海洋新兴产业、高新产业和可再生能源产业发展,坚决取缔高能耗、高污染和高排放海洋产业;依法依规落实海洋能源的开采和利用。

坚持绿色低碳循环和可持续观念,努力实现海洋开发利用向海洋循环发展方式转变。循环开发利用海洋资源、能源等生产资料,循环开发利用海洋生物产品等消费资料,循环开发利用陆海资源,促进海洋资源、海洋产业和海洋经济循环发展,实现海洋经济、海洋生态和海洋环境可持续良性循环互动。

要发展海洋科学技术,着力推动海洋科技向创新引领型转变[①]。以海洋创新驱动为第一战略,以海洋人才为第一资源,以海洋科技为第一生产力,通过打造海洋创新平台、推进海洋科技创新、发挥海洋企业自主创新能力、加快科技成果转化等形式,着力发展海洋高新技术,"重点在深水、绿色、安全的海洋高技术领域取得突破。尤其要推进海洋经济转型过程中急需的核心技术和关键共性技术的研究开发。"[②]"推动海洋科技向创新引领型转变。"[③]

要维护国家海洋权益,着力推动海洋维权向统筹兼顾型转变[④]。我们一定要按照习近平同志关于"进一步关心海洋、认识海洋、经略海

[①] 刘小刚、张晓忠:《关心海洋 认识海洋 经略海洋——习近平海洋强国思想探析》,载《江苏理工学院学报》,2018年第5期。

[②] 《进一步关心海洋认识海洋经略海洋 推动海洋强国建设不断取得新成就》,载《人民日报》,2013-08-01,第1版。

[③] 《进一步关心海洋认识海洋经略海洋 推动海洋强国建设不断取得新成就》,载《人民日报》,2013-08-01,第1版。

[④] 《进一步关心海洋认识海洋经略海洋 推动海洋强国建设不断取得新成就》,载《人民日报》,2013-08-01,第1版。

洋,推动海洋强国建设不断取得新成就"的明确要求,统筹共建人海共生、人海共融、人海一体、人海和谐的氛围,强化海洋生态文化建设和海洋生态文明建设宣传教育,建立健全蓝色美丽海洋的区域合作和公众参与机制,努力形成尊重海洋、关心海洋、热爱海洋、保护海洋的良好意识和氛围,加快推进海洋强国建设,打造蓝色和谐美丽海洋。

二、构建我国海洋生态文明建设保障体系的对策思路

面对建设海洋强国和美丽海洋的新形势,习近平同志明确指出:"要以马克思主义立场、观点和方法为指导,深入理解和准确把握海洋生态文明的丰富内涵,不断探索和创新发展海洋生态文明建设的理论与实践,切实提高海洋生态文明建设的科学化水平。"[①] 特别是要紧紧围绕海洋生态文明建设的目标,构建海洋生态文明建设的保障体系。

宏观上主要是尊重和符合海洋生态文明建设的规律性,从宣传引导、法治保障、提高效率、创新驱动、共建共享和目标实现等关键方面,构建海洋生态文明建设的保障体系。具体要建立提高全民海洋生态文明意识和素养的宣传引导保障;加强海洋生态文明政策、制度及法规建设的法治规范保障;建立海洋生态文明建设的资金筹措保障;强化海洋生态文明建设的科技支撑保障;创新发展海洋生态文明管理体制的长效运行保障。其中宣传引导是环境保障、法治规范是制度保障、资金筹措是效率保障、科技支撑是创新保障、长效运行是质量保障。它们相互协调和制约,共同构成海洋生态文明建设的保障体系。

---

① 《决胜全面建成小康社会 夺取新时代中国特色社会主义伟大胜利——在中国共产党第十九次全国代表大会上的报告》,载《人民日报》,2017-10-28,第1版。

（一）宣传引导保障

海洋生态文明建设需要通过政府及其部门、用海者和社会公众三大主体共同努力，才能实现最终目标。因此，舆论宣传、引导教育至关重要，它是海洋生态文明建设的环境和氛围保障。

通过营造环境、全民共育、构建网络、全员覆盖等形式，真正实现强化宣传教育，营造全民参与氛围，使海洋生态文明建设家喻户晓，深入人心；积极倡导尊重海洋、顺应海洋、爱护海洋，促进全社会价值观念、活动方式、精神状态及思维方式的转变。

通过健全机构、完善体系、创新形式、增强效果等途径，建立健全公众参与机制，充分发挥新闻媒体、社会各界及群众的舆论、民主监督；完善有奖举报制度、公众听证会制度和公布海洋环境状况环保工作信息制度等。从而形成海洋生态文明建设引领、传承和传播机制相统一的引导凝聚机制。实现引领方向的一致性、传承机制的稳定性、传播范围的最大化，增强海洋生态文明理念和意识，促进形成社会合力，促使海洋生态文明建设沿着科学的轨道不断推进，为我国海洋生态文明建设提供有力的宣传引导保障。

（二）法治规范保障

《中共中央关于全面推进依法治国若干重大问题的决定》指出，"用严格的法律制度保护生态环境……制定和完善土壤、水、防治及保护等法律法规，促进海洋渔业领域推进综合执法。"因此，我国海洋生态文明建设必须坚持有法可依、有法必依、执法必严、违法必究，不断完善海洋生态文明建设的法治约束机制，为海洋生态文明建设提供制度保障。

我国自"1982年颁布《海洋环境保护法》以来，已出台《海域使用管理法》、《海岛保护法》和与之相配套的实施条例和标准等涉海资源环境保护相关法律法规 100 余部，民法、行政法、刑法等也对涉海环境侵权及违法犯罪行为作出规定；此外，我国还签署并批准了《联合国海洋法公约》、《生物多样性公约》、《防止倾倒废弃物及其他物质污染海洋的公约》等多项国际涉海环境条约。这一系列涉海法律法规的颁布实施，为我国海洋污染防治、海洋资源养护、海岸带和海岛生态修复等海洋环保工作的开展提供了法律依据"。①

加紧"修订《海洋环境保护法》、《防治海洋工程建设项目污染损害海洋环境管理条例》、《海洋石油勘探开发环境保护管理条例》等法律及配套法规，增加海洋工程、海岸工程对海洋生态环境的影响、增加海洋石油勘探油污染损害的生态赔偿条款，实施环境损害赔偿制度等内容，不断完善国家层面的海洋生态环境立法及配套法规；重视发挥沿海省市地方政府的作用，完善地方法律法规，建设完备的法律法规体系，落实海洋环境保护的法律责任"。②

中央和地方完备的海洋环境保护法律体系，既规范和约束人们的行为，协调和解决海洋生态保护中人与人的关系，又为保护海洋生态环境的法治化奠定了坚实的基础。"通过严格执法，严厉打击各类污染和破坏海洋生态环境的违法行为，以陆海统筹原则从源头上遏制，以完善配套法律从制度上规范，以严格执法从行动上保护"③，逐步形成和推进"科学立法、严格执法、公正司法、全民守法"④ 的海洋生态环境保护的法治约束机制，为我国海洋生态文明建设提供坚强的法治规范保障。

---

① 李明杰、郑苗壮：《推进海洋生态环境保护法治建设》，载《中国海洋报》，2014 - 12 - 22，A3 版。
② 刘赐贵：《守护蓝色家园 共建美丽中国》，载《求是》，2013 年第 11 期。
③ 李明杰、郑苗壮：《推进海洋生态环境保护法治建设》，载《中国海洋报》，2014 - 12 - 22，A3 版。
④ 李明杰、郑苗壮：《推进海洋生态环境保护法治建设》，载《中国海洋报》，2014 - 12 - 22，A3 版。

(三) 资金筹措保障

通过建立公共财政投入为主、拓展其他投融资渠道、制定资金投入优惠政策，以及建立健全资金安全运行和绩效评价机制等途径，保证资金筹措和运营安全，为我国海洋生态文明建设提供稳定高效的资金保障。

建立公共财政投入为主、拓展其他投融资渠道，为我国海洋生态文明建设提供充足的资金保障。政府要将海洋生态环境和海洋生态文明建设资金纳入公共预算支出管理，加大海洋生态环境保护和海洋生态文明创建的财政投入；还要多渠道、多层次、全方位筹集资金，完善海洋环境和生态文明金融政策体系，制定资金投入优惠政策，招商纳贤，鼓励企业投入海洋生态文明建设，逐步形成政府主导、企业自觉、社会支持的多元化海洋生态文明建设资金投入机制。

建立健全海洋生态文明建设资金安全运行和绩效评价机制。决策部门应建立健全资金安全运行的组织体系和资金专款专用监管制度、资金追踪问效制度等，对资金的使用过程进行全程跟踪监测、监督，对资金使用效率进行审计，对资金使用失误进行责任追究，以确保资金使用、运行的安全、高效；同时，建立科学有效的资金运行评价方法、标准和指标体系，逐步确立政府组织评价与非政府组织评价相结合的绩效评价机制。从而，为我国海洋生态文明建设提供安全的资金投资运营保障。

(四) 科技支撑保障

加强海洋领域基础理论研究，实现先进科学技术和管理经营理念在海洋生态文明建设中的应用和科技支撑能力，以及加快海洋领域的技术创新服务平台建设，建立与完善海洋环境与生态文明研究新成果转化的动力机制、制约机制和运行机制，为我国海洋生态文明建设提供科技创新保障。

进一步加强海洋环境源头保护、海洋环境损害赔偿、海洋环境污染责任追究、海洋环境治理和生态修复，以及海洋生态文明示范区建设等海洋领域基础理论研究，实现先进科学技术和管理经营理念在海洋生态文明建设中的实际广泛应用和科技支撑能力，不断提升对我国海洋资源、环境、人海关系及其演变规律的认识，为破解当前我国海洋经济发展中的诸多矛盾、综合协调人海关系和海洋生态文明建设等现实问题奠定理论基础。

以技术创新为先导，建立一批海洋领域的技术创新服务平台和创新团队，加强海洋环保基础性、前瞻性、关键性技术的研究，提高自主创新能力；建立海洋环保新技术的研发、孵化和推广应用基地，推进前沿关键技术和公益技术成果的转化应用，提高成果转化应用水平，从而形成海洋环保科技辐射能力，带动海洋环保高新技术产业发展；逐步建立和完善海洋环境与生态文明研究新成果转化的动力机制、制约机制和运行机制，促进科学用海、科学管海，不断提高海洋科技对海洋资源利用、保护改善海洋生态环境状况，以及海洋生态文明建设的科技贡献率和科技支撑力，为我国海洋生态文明建设提供雄厚的科技支撑保障。

（五）长效运行保障

发挥政府调控作用，形成对海洋生态文明建设管理的有效能力和长效机制，以及实现市场在资源配置中的决定性作用，形成利于海洋生态环境保护的市场运作机制，提高对海洋生态文明建设管理的常态化、规范化、制度化、信息化和海洋生态环境治理的现代化，为我国海洋生态文明建设提供可持续发展和质量保障。

海洋生态文明建设关键在于政府，应充分发挥政府宏观调控作用，加快构建海洋生态文明建设的政策体系，完善海洋生态文明建设公共财政制度，建立独立的促进海洋生态文明建设的税费制度，推行国家、行业和地区的海洋资源权和排污权交易，促进海洋生态环境资本市场的绿色化进程等政策和制度，形成有利于海洋生态文明建设的决策、投资和引导机制，形成对海洋生态文明建设管理的有效能力和长效机制，为生态文明建设提供持续动力。

面临我国经济社会发展新时代，"以提高海洋资源利用效率为目标加快推进经济发展方式转变，努力在促进海洋资源集约节约利用、提高单位海岸线和用海面积的投资强度和产出效率、推进优质海洋经济发展、加快海洋传统产业改造升级、大力发展海洋战略性新兴产业和积极培育发展海洋第三产业"[1] 等诸多领域发挥市场在资源配置中的决定性作用，形成有利于海洋生态补偿和生态损害赔偿、从源头上有效遏制陆源污染物入海排放等全方位的海洋生态环境保护的市场运作机制。真正实现对海洋生态文明建设管理的常态化、规范化、制度化、信息化和海洋生态环境治理的现代化，为我国海洋生态文明建设提供持久的长效运行保障。

（作者简介：刘勇，潍坊学院马克思主义学院院长，教授）

---

[1] 国家海洋局机关党校2013年春季第34期干部进修班海洋经济与环保课题组：《我国海洋生态文明建设刍议与对策思考》，载《中国海洋报》，2013-07-02，A3版。

海洋文化与生态文明的关系研究

海洋文化与生态文明具有紧密的逻辑联系,海洋文化对生态文明具有双重效用。海洋文化的传承与保护,将有力地推动海洋文化发展的生态学走向。同时,海洋文化蕴含着丰富的生态文化理念。如顺应自然的渔村文化、自然崇拜中的生态道德观以及海洋文化中的生态智慧等。

一、海洋文化与生态文明的关系

在马克思恩格斯看来,文化与文明是两个不同的概念。在其经典文献中,文化主要包含四种含义:广义的文化、精神文化、物质文化、教育和教养,文化即文明。从广义文化的层面看,"在文化初期,第一类自然富源具有决定性的意义;在较高的发展阶段,第二类自然富源具有决定性的意义"[①];"野蛮时代高级阶段在生产的发展上已取得如何丰富的成就,那时日耳曼人尚处在这个文化阶段的初期,而荷马时代的希腊人,已经准备由这个文化阶段过渡到更高的阶段了。"[②] 从精神文化层面看,精神文化是指人民在改造世界的过程中所创造的一切精神产品和财

---

① 《马克思恩格斯选集》第2卷,北京:人民出版社1995年版,第219页。
② 《马克思恩格斯选集》第4卷,北京:人民出版社1995年版,第23页。

富的总和。在马克思恩格斯看来,"人在文明阶段通过劳动所得的正好等于维持他的肉体和精神文化所必需的"①。从物质文化层面看,恩格斯在《反对林论》中指出:"文化上的每一个进步,都是迈向自由的一步。"②可见,这里的文化更多的是指生产力方面的物质文化,与艺术、文学等精神文化不同。从文化即文明层面看,马克思恩格斯指出:"他们总是比一切其他民族都更容易掌握欧洲的文化形式即文明"③。

文化传承人类文明,是人类社会创造的一切物质财富和精神财富的总和。具体来说,文化既是一种社会存在,也是一种历史存在,更是一种智慧存在,是社会、历史和人融合发展下的产物。文化既以物质的形式存在,以物质为载体,也以精神的形式存在,以精神为载体。文化既是可以传承和延续的,也是可以丰富和发展、整合与融合的。文化以历史、习俗、生产方式、生活方式、艺术、文学、思维方式、记忆、价值观等方式呈现,文化是对客观事物的认知、情感、意志和行为等方面的知识的升华与凝练。可见,文化与文明是一对既相互联系,又相互区别的范畴。

海洋文化与海洋文明同样是一对既相互联系,又相互区别的范畴。海洋文化与人类文明的发展变迁具有紧密的联系。海洋文化的演变经历了农耕文明的海洋文化、工业文明的海洋文化、生态文明的海洋文化,当代的海洋文化是三者的有机统一体。从农耕文明的视角看,中国很早就创造了海洋文化,即农业文明时代的海洋文化,其主要特征为:"以海为田,牧海耕田"。考古发现,中国东海岸有新石器时代留下的广泛的贝丘遗迹,伴有渔猎工具,标志着中国海洋渔猎文化的存在。④中国的航海和造船技术长期领先世界,自秦汉以来,中国开辟途经南海、印

---

① 《马克思恩格斯全集》第45卷,北京:人民出版社1985年版,第159页。
② 《马克思恩格斯选集》第3卷,北京:人民出版社1995年版,第456页。
③ 《马克思恩格斯选集》第2卷,北京:人民出版社2002年版,第207页。
④ 余谋昌:《建设生态文明的海洋文化》,载《人与生物圈》,2014年第2期。

度洋的海上丝绸之路。郑和下西洋访问了众多国家和地区，进行经济文化交流。代表了中华民族和平共处、睦邻友好的海洋文化精神。从工业文明的视角看，工业文明时代的到来，极大地推进了航海的进程，开辟了新的交通要道，同时诞生了以商贸和海外殖民为特征的海洋文化。这种海洋文化对海洋进行了过度开发，造成了海洋生态的破坏，进而加剧了人与自然的生态矛盾，引发全球性生态危机。从生态文明的视角看，工业时代海洋生态危机促使海洋文明走向根本性的历史变革，人类迎来了海洋生态文明时代。生态文明时代的海洋文化强调人与自然的和谐共生，进而推进和谐世界的建设。①

海洋文化是人类文明加速发展的内在根本动力。生态文明时代，海洋文化是加速生态文明发展的重要动力。中国东周之际，管仲以"渔盐之利"使齐国民富国强而率先称霸诸侯，加速了由春秋到战国的快速演进，使中华文明大大超过了以往的发展节奏。秦汉之际肇始的"海上丝绸之路"的开辟，推动了文化的交流与互动，为中华海洋文化注入新的元素，从而推动国家发展日趋走向繁荣昌盛，成就了唐宋经济文化的空前繁荣。中华文明通过"海上丝绸之路"，向韩国、日本、东南亚等地不断流入与传播，既凸显了海洋文化的内在张力，连通亚洲、欧洲与非洲，通行太平洋、印度洋，也促进了人类文明发展进程。② 海洋成为联通世界各国文化的重要载体，世界各国通过这一载体进行贸易和文化往来。海洋文化在其中扮演着重要的动力角色。

二、海洋文化发展的生态学走向

随着人们对海洋的认识不断深入以及海洋资源的开发与利用，人类

---

① 余谋昌：《建设生态文明的海洋文化》，载《人与生物圈》，2014年第2期。
② 宁波、刘彩婷：《海洋文化：人类文明加速发展的内在根本动力》，载《中国海洋社会学研究》，2018年第6期。

社会迎来了海洋发展的新走向。海洋资源无序开发、海洋污染日益严重、海洋温室效应等问题相继涌现,这些问题将海洋未来发展指向生态学。人类与海洋的和谐共生问题是当前人海相处的首要问题。因此,人海和谐共生的实现有赖于海洋生态学的发展,这就需要用新时代的海洋文化诠释新世纪的海洋理念,引导人们树立正确的海洋生态观。

不同文化在其不同的发展背景、环境约束之下,经过时间的积淀,都将形成区域性、极具自身特色的东西,这也正是所谓文化发展的要义之一。① 因此,一定区域文化的形成需要经过长期的文化积淀,形成自身的独特魅力。海洋文化经历漫长的发展,形成了融地域、历史、地方特色为一体的海洋文化。海洋文化的形成与区域的文化传统,乃至整个中华民族的文化传统有着紧密的联系。它们彼此之间相互影响,相互促进,最终形成了多种文化相融合的独特的海洋文化。中华民族独特的儒家文化传统塑造了中国人民勤劳、质朴、勇敢、细腻的精神品格。这些品格对后世影响深远,既传承了文化传统,又有机融入海洋行为文化。

海洋文化体现着不同时期人类与海洋互动的过程和结果,同时与特定区域的历史具有紧密的联系,同时与人类海洋资源的开发与利用活动息息相关。海洋文化与海洋发展是相互作用的关系,海洋文化的演化受到海洋发展水平的制约,同时,海洋发展水平同样受到海洋文化的影响。中国拥有漫长的海岸线,岛屿资源丰富,沿海滩涂面积以及近海海域广阔,拥有港湾众多,同时还拥有海洋交通、港口等类型丰富的海洋自然与人文资源,并有多处生态保护区域。② 目前影响海洋生态发展的污染、赤潮、浒苔等导致了人海相处的不和谐。

海洋生态发展中出现的人海失衡现象,是人类社会面临的生态危机之一。生态危机造成了大量生物的消失以及物种的灭绝,大自然天人美妙的声音只有在影像记录中才能听到,自然界的天籁之音日渐减少。随

---

① 王苧萱:《山东海洋文化发展的生态学走向》,载《生态经济》,2016年第7期。
② 参见王苧萱:《我国渔港经济区产业集群发展研究》,北京:海洋出版社2012年版

着全球人口的增长,人类的生态足迹已经超出地球的载能。"现代市场社会的文明化和一体化力量,归根到底是基于利用逻辑"。在此支配下,胚胎、基因等生物技术得到迅速发展,使得人类从繁殖开始就游离于自然。这要求人类在把握人与自然关系时建立一种新型的文化。它们共同构筑为"文化生态"问题,因此文化生态学是十分必要的。① 德国生物学家恩斯特·海克尔将生态学定义为一个研究生物体与其周围环境相互关系的科学。应该说,特定环境内的有机体之间是彼此消长与制约的关系与过程,通过这样的关系,以求达到一种平衡,如果这样的生态平衡被破坏,就会使得整个系统受损或瓦解。这一点对于人类文化系统来讲,同样适用,于是人们提出了"文化生态"的概念。② 人与其所处的自然界、社会历史文化在相互作用的过程中,日益形成了适宜人类存在和延续并发展的文化生态。③

当今时代,人与海洋、人与生态之间的认识与实践日益深化,为海洋生态学的构建奠定了理论和实践基础。这种人与海洋文化、人与海洋生态的互动已成为全球发展中各国共同重视的问题。海洋文化生态是一个完整的生态系统,涵盖自然环境、人文环境、科学技术、历史文化等多个层面。这些层面不是彼此孤立的,而是相互作用的,具有密切相关性的存在。它们之间相互作用构成的生态系统决定了海洋文化生态发展的未来指向。海洋文化系统是客观存在的,且对人类的生产、生活等领域产生重要影响。随着人类对海洋生态文化重要性的深入认识,世界各国为应对海洋生态面临的各种困境进行研究并出台了相应的政策,缓解生态危机。人们的生态意识也日渐明确,人们开始意识到,海洋不仅具有务实、开放、包容、重商、进取等海洋文化特色,还要与新海洋时代

---

① 周膺、吴晶:《城市文化生态学》,杭州:浙江工商大学出版社2013年版,第2—8页。
② 王萼萱:《山东海洋文化发展的生态学走向》,载《生态经济》,2016年第7期。
③ 克劳斯·科赫:《自然性的终结:生物技术与生物道德之我见》,北京:社会科学文献出版社2015年版,第184页。

的特征相结合,探讨海洋文化的和谐、共存、共荣、共生等命题。保护海洋生态成为世界和各民族的共识,单纯追求海洋利益的时代已经结束,以往重利益、轻生态的海洋文化错误观念得到扭转。在经济发展的同时,保持海洋生态的平衡;在助推产业发展的同时,建设友好型环境;在科技创新的同时,保证发展的高效低碳。①

三、海洋生态文化的"双重"构建

人与海洋、人与生态、海洋文化与海洋生态之间的相互作用构成的生态系统,揭示系统之间各要素的逻辑,构建海洋生态文化的理念层面。海洋文化的生态学走向是一个动态的发展过程,因此,需要在实践过程中,遵循"实践—认识—再认识—再实践"的认识规律,在动态中构建海洋生态文化的实践层面。

构建理念层面的海洋生态文化,主要是从人与海洋、人与社会、文化与生态之间关系的视角来确立海洋生态文化观。转变人类对海洋生态环境的错误认知,重新确立生态环境的地位与其在人类社会发展中的价值。即打破旧的人海相处模式,打造新的人海相处模式,实现人海和谐共生。既尊重海洋发展规律,又积极开发和利用海洋为人类文明发展服务。这种理念还表达了一种新的价值诉求:超越资本逻辑对于人类价值观的内在统治,承认海洋的固有价值。② 因此,构建理念层面的海洋生态文化,既要确立认识海洋、尊重海洋、善待海洋的价值观,也要确立科学的人海和谐共生的海洋观,从而实现人海发展的和谐统一,揭示和谐统一背后的精神本质,促进人的精神层面的深刻变革。

认识海洋价值、尊重海洋规律、善待海洋资源,要充分确立海洋存

---

① 王苧萱:《山东海洋文化发展的生态学走向》,载《生态经济》,2016年第7期。
② 叶冬娜:《构建基于马克思恩格斯生态思想的海洋生态文化》,福建师范大学硕士论文,2015年,第75页。

在的价值。一是海洋自身所蕴含的生态价值，二是海洋与人关系中形成的经济价值和社会价值。这两种价值不是孤立地存在的，而是相互作用、相互影响的关系。从生态价值的视角看，海洋作为自然界的组成部分，先于人类社会存在。海洋本身的存在和发展是符合自然发展规律的，同样其本身固有的价值在人类社会形成之后，体现为向人类提供生存空间、提供生物资源、提供文化资源等。从经济价值和社会价值的视角看，海洋为人类生产生活的发展提供空间与利益，人们从海洋中获得需要的资源，从事人类经济活动与社会活动。人们在开发海洋的过程中对海洋有了进一步的认识，并推动了海洋技术的进步。

确立正确的价值观和海洋观，尊重海洋生态系统发展的客观规律，是海洋文化生态学走向的必然要求。尊重海洋生态系统发展的客观规律，就是要把握海洋生态发展的自然规律，不能违背这一规律，对海洋生态造成破坏，切实保证海洋生态系统健康、有序发展运行。对海洋资源的开发与利用不能超过海洋本身固有的修复能力的承受范围，一旦摧毁海洋生态系统自我修复功能，将对海洋生态造成极大破坏。面对已经破坏的海洋生态环境，需要积极进行修补，直至修复能力恢复。人不应以追求成为海洋的主宰者为价值导向，应能积极融入海洋，成为海洋的一员，积极推进海洋生态系统的和谐统一。

人海协同发展的价值观是海洋生态理念层面的重要内容。在马克思看来："社会是人同自然界的完成了的本质的统一，是自然界的真正复活，是人的实现了的自然主义和自然界的实现了的人道主义。"[①] 马克思所强调的人与自然协调发展的社会，既需要承认海洋生存和发展的合理性，也需要肯定人的生存和发展的正当性，而不仅仅把海洋的存在价值当作人类生存和发展的手段。所谓人和海洋的协同发展，一方面，要实现人类和海洋双方的同时发展，即人在自身得到发展的同时，不能随意

---

① 《1844年经济学哲学手稿》，北京：人民出版社2000年版，第83页。

侵犯海洋的发展；另一方面，要人海双方全面发展，也就是人在自身获得多样发展的同时，禁止破坏海洋的多样性生存。实现人和海洋的协同进化，维护人工海洋生态系统的稳定。①

　　人与海洋之间的相互作用既有利于人类社会的进步，也有利于海洋的生态发展。从非人类中心主要的视角看，保护海洋生态系统的良性运行和海洋生物的多样性发展与人类自身的发展具有一致性。从人类中心主义的视角看，人与社会关系的和谐与人与海洋关系的和谐具有紧密的联系。人与海洋关系的和谐发展，有利于推动人与社会关系的和谐发展。人与海洋关系的恶化，不利于人与社会关系的和谐。反之，人与社会关系的和谐发展，同样有利于人和海洋关系的协同发展。而人与社会的关系紧张，同样会对人与海洋关系的和谐造成破坏。实现人和海洋相统一的理念为构建海洋生态文化提供了核心价值观。海洋生态文化理念层面的构建，要求把海洋生态系统的运行数据作为衡量海洋文明程度的指标，同时，也要积极推进思维方式的变革，实现传统海洋观的现代转化。在认识海洋本质、尊重海洋规律、善待海洋资源的基础上，实现人海和谐共生，形成正确的海洋生态伦理意识、伦理规范和生态行为实践。

　　人和海洋的生态关系是伴随人的实践活动而动态发展的，它不是纯粹的自然物质变化过程，而是纳入到人类社会发展进程中的具有社会历史性的物质交换活动。人和海洋的生态关系在本质上是实践的，人和人之间的社会关系以及人和海洋之间的生态关系的相互关联及未来趋势。②在马克思恩格斯看来，人类的劳动实践活动"是人以自身的活动来中介、调整和控制人和自然之间的物质变换的过程"。③人类不仅能够通过

---

　　①　叶冬娜：《构建基于马克思恩格斯生态思想的海洋生态文化》，福建师范大学硕士论文，2015年，第80页。
　　②　叶冬娜：《构建基于马克思恩格斯生态思想的海洋生态文化》，福建师范大学硕士论文，2015年，第80页。
　　③　《马克思恩格斯全集》第23卷，北京：人民出版社1995年版，第177页。

实践活动来调控人与自然的物质交换，从而获得自身的生存与发展，更重要的是人类可以通过劳动实践来自觉地调控人与自然之间的物质变换过程，维持自然生态系统的可持续性发展。① 因此，人类能够在从事海洋实践活动的过程中，通过对人海关系的调整，控制相关海洋实践活动的目的与工具，从而调整人海之间的物质变换过程，实现人海协同发展。

在马克思看来，"社会生活本质上是实践的。凡是把理论导致神秘主义的神秘东西，都能在人的实践中以及对这个实践的理解中得到合理的解决"②。一方面，人所从事的海洋实践活动，是建立在一定的物质利益基础之上的，这是按照合目的性来进行的实践活动。另一方面，人类从事海洋实践活动，要依照一定的尺度进行。人可以开发和利用海洋，但不能随心所欲地活动。人类从事的海洋实践活动受到海洋生态系统自身发展规律的制约。因此，人类从事的海洋实践活动要朝着合理性的方向迈进。因此，人类所从事的海洋生态文化实践在本质上是合目的性与合规律性的统一。

人类开发和利用海洋的实践活动是一个客体主体化的过程，即人在海洋上留下了人类实践活动的痕迹，并未满足人类的需求服务。同时，人类所从事的海洋实践活动也是一个推动海洋"异化"发展的过程，即人类所从事的海洋实践活动在消耗海洋资源的同时，也对海洋生态环境造成了影响。因此，人类的海洋实践活动一定要遵循海洋生态系统运行的客观规律，促进人海和谐共生与良性互动。人类所从事的海洋实践活动最终指向人类自由自觉的活动。如同恩格斯所言："自由不在于幻想中摆脱自然规律而独立，而在于认识这些规律，从而能够有计划地使自

---

① 叶冬娜：《构建基于马克思恩格斯生态思想的海洋生态文化》，福建师范大学硕士论文，2015年，第83页。

② 《马克思恩格斯选集》第1卷，北京：人民出版社1995年版，第60页。

然规律为一定的目的服务。"① 随着人类对海洋的认识不断深入，以及海洋生态意识的提升，人类在开发和利用海洋资源的同时，会更加关注海洋生态系统的平衡。因此，人类会在"实践—认识—再认识—再实践"的过程中，合理利用和开发海洋资源，既关注海洋生态系统发展规律，也关注人类社会历史发展规律，在尊重和把握规律的前提下，从事海洋实践活动，促进人类与海洋的协同发展，树立科学的海洋生态观。

（作者简介：邹丽萍，女，潍坊学院马克思主义学院副教授）

---

① 《马克思恩格斯选集》第3卷，北京：人民出版社1995年版，第455页。

基层"三自治理"模式与国家治理体系现代化关系研究

——以寿光市东斟灌村村民自治模式研究为例

潍坊寿光市洛城街道东斟灌村是一个既无资源优势又无区位优势的典型农业村。全村共586户、2073口人,党员59名,耕地4486亩。2013年,该村实现农业总产值5500万元,村集体收入达到70万元,农民人均收入达到1.6万元,并且连续15年无信访上访事件、无刑事案件、无违反计划生育现象,形成了干群和谐、齐心干事、强村富民、平安幸福的良好局面。对农村基层治理的这一成功案例进行剖析,具有重要现实意义。

一、东斟灌村"三自治理"模式的基本经验

东斟灌村"三自治理"模式的成功实践,最核心的经验在于充分尊重村民主体地位,切实保障村民合法权益,从而调动了村民参与村务管理和新农村建设的积极性。具体经验主要包括以下几个方面:

(一)坚持村民作主,保障村民权利

东斟灌村在村务管理中,始终坚持相信群众,依靠群众,让群众知情、参与、决策、监督,并为此制定了具体的操作章程和程序,切实维

护了村民的民主权利。具体做法为：第一，通过"从上到下"、"由下到上"两条渠道畅通民意，维护了群众的知情权。"从上到下"，即村里需要办理的重大事项、涉及群众的热点问题，全部纳入公开范围，通过召开村民大会、发放明白纸、干部到户走访等形式，征求群众意见建议，让群众真正"耳聪目明"。"由下到上"，即组织村民向村"两委"提出需要办理的事项，由村党支部整理归纳，根据群众意愿研究办理。近年来，全村先后提事100多件，全部得到回复和解决。第二，通过党员代表议事会、村民代表议事会、全体村民会议对村里即将办理的事项共同研究，广泛征求意见，维护了群众的参与权。东斟灌村通过党员及村民民主推选，健全了39名党员组成的党员代表议事会和62名村民组成的村民代表议事会。村"两委"定期召开党员代表和村民代表联席会议，对土地补偿款分配、涉农补贴发放、最低生活保障、新型合作医疗等"沾钱"事项，以及道路建设、旧村改造等重大敏感事项，逐项研究方案细节，统一思想认识，然后分头广泛征求意见。通过群众全程参与，化解群众心里疙瘩，打消群众心中疑惑，实现阳光用权。第三，通过重大事项票决制维护群众的决策权。东斟灌村彻底改变了过去村干部"一言堂"、"拍脑袋"的工作方法，坚持行权于民，把村里重大事项全部纳入票决制范围，按照党支部提议、村"两委"商议、党员大会审议、村民代表大会以无记名投票决议四个步骤决策，真正做到让群众当家做主。推行票决制十多年来，共票决村级重大事务110多项，其中否决不合理事项9项。第四，通过村务全程监督制全面落实群众监督权。村里建立了以村务监督委员会为主导、以党员监督为辅助、以群众监督为重点的多元化、立体式监督体系，将村务事后监督变为村务事前、事中、事后全程监督，确保了村务阳光操作。

（二）运用制度约束，实行依法自治

东斟灌村坚持把制度建设作为基层民主自治的"金钥匙"，以制度约束干部行为，以制度规范群众诉求，以制度化解矛盾纠纷，推动村民自治健康发展。他们依据《宪法》、《中华人民共和国村民委员会自治法》等法律法规，立足本村实际，组织全体村民讨论、制定和完善了《村民自治章程》、《村两委工作规范》、《村民会议和村民代表会议议事规则》、《财务管理制度》、《村务公开制度》、《民主理财制度》、《村民代表议事制度》、《民主评议村干部制度》、《村干部评议考核制度》、《村内部工作制度》、《村监督委监督制度》等具体而全面的自治管理规范和村规民约，并汇集印制成《村级事务制度汇编》，分发至各家各户。这些制度明确了村干部的职责、村民的权利和义务、村级各类组织的职责、村务公开的内容、民主管理的具体程序和工作办法等，增强了干部群众的法治观念，实现了村级事务的依法、依规治理。其中，重点工程招投标制度就是东斟灌村用制度管事、管人的典型范例。在道路建设、设施配套等工作中，东斟灌村坚持科学分权，全部实行招投标制度。招投标具体工作由村监委负责，村支部不参与、不插手，只负责最后签字把关。谁中标不是村干部说了算，而是制度说了算，从根本上杜绝了暗箱操作、违规操作现象。近十年来，东斟灌村对50多项重大工程进行招投标，涉及金额600多万，没有出现任何问题。

（三）落实村务公开，打造阳光村务

村务公开是村民自治的重要环节。农村工作头绪多，方方面面都与群众利益相连，一旦处理不好，群众就会有怨言。村级事务越公开，群众心里越亮堂，农村治理就越顺利。东斟灌村在村务公开方面制定了一整套严密规范的工作流程。"村委后东西大街建设方案"、"关于东斟灌村低保户确认方案"、"关于土地地面附着物处理方案"等各项村级事务的处理方案，都登记在册，备案备查，并且每个方案都有村民代表或党员代表的签字和手印。东斟灌村还运用现代信息技术建立了村务公开的新途径。今年4月18日，东斟灌村创建了"阳光村务信息平台"，推行党务、政务、村务网上公开。"阳光村务信息平台"将党务、村务、财务三个公开事项分为组织建设、年度目标、工作展台、户籍管理、计划生育、宅基地审批、救助帮扶、民主理财、民生诉求、群众信箱等16个栏目,及时将村级重大事项和村民关心的热点疑点问题发布。村民可以随时上平台发帖,村干部答疑解惑,广泛征求村民的意见建议,调动了村民参与村务决策和监督的积极性。通过"阳光村务信息平台",东斟灌村形成了村务大家品、干部群众评的民主氛围,开辟了村民问政的新途径。

(四)推行合作社发展,实现自我服务

东斟灌村"两委"结合本村实际情况,推行合作社联合经营模式,先后领办了果蔬专业合作社、土地股份合作社和资金互助合作社,实现了一家一户小农经营模式向高效规模经营模式的迈进。2008年,为解决群众"买菜难、维权难"的问题,东斟灌村探索"突出主业、链式运作、品牌经营"发展模式,围绕彩椒产业,成立"斟都"果蔬专业合作社,建立专门销售市场,打造"市场+合作社+基地+农户"的标准化生产模式,实现了抱团发展。2012年,为解决人地矛盾和分散经营问题,东斟灌村在土地流转群众自愿、土地价格群众自定的基础上,成立土地股份合作社,以土地承包权入股,实现了土地"资本化",使全村三分之一的村民从土地中解放出来,专职从事工业、服务业,同时发展起20多个家庭农场,6个大型农业园区,实现了农业规模化经营。2013年,为解决土地流转后农户规模经营的资金制约问题,东斟灌村在市金融办的规范指导下,成立了资金互助合作社,以高利息存款、低利息贷款、方便快捷的优势,全面盘活了村民手中的"闲钱",带动了村级产业发展。三个合作社均由村"两委"组织发起,村"两委"负责人兼任合作社负责人。这种村社合一模式能把村工作和合作社发展有效结合起来,做到资源共享、优势互补、共同进步、协调发展,实现经济发展与

社会治理的统一。合作社联合经营模式不仅增加了村民收益，而且壮大了村集体经济，使村组织有更多的财力为群众办实事、办好事，为凝聚人心、维护稳定夯实了物质基础。实践证明，东斟灌村在遵守国家法律政策的前提下，走出了一条合理配置土地资源、开发高效农产品种植、实现农村可持续发展的创新之路。

二、东斟灌村基层民主建设的意义与价值

寿光市东斟灌村在实践中探索形成的自治模式，不仅解决了新形势下东斟灌村自身发展中的治理问题，而且丰富了我国农村基层民主的实现形式，对我国基层群众自治制度的进一步深化和发展具有重要意义和价值。

（一）这一模式促进了农村治理结构的现代化转型，是对农村社会治理方式的有益探索

习近平总书记强调，我国是发展中农业大国，构建中国特色的农村社会治理机制，实现农村社会治理现代化是推进国家治理体系和治理能力现代化的题中之义。综观东斟灌村民主自治模式，可以发现它确实走出了一条符合实际、切实可行的农村社会治理新路子，初步形成了科学、合理、有效的农村治理结构，对我国农村社会治理现代化的探索有着重要价值。主要表现在：一是通过民主票决重塑村级权威合法性。改革开放以来，随着农村市场化体制的不断加固，农民在经济上获得了独立和发展，在政治上增强了民主意识。经济自主权和自主意识的复苏使群众越来越疏离于上级"任命"的村级权威，村级权威的合法性基础逐渐流失。新时期农村治理结构现代化转型首先就是要重建村级权威的合法性基础。东斟灌村的民主票决方式为村级权威合法性重建提供了一条可行路径。通过民主票决，村级权力的获取和行使就不是单方面的，而是取得了乡村共同体成员的合意，从而获得了合法性。二是理顺村级组

织与乡镇政权的关系，真正实现村级民主自治。我国宪法明文规定，村民委员会是我国基层群众性自治组织。但在现阶段我国村民自治实践中，村民委员会的自治地位被有意或无意地忽视了，致使农村治理演化为乡镇政权主导下的行政管制。在东斟灌村的民主自治模式中，乡镇政府与村民委员会之间的关系被合理界定。乡镇政府只对重大公共事务负责任，对村民委员会的自治探索采取支持、不干预的态度，而村党支部领导下的村民委员会拥有完全的自治权，真正成为农村现代化的组织力量、农村生活的组织中心、政治一体化的组织基础。也就是说，村级组织只对老百姓负责，而不是对上级负责；是依靠自治来有效保障老百姓的利益，而不是通过发号施令的方式命令群众。这样既为村民自治提供了保障和途径，同时也增强了党组织在基层的号召力。三是通过彻底的村务公开构建村级自治的制度保障。村务管理粗暴、混乱、不公开是导致农村干群矛盾激化、影响农村社会稳定的主要原因。解决的有效方法就是建立村务公开制度，还群众知情权和监督权。东斟灌村建立的村级事务全程监督制、"从上到下"和"从下到上"两条渠道畅通民意等制度，为村务公开制度建设提供了许多经验，是农村治理结构变革的重要成果。

（二）这一模式体现了农村基层民主从选举式民主向参与式民主的深化，是协商民主在基层的有益尝试

社会主义协商民主是我国人民民主的重要形式，也是社会主义民主政治的特有形式和独特优势。党的十八大报告指出："要完善协商民主制度和工作机制，推进协商民主广泛、多层、制度化发展。"十八届三中全会决议指出："开展形式多样的基层民主协商，推进基层协商制度化。"习近平总书记在庆祝中国人民政治协商会议成立65周年大会上的讲话指出："必须构建程序合理、环节完整的社会主义协商民主体系，确保协商民主有制可依、有规可守、有章可循、有序可遵。"十八届四

中全会通过的《中共中央关于全面推进依法治国若干重大问题的决定》进一步强调:"加强社会主义协商民主制度建设,推进协商民主广泛多层制度化发展,构建程序合理、环节完整的协商民主体系。"这些论述为我国社会主义协商民主制度发展指明了方向。在农村,协商民主同样是保证乡村治理有效良性运行的重要制度。东斟灌村的民主自治模式体现了基层民主从选举式民主向参与式民主的深化,是基层协商民主的重要形式和有益尝试。本来,民主选举、民主决策、民主管理、民主监督是我国村民自治的主要内容,但实践中的村民自治大多主要体现于民主选举方面。单一的选举式民主大大限制了群众民主权利的广泛行使,具有很大的局限性,如因与村民利益直接关联度不大,村民丧失选举积极性,致使选举流于形式;当选的村干部缺乏监督和制约,致使村民自治蜕变为村干部自治;单纯的竞争性选举可能激活宗族势力,甚至黑社会势力的参与,出现贿选、暴力干扰选举等现象,从而扭曲选举民主。选举式民主的这些弊端表明,基层民主必须从选举式民主向参与式民主深化。所谓参与式民主,就是群众作为主体广泛全面参与基层公共事务管理,不仅是民主选举,同时要有民主决策、民主管理和民主监督。东斟灌村的民主自治模式充分体现了基层民主从选举式民主向参与式民主深化的这一发展趋势。它创造的村级民主议事工作法、村级事务票决制、村务自治管理制、村级事务立体化监督体系,充分保障了村民的知情权、参与权、表达权和监督权,切实维护了老百姓的权利和利益。这一参与式民主的自治模式完全符合协商民主的典型特征。协商民主就是强调公民之间的权利和机会的平等以及公民自我意识的独立和充分表达,在充分表达自身意愿和认真听取他人意见的基础上,实现个体目标策略的转换和个人偏好的转移,最终形成公意和共识。显而易见,东斟灌村的民主自治模式完全符合协商民主的要求。它充分征求并尊重群众意见和建议,逐项研究细节,实现利益调节和平衡,最终形成共识;它通过一系列规定和制度安排,使得协商拥有合理的程序和比较完整的环节;

它坚持协商于决策之前和决策之中，增加了协商的实效性。总之，东斟灌村创造的民主自治模式是基层民主协商的有益尝试。

（三）这一模式充分发挥了乡规民约的积极作用，是农村实施依法治理的良好示范

制度化、规范化、程序化是社会主义民主政治的根本保障，也是国家治理和社会治理的中心内容，否则治理就是一句空话。农村治理法治化、制度化除了依靠国家法律法规外，还要依靠乡规民约等社会规范的支撑和引导。党的十八届四中全会通过的《中共中央关于全面推进依法治国若干重大问题的决定》强调，要深化基层组织和部门、行业依法治理，支持各类社会主体自我约束、自我管理，发挥市民公约、乡规民约、行业规章、团体章程等社会规范在社会治理中的积极作用。东斟灌村的民主自治模式就是充分发挥乡规民约积极作用、推进农村依法治理的典型示范。所谓乡规民约，就是指在农村某一特定地域范围内，由一定组织和群众共同商议制定、共同遵守的自我管理、自我服务、自我约束的社会行为规范。它不属于人大及其常委会制定的正式法律，但它是对传统的、符合农村社会道德伦理的价值和理念的确认，更贴近农村生活习惯和价值观念，所以在农村有很强的适应性和亲和性，对农村社会治理发挥着规范、引导作用。要使乡规民约发挥积极作用，首先必须以国家法律法规为主导，不得与国家法律相冲突；其次必须要规范程序，得到村民的足够认可，内化为村民的自觉行为；最后必须严格执行，有效监督，确保落实。东斟灌村的乡规民约《村级事务制度汇编》是他们依据国家法律法规精神，结合本村实践经验，针对村务监督、党员管理、计划生育、矛盾调处、治安防范等所有村级事务制定的一揽子规章制度。这一乡规民约每户一本，规矩制定得清清楚楚。村内各项事务，全面按照这一村规民约办事，由村民选出的村监委全程参与，实时监督，任何人不能搞特殊，实现了村级事务的阳光操作、规范运作、有序

展开。东斟灌村严格按乡规民约办事，用制度管人、管事，最大限度避免了人治漏洞，是农村社会依法治理的典范。

（四）这一模式确认和保护了个人权利，是促进农民权利觉醒和民主素质提升的有效途径

我国农村基层民主建设的主要目的就是把权利重新归还农民。但多年来，农民已经习惯于服从行政命令，听从集体安排，跟从大众意志，缺乏独立的公民意识和民主热情，这是造成许多地方村民自治不成功的重要原因之一。东斟灌村的民主自治模式确认和保护了个人权利，有效促进了农民权利的觉醒和民主意识的提高，展现了农村基层民主建设的蓬勃生机。在东斟灌村，村民个人的民主权利和主人翁地位得到了充分的尊重。所有村级事务一律实行"民主提事、民主决事、民主理事、民主监事"，集智于民、行权于民，做到所有村务活动让群众知情，所有重大决策让群众做主，实现了村里的事情村民自己议、自己定、自己干、自己管。这一民主自治方式保证了村民的合法权益，激发了村民权利意识的觉醒，培育了村民的民主意识和主体意识，增强了村民维护自身权利的能力。在基层选举、土地流转、集体资金使用、村级公益事业、村务公开等与农民日常生活和切身利益有关的问题上，村民都积极响应和广泛参与。反过来，广大村民权利意识的觉醒、民主素质的提高和参与热情的高涨，又能够更好地促进村民自治健康发展。东斟灌村民主自治模式中所表现出来的以个人权利为本位、尊重个人权利、保护个人权利的政治文化理念，正是村民自治的本质所在，反映了我国农村基层民主建设的一大进步。同时，它也为解决村民自治实践中如何激发农民参与热情、提高民主素质、增强民主能力这一难题提供了有益参考。

三、东斟灌村基层民主建设的启示与借鉴

寿光市东斟灌村村民自治模式的成功实践，为农村基层民主的进一

步发展提供了许多有益启示与借鉴。

（一）探索符合本村实际的富民之路是创新村民自治的基础

经济发展与民主法治建设是相互依存、相互统一的关系。经济发展是基础，其发展成果有利于促进民主法制建设；而民主法制建设则为经济发展提供有力的保障。基层民主建设同样离不开农村经济的繁荣和发展。"三农"问题是关系我国改革开放和现代化建设全局的大问题。"三农"问题的核心是农民问题，而农民问题的核心则是收入问题。增加农民收入既是重大的经济问题，也是重大的政治问题。可以说，农村的工作千条万条，富裕农民的口袋是最根本的一条。

实现农民增收，破解"三农"困局，进而实现农业现代化，关键在于制度创新。对此，党的十八届三中全会作出了重大部署，提出了许多创新性思路。十八届三中全会指出：坚持家庭经营在农业中的基础性地位，推进家庭经营、集体经营、合作经营、企业经营等共同发展的农业经营方式创新；在坚持和完善最严格的耕地保护制度前提下，赋予农民对承包地占有、使用、收益、流转及承包经营权抵押、担保权能，允许农民以承包经营权入股发展农业产业化经营；鼓励承包经营权在公开市场上向专业大户、家庭农场、农民合作社、农业企业流转，发展多种形式规模经营；鼓励农村发展合作经济，扶持发展规模化、专业化、现代化经营，允许财政项目资金直接投向符合条件的合作社，允许财政补助形成的资产转交合作社持有和管护，允许合作社开展信用合作；鼓励和引导工商资本到农村发展适合企业化经营的现代种养业，向农业输入现代生产要素和经营模式。党的十九大又作出了第二轮土地承包到期后再延长三十年的重大政策宣示。十八届三中全会和党的十九大作出的这些创新性思路为做好农村工作发挥着重要牵引作用。

东斟灌村通过发展股份经济，特别是土地股份合作社，变革了土地制度这个解决"三农"问题的关键，成功实现了承包权与经营权的分离，缓解了人地矛盾，促进了集约经营，壮大了集体经济，促进了农民增收。东斟灌村合作经济的长足进展，唤醒和激发了群众的民主意识，增强了村民参与和行使民主权利的能力，从而实现了经济与民主的良性互动发展。在"新四化"推进发展的大背景下，东斟灌村不应满足于此。从发展趋势看，东斟灌村还要大力推进农业产业化经营，充分发挥比较优势，科学利用资源，依靠科技，突出特色，积极推进建设农业现代农业园区，进一步培育壮大支柱产业，健全农产品质量标准体系和检测体系，形成科研、生产、加工、销售一体化的产业链条，大力发展农民专业合作经济组织，进一步完善"市场+合作社+基地+农户"的标准化生产模式，发挥规模效益，提高农产品的市场竞争力，实现多方共赢发展，使富民之路更加宽广，基层自治之路更加完善。

（二）尊重民意、循序渐进的工作思路和方法，是实现农村经济发展、政治民主和社会和谐的基本路径

民主作为一种制度，最通俗地讲就是人民当家作主。真正的基层民主制度，能成为及时纠正村级政权失灵或失范的重要工具。而基层民主建设的关键在于如何让群众更好地参与行使公共权力，这是基层民主发展的活力所在。

东斟灌村探索推行了"自主议事、自主管理、自我服务"的村级"三自治理"新模式，走出了一条通过民主自治有序管理村级事务的新路子。我们认为，这条行之有效的基层民主道路之所以成功，诀窍在于：一是坚持走群众路线。村"两委"牢牢抓住"群众意愿、群众满意"这个出发点和落脚点，尊重群众知情权、参与权、决策权和监督权，将四种民主权利落到了实处。这样，村级各方面的事务才能走得通、走得顺，避免走弯路、错路。二是做到公平、公正、透明。这是创新村民自治模式的法宝。东斟灌村坚持村务公开，做到所有村务活动让群众知情，所有重大决策让群众作主，化解了群众疑惑，消除了干群之

间的隔阂。由点及面，寿光市在全省首开先河，搭建起以"三公开、两承诺、一公示"为主要内容的"网上阳光村务监督平台"，把村级权利放在网络这个透明的笼子里规范运行，推动了基层民主建设的有序健康发展。三是基层干部转变角色，换位思考。东斟灌村村干部主动转变作风，坚持"问需于民"、"问政于民"、"问计于民"，正确处理和理顺了领导与服务的关系，赢得了群众的信任和支持。四是坚持问题意识和问题导向，坚持循序渐进的工作思路和方法。农村有其特殊性，农民是最讲求实际的一个群体。思路由问题产生，实践需要是发展思路拓展的最强动力。东斟灌村支部书记李新生说："百姓生产发展中遇到哪些难题，我们就解决哪些难题。"合作经济发展是如此，基层民主建设也是如此。从彩椒试种到大面积推广，从规模种植到效益需求，从土地流转的"新土改"到资金链条的建立，从基层民主单纯的知情权到参与权、决策权和监督权的落实以及阳光村务活动的实施，东斟灌村自始至终坚持了问题意识、问题导向和循序渐进的工作思路和方法。这种从具体问题入手，抽丝剥茧，层层深入，最终达到以小见大、见微知著和看似并不"高大上"的做法，体现了历史和逻辑的统一，最符合农村发展的实际，也是基层民主顺利发展的基本路径。

（三）敢闯敢干且有头脑的村级组织是推动农村基层民主发展的关键

"火车跑得快，全靠车头带"。这个"火车头"就是指少数带头人的作用。大至一个国家、小至一个乡村的发展进步都是如此。中国共产党作为长期的执政党和建设党，肩负着重大的历史使命。党的先进性不仅体现在党的纲领上，更体现在党员的具体行动上。在推进基层治理的过程中，基层党组织如何定位并有效发挥领导核心作用，是一个重大课题。

在新的历史条件下，农村基层党组织要真正成为乡村振兴和全面推进社会主义新农村建设的领导核心，就要根据市场经济发展的特点和运行规律，形成相应的管理观念和管理手段，努力学习新知识，创造新经验，形成新优势。在调查中我们发现，东斟灌村"两委"，特别是村党支部在带头实践中，有四个方面的重要启示：一是敢尝敢试，努力搞好生产经营，成为农民致富的典范。农村党员和村级组织成员作为农民中的先进分子，就要有敢为天下先的勇气，通过了解市场，大力调整产业结构，发展现代农业，搞好生产经营，努力成为农民致富的典范，真正成为带领农民致富的一面旗帜。东斟灌村刚刚引进彩椒之时，由于成本太高、缺少管理经验，没有村民种植。村党支部书记李新生为首的党员干部亲自尝试、带头种植，用实际行动为村民作了示范。二是心系群众，带领农民共同致富。共同富裕是社会主义最核心的原则。党员通过诚实劳动富裕起来之后，要注意充分发挥服务作用，通过传授致富经验、好做法，热心帮助农民在市场经济中学会经营，积极主动带领农民共同致富，帮助和带领群众共同致富。三是崇尚文明，在涉及个人切实利益问题上，不与群众争利益、争实惠。四是探索实施了一条老百姓自己当家作主且行之有效的基层民主体制机制，如村务全程监督制度、重点工程招投标制度、矛盾纠纷自我化解和群防群治制度等。以东斟灌村党支部书记李新生为代表的村"两委"班子成员，敢闯敢干，用实际行动诠释了共产党人的宗旨意识，赢得了民众的理解支持，全面提升了村党组织的凝聚力、公信力，巩固了基层执政基础。在进一步深化改革、促进发展的过程中，农村基层党员和基层组织还应顺势而为，进一步发挥好党员的引领和示范作用，实现可持续发展。

（四）强化基层干部培训是创新村民自治的重要助力

东斟灌村党支部书记李新生介绍说，自己上学不多，但非常渴望学习。他在主持村里工作后不久，充分利用了一次到寿光市委党校学习6个月的机会，学到了许多有用的知识，开阔了眼界，收获很大。尤其是通过学习唯物辩证法，学会了许多解决问题的有用方法，比如矛盾是可以转化的；要用发展的眼光看问题；看问题要一分为二；具体问题具体分析，等等。这次培训让他在实践中受益匪浅。后来，建立土地合作社也是他在江苏太仓学习考察时得到启发，然后结合自己村的实际发展起来的。由此看来，不断学习是指导实践、促进发展的有效载体和重要形式。

党的十八大提出"三型政党"的建设目标，就是基于新形势、新要求、新使命提出来的。重视学习、善于学习，是我们党的一贯做法和政治优势，也是保持执政党旺盛生命力的本质需求。服务型政党是我们党性质和宗旨的集中体现，表明我们党将更加重视执政党在社会管理中的地位和作用，以应对多元、多样、多变的社会需求。创新型政党是我们在全面推进党的建设科学化进程中的必然要求，力求通过创新来不断完善执政党的执政理念、行为方式和运行制度。"三型政党"建设目标的提出，强调从强权型领导转向平民型领导，从封闭型领导转向开放型领导，从命令型领导转向沟通型领导，在学习、服务与创新中不断改进党的领导方式，塑造政党—政府—社会之间的多元信任，最大限度地激发社会活力，确保我们党始终成为中国特色社会主义事业的坚强领导核心。东斟灌村"两委"班子成员以学习为抓手和重要助力，通过创新发展思路，不断提高服务水平和能力，以实际行动践行着"三型政党"的建设目标。

治理能力现代化的基本理念就是用法治的思维和法治的方法实现治理。党的十八届四中全会提出建设社会主义法治国家的总目标，把法治教育纳入国民教育体系，又给正在完善和发展中的东斟灌村基层民主建设提出了新的要求，注入了新的动力。

（五）实现传统乡村文化与现代民主法治文化的融合是创新村民自治的依托

民主建设与文化发展存在高度的正相关关系。华中师范大学最近发布了我国首个"农民政治能力指数"。经过数据测算，全国农民政治能力指数为0.5867，表明我国整体农民政治能力处于中等水平。该研究从政治知识、政治观念、政治态度、政治评价和政治参与等方面入手，运用因子分析法对反映政治能力高低的36个主观客观指标进行了量化分析。研究显示：高学历、高收入农民的政治能力高于低学历、低收入农民。随着文化程度的升高，农民政治能力指数不断上升，且上升的趋势比较明显；与此类似，政治能力指数也随收入的增长而增长。

党的十九大报告提出了"产业兴旺、生态宜居、乡风文明、治理有效、生活富裕"的乡村振兴战略总要求，这一总要求，既是农业农村发展的方向与目标，又是乡村振兴的具体标准。这些要求之间是相互联系、相互促进的，共同构成了一个有机整体，是多元一体的农业农村综合建设和全面发展过程。这个总要求，与国家经济建设、政治建设、文化建设、社会建设、生态文明建设这"五位一体"的总体布局是相互衔接的，是"五位一体"总体布局在农村的具体落实，是"富强、民主、文明、和谐、美丽"的社会主义现代化强国的有机组成部分。在乡村振兴战略中，民主和文化也是其中的重要内容。加强乡村文化建设，有利于提高人们的精神境界，增进社区群众之间的感情，形成良好的人际关系，有助于增强社区成员的认同感和归属感，进而提升了村级组织或社区的综合竞争力。居民文化水平和素质的提高是实现乡村治理能力现代化的前提和必要基础。东斟灌村在发展过程中非常重视文化建设的作用，举办了各种文化活动，丰富了文化载体，建立了相应的学习教育机制，提高了村民的文化素养和道德素质，基层民主建设得以建立并稳步发展，成为山东省村级治理的一个典范。

当前中国发展进入了新时代，呈现出了新气象。党的十八届四中全会是社会主义法治国家建设的里程碑，而建设社会主义法治国家离不开法治文化的熏陶。法治文化建设是现代民主法治的灵魂。从某种意义上讲，法治文化就是法律和文化的有机融合，是实施法治不可或缺的文化基础和人文环境。社会主义法治文化，是与社会主义法治国家相适应，以社会主义法治理念为核心，全体公民在日常生活、工作中所持并遵循的心理意识与行为方式，是构建社会主义和谐社会的重要基础。没有先进的法治文化，就不可能实现真正意义上的法治。中国农村兼具传统与现代的双重属性，推进村级居民或社区居民的文化水平和文化素质，必须实现传统文化与现代文化的融通。东斟灌村的基层民主建设无疑取得了很大的进步，但法治文化建设仍是一项长期的艰巨任务。在文化发展过程中，寿光市东斟灌村还面临着构建现代文化体系，实现传统文化与现代文化融通的任务。

（作者简介：吕学山，男，潍坊学院马克思主义学院教授；赵纪梅，女，潍坊学院马克思主义学院副教授）

新旧动能转换工程的山东思路

山东省第十一次党代会把加快新旧动能转换作为统领经济发展的重大工程。2018年2月13日,山东省人民政府印发了《山东省新旧动能转换重大工程实施规划》。新旧动能转换既是理论问题,也是实践问题。在历史发展的重要节点,抓住机遇、争得先机,加快新旧动能转换,对于山东的经济与社会发展具有重要意义。

一、新旧动能转换的历史前提

(一)新旧动能转换的历史必然性

1. 工业化后期社会经济发展的要求

"我国经济已进入由高速增长阶段转向高质量发展阶段的转型期,正处在转变发展方式、优化经济结构、转换增长动力的攻关期,建设现代化经济体系是跨越关口的迫切要求和我国经济发展的重要战略目标。"[①] 当前,我国经济社会发展取得了巨大成就,综合国力和世界影响力快速提升。已经迈入工业经济发展的关键时期,社会经济的发展动力

---

① 王健、王立鹏:《关于新旧动能转换的若干思考》,载《国家治理》,2018年第21期。

需要更新。新旧动能转换,就是适应工业4.0时代,针对发展中的突出问题,解决新形势下发展动力的问题,是实现经济高质量发展的需要。

2. 新时代中国经济发展的选择

当前,中国经济与社会发展进入新时代,"而消费是经济活动的起点和归宿,将消费作为经济发展的主要动力,经济增长动力更加稳定和持久。"① 新旧动能转换是超越"中等收入陷阱"的关键,是新时代中国经济发展的明智选择。新时期,中国经济的发展速度虽然在世界范围内是快速的,但整体来说,正在放缓、后续无力的问题正在凸显,新旧动能转换就是解决这个问题的关键。

3. 迈向全球价值链中高端的前提

全球价值链的升级主要包含过程(工艺流程)升级、产品升级、功能升级、链条升级。总的来看,在全球价值链中,只有实现"加工组装(OEA)—贴牌生产(OEM)—自行设计生产(ODM)—自主品牌(OBM)"的升级过程,才能实现从附属于价值链向主导价值链的转变。中国总体上说来,各种经济发展还处于全球生产链的中低端。迈向中高端,才是发展方向,才能有前途。

4. 落实新发展理念的要求

党的十八届五中全会总结了过去发展方式的经验不足,提出了"创新、协调、绿色、开放、共享"的新发展理念,把创新、协调、绿色、开放、共享这五个方面有机结合起来。我们的任务就是在实践中落实这个新的发展理念。而新旧动能转换,就是一种新的发展模式的探索,是对新发展理念的重要实践。新旧动能转换,首先是思维方式和思维方法的转换,有了新理念的指导,才能将措施落到实处。

---

① 郗翠莲:《新常态下我省经济增长新旧动力转换研究》,载《山东经济战略研究》,2017年第3期。

(二) 新旧动能转换的提出

2015年10月14日,李克强总理在主持召开国务院常务会议时首次提出:"我国经济正处在新旧动能转换的艰难进程中"。2016年"两会"现场,李克强总理在答记者问时,提出发展"新经济"需要培育"新动能",促进中国经济转型。2017年1月13日,国务院办公厅印发了《关于创新管理优化服务培育壮大经济发展新动能加快新旧动能接续转换的意见》,强调"加快培育壮大新动能、改造提升传统动能是促进经济结构转型和实体经济升级的重要途径,也是推进供给侧结构性改革的重要着力点"。

党的十九大报告更加强调,中国特色社会主义进入新时代,我国经济已由高速增长阶段转向高质量发展阶段,要力争加快培育新增长点,形成新动能。中央提出培育新动能后,国务院在"互联网+"、"大众创业万众创新"、"中国制造2025"、大数据、物联网等多个领域也出台了一系列政策措施。新动能代表着时代进步的方向,为经济发展注入了强心剂。根据国家统计局最新数据显示,2017年新动能成为经济增长的重要动力。2018年3月5日,李克强总理在政府工作报告中强调坚持以供给侧结构性改革为主线,着力培育壮大新动能,经济结构加快优化升级。2018年4月22日,习近平致信祝贺首届数字中国建设峰会,强调"以信息化培育新动能,用新动能推动新发展,以新发展创造新辉煌"。[①]

2017年6月,山东省第十一次党代会把加快新旧动能转换作为统领经济发展的重大工程,强调创建国家新旧动能转换综合试验区,推动经济保持中高速增长、产业迈向中高端水平。

2018年1月3日,国务院作出《关于山东新旧动能转换综合试验区

---

① 《以信息化培育新动能 用新动能推动新发展 以新发展创造新辉煌》,载《人民日报》,2018年4月23日。

建设总体方案的批复》。①2018年1月12日，国家发展改革委印发了《关于印发山东新旧动能转换综合试验区建设总体方案的通知》，要求："要全面贯彻落实党的十九大精神，以习近平新时代中国特色社会主义思想为指导，贯彻新发展理念，坚持质量第一、效益优先，以供给侧结构性改革为主线，以实体经济为发展经济的着力点……为促进全国新旧动能转换、建设现代化经济体系作出积极贡献。"②2018年2月13日，山东省人民政府印发了《关于印发山东省新旧动能转换重大工程实施规划的通知》，提出："当前，国内外经济形势持续发生深刻变化，我省发展面临的机遇前所未有，挑战也前所未有，必须深刻把握战略机遇的丰富内涵，积极应对复杂严峻的困难挑战，在新一轮转型发展中赢得先机和主动。"③

二、新旧动能转换的内涵

（一）新旧动能转换的内生变量

"长期以来，中国的经济增长也呈现出粗放型增长方式的特点，主要表现为增长由大量资本、能源和原材料以及劳动力投入推动，而技术进步或全要素生产率（TFP）增长对经济增长的贡献比较低。"④劳动力、资本、技术、土地等属于传统的生产资源，这些都属于转换的内生变量。内应是动力，也是原动力，首先把内生变量改好了，经济动能转换才有可能。它们对经济的带动作用不强时，提升生产率就要靠要素新供

---

① 《国务院关于山东新旧动能转换综合试验区建设总体方案的批复》（国函〔2018〕1号）
② 《国家发展改革委关于印发山东新旧动能转换综合试验区建设总体方案的通知》（发改地区〔2018〕67号）
③ 《山东省人民政府关于印发山东省新旧动能转换重大工程实施规划的通知》（鲁政发〔2018〕7号）
④ 王小鲁、樊纲、刘鹏：《中国经济发展方式转换和增长可持续性》，载《经济研究》，2009年第1期。

给了,这就是新动能。

(二) 新旧动能转换的外生变量

"一组既定政策成功与否同样也决定于它对整个经济的贸易、就业和收入分配的间接影响,这种影响的重要程度常常超过设计它时的预想。"[①]制度上,要适应市场经济体制改革的要求,深入推进政府职能转变,推进建设服务型政府。结构上,注重发展循环经济、绿色经济等新型经济,重点培育发展战略性新兴产业。政策上,注重矛盾纠纷的化解,促进形成稳定、安全、和谐的社会发展环境的形成。外生变量是重要的催化剂,在外力的强大推动下,新旧动能转换才能如随所愿。

三、山东新旧动能转换的着力点

(一) 山东新旧动能转换的目标

1. 培育供给侧新动能

(1) 构建多元评价和监管机制

"随着投资内容的变换,投资主体也需要改变。设备投资的主体最好由民营企业来完成。"[②]要建立起由政府、企业、研究机构、审计部门等参与的多元评价和监管机制;建立简洁透明和规范运作的制度规则,简化政务审批流程,重商、敬商、爱商的投资环境最终形成。只有多方评价、多元参与,才能客观全面地反映新旧动能转换的效果如何,也才能更有针对性地进行下一步行动。

---

① H.钱纳里等:《工业化和经济增长的比较研究》,吴奇等译,上海:上海三联书店、上海人民出版社1995年版,第140页。
② 中国人民大学宏观经济分析与预测课题组:《全球技术进步放缓下中国经济新动能的构建》,载《经济理论与经济管理》,2016年第12期。

(2) 构建多元化教育投资机制

"如果将培训视为另外一种提高受教育年限的途径,那么通过培训提高人力资本的方式将显著影响潜在增长率。"①要提高对基础性人才以及经济建设急需的职业性与专业性人才的教育投资水平,构建教育培训供需机制、人才供需匹配机制及其信息平台。教育是一项公益事业,需要政府的大力投入,短期可能不见效,但从长远来看,是值得的,是有着可持续发展的强劲动力的。日本、美国等发达国家的实践已经证明。

(3) 提升产业集聚与技术进步水平

坚持突出企业的创新主体地位,全面推动区域内外创新资源、创新政策、创新服务向企业集聚,鼓励支持企业加大技改和研发投入。通过高新技术企业的培育,逐步形成以高新技术企业为骨干的创新型产业集群。加大对创新创业的政策引导和支持,研究"互联网+"和大数据在创新创业和就业中的运用;对人才培养与引进,加大资金支持力度,培育能适应各自区域发展需求、能紧跟科技前沿的科技领军团队;建立区域创新创业研究中心等,弘扬企业家精神。加大"小升高"、"小升规"培育计划的实施力度,积极推荐符合条件的科技型企业申报高新技术企业。积极组织开展科技型中小企业认定与评价,努力培育一批"瞪羚企业"、"独角兽企业"和科技型中小微企业。

(4) 进一步推进政府职能转变

"经济体制改革的核心问题是要处理好政府与市场的关系。"②要进一步深入推进政府职能的转变,向服务者、监督者和调控者转变;建立起问题披露机制、行政问责机制;要让市场资源配置的决定性作用充分发挥,形成良好的竞争环境。政府职能转变,是关系到新旧动能转换成功

---

① 陆旸、蔡昉:《从人口红利到改革红利:基于中国潜在增长率的模拟》,载《世界经济》,2016年第1期。
② 张卓元:《中国经济四十年市场化改革的回顾》,载《经济与管理研究》,2018年第3期。

与否的关键。深化行政管理体制改革，将不适应经济发展、不利于社会进步的体制机制障碍去掉，是一项功及千秋的历史伟业。

（5）大力促进产业转型升级

各地市要结合自身的地理环境与资源优势，以及外部的机遇，促进产业布局协调发展，推动产业深度融合。积极构建新业态和新模式，积极推进职业技术方面的培训和教育，以适应产业结构调整的需要。技术研发要和产业结构调整同步跟进。各地要结合自身的条件，因地制宜，解决好新旧动能转换过程中的技术问题，有利于各地区顺利进入经济发展的快车道。

2. 创新挖掘需求侧潜能

（1）发掘需求侧传统动能潜力

应该将培育新动能与改造旧动能有机结合起来，通过"双创"战略和供给侧结构性改革，进一步激活要素资源，发掘需求侧传统动能潜力，促进传统动能的提质增效并向新动能转变。新动能必须与旧动能结合起来，不能抛弃旧动能的积极作用，也不能一味强调新动能的作用，二者互相补充，相得益彰。

（2）深化投资融资制度改革

深化投资融资制度的改革，引入公私合营、特许经营、合同制造、管理合同、购并进入等模式，创新投融资运作模式，引导资本和劳动流向产业价值链、消费品质量、生态环境和生活品质的升级上。投资融资，是新旧动能转换的重要环节，没有发达完善的金融资本的市场融入，这个新旧动能转化的实现是不可想象的。

（3）实施质量升级工程

要想在越来越激烈的市场竞争中立于不败之地，无论是生产的物质产品和精神产品，还是服务的品质，还是技术的含金量，都必须追求更高的质量和更加严格的标准。在实施对外贸易中，对于基础性、战略性的工程应加大有效投资的力度。优质的产品和服务是影响企业发展的生命线,也是抢占发展先机的突破口。

3. 实现新旧动能的接续和转换

进一步发展城乡消费、资本投入、人力资本、城镇化、公有产权等动能,重点培育产业集聚水平、技术创新、金融发展、区域企业家精神、市场化、政府转型和产业结构升级等潜在动能。2022年,基本形成新动能主导经济发展的新格局。2028年,基本完成新旧动能转换;到2035年,经济实力、科技实力、文化实力大幅提升,法治政府基本建成,美丽山东目标基本实现,文化软实力显著增强,共同富裕迈出坚实步伐,在基本实现社会主义现代化进程中走在前列。①

(二)山东新旧动能转换的重点领域

1. 传统产业:培育新动能

(1)现代高效农业

山东现代农业也存在企业抗风险能力不够、基地带动作用不突出、企业市场竞争能力不强、龙头企业联结机制不健全、龙头企业生产经营困难等发展中的问题。以深入推进农业供给侧结构性改革为核心,将山东农业的优势充分发挥出来。重点建立起现代农业产业经营体系,加强物质装备和技术支撑,落实"藏粮于地、藏粮于技"的发展战略,做到粮经饲统筹发展、农林牧副渔多方面相结合、种植养殖加工一体化,将第一、二、三产业的发展融合起来,建设现代化农业。

(2)高端化工产业

化工产业是山东的重要产业,化工产业产品品种众多,资金、能源、技术密集,同时具有污染、安全等问题。关键是要转变发展理念、

---

① 《山东省人民政府关于印发山东省新旧动能转换重大工程实施规划的通知》(鲁政发〔2018〕7号)

发展模式,在产品结构调整和升级上下功夫,坚持绿色可持续发展的道路,发挥整体性的产业竞争力。化工产业在很多地区,是支柱产业,也是纳税大户。这一领域的改革,难度很大,但正是这样,才有更大的发展空间。

(3) 文化旅游产业

文化旅游业集多种产业和功能于一体,具有较强的可持续发展前景,对经济和社会发展有着积极促进作用。山东交通便利、资源丰富、名胜遍布、古迹众多、群汇并举,发展基础好、发展潜力巨大,有很好的发展前景。优化产业结构、转变经济增长方式,丰富和提升文化旅游产品体系,优化文化旅游产业要素和规范经营秩序,提升综合服务质量,打造精品文化旅游产业。在经济发展新常态下,作为现代服务业的旅游业具有较强的可持续发展前景。需优化产业结构、转变增长方式。

(4) 交通运输业

山东公路、铁路、空港和海港俱全,地域辽阔,地势平坦,发展现代交通运输业具有良好的区位条件。要建立起现代化的交通运输体系,促进海、陆、空运输有机衔接,打造全国特色物流基地。要想富,先修路。只有道路通了,物流才能通,经济发展才有前提和基础。发展海陆空一体化、立体化的交通体系,是新旧动能转换的必要渠道。

2. 新兴产业:增强新动能

新旧动能转换过程中,新兴产业是增强动能的重要渠道。应着力发展如下能支撑山东未来发展,且有巨大的市场空间的产业体系。

(1) 新一代信息技术产业

新一代信息技术是产业结构优化升级的核心技术,影响着人们的生活和生产方式。目前,山东的新一代信息技术已经有了较完备的基础。要在现有产业的基础上,与数字经济结合起来,在光电及集成电路、大数据、高端软件及物联网等产业上大有作为,将互联网、大数据、人工智能与实体经济深度融合起来，发展互联、融合、智能、安全的信息技术产业，充分发挥数字技术对经济社会发展的推动作用。信息技术时代，不赶上就会被超越。

(2) 高端装备产业

高端装备产业是现代产业体系的脊梁，是推动产业升级的引擎。实现数字化、网络化、智能化发展，深入推动产品向高档化、智能化制造单元和成套设备的方向转变，构建起面向全球的、国家级智能制造示范区和居国内领先地位的高端装备制造基地。装备产业是企业持续发展的生命线，没有自我知识产权的生产线，容易受制于人，听命于人，在激烈的市场竞争中，很容易被淘汰。

(3) 新能源新材料产业

充分发挥能源材料的基础性、先导性、战略性带动作用，大力发展可再生能源，如太阳能、风能、生物质能等，发展生物基新材料、先进高分子材料、特种金属功能材料、高性能纤维及复合材料等，纳入高端制造供应产业链。对国民经济建设起着基础支撑和保障作用，是《中国制造2025》确定的战略产业。新能源新材料是未来的发展方向，在当前能源危机的前提下，发展新能源直接关系到国家战略安全和利益。

(4) 医养健康产业

充分发挥现有的医养结合产业模式的优势，进一步发展完善养老、敬老、医疗、养生、体育等多业态融合体系，打造国家医养结合示范省先行区、国家中医药综合改革试验区等，构建起全方位、全周期健康服务的产业链。医养健康，既是朝阳产业，也是未来大势所趋。我国正步入老年社会，医养健康产业发展潜力巨大，也是社会稳定和谐的必然发展之路。

(5) 现代金融服务业

金融对经济的转型升级具有支撑保障作用，现代金融是重要的新兴服务业。山东的金融业总体稳定,主要以传统金融为主,现代金融占比较低,需要金融服务创新,增加金融产品供给,建立起现代化、普惠化、便利化的服务模式,推进融资对接机制建设,重点发展农村金融、文化艺术金融、科技金融、绿色金融等,发展完善多层次、广覆盖、竞争有序、风险可控、适应产业发展的金融服务体系。

此外,山东的现代海洋产业、文化创意产业等也具备了信息化、智慧化、融合化发展的基础和规模。

四、山东新旧动能转换的基础条件

(一) 比较优势

1. 经济发展健康平稳

2013年至今地区生产总值年均增长8.2%,呈中高速增长,2017年达72678.2亿元,居全国第三位;人均地区生产总值超1万美元,固定资产投资过5万亿元、社会消费品零售总额33649亿元,分别居全国第一和第二位。基础设施建设日趋完善,网络化、智能化水平不断提高。[①]

2. 支柱产业基础良好

产业结构已调整为6.7∶45.3∶48.0,第三产业贡献率达56.4%。全省规模以上工业企业主营业务收入14.3万亿元,居全国第二位。规模以上工业企业技术改造投资1.6万亿元以上,居全国首位,高端装备制造、生物医药等过千亿元产业集群超10个。钢铁、煤炭、电解铝、轮胎、水泥等行业,落后、低效产能加速退出。[②]

[①]《山东省人民政府关于印发山东省新旧动能转换重大工程实施规划的通知》(鲁政发〔2018〕7号)

[②]《山东省人民政府关于印发山东省新旧动能转换重大工程实施规划的通知》(鲁政发〔2018〕7号)

3. 创新能力不断提高

以"四新"业态为主要特征的新经济增加值达 20% 以上。云计算、物联网、大数据等战略性新兴产业占比超过 10%。共享经济、云智造等新业态呈发展趋势。信息、金融、科研、电子商务、快递服务等现代服务业发展迅猛，对培育新经济、促进人民群众消费水平升级提供了良好条件。

4. 生态环境持续改善

主体功能区格局进一步优化。大气污染防治攻坚活动深入推进，全省主要污染物平均浓度比 2013 年已大为下降。水环境质量大为改善，省控重点河流主要水质指标 COD 和氮氧化物平均浓度比 2013 年已大为下降。土壤和固体废物污染防治行动成效显著，工业固体废弃物资源综合利用率大大提高。人居环境质量持续改善。[①]

（二）问题困难

1. 产业结构不够合理

（1）重工业比例过高

传统动能仍居主体地位，处于价值链中低端的产业多。化工产业占比高，中小化工企业较多。装备制造企业多，但大部分属于加工环节，技术含量低、处于产业链下游。山东省的经济发展水平虽然在全国比较靠前，但是，同样山东省的能源消耗以及主要污染物的排放总量也位居前列，大气、水、土壤等污染问题突出。

（2）高新技术产业比重较低

从全省高新技术发展情况通报数据分析看，传统产业总量大，高新

---

① 《山东省人民政府关于印发山东省新旧动能转换重大工程实施规划的通知》（鲁政发〔2018〕7 号）

技术产业特别是新兴产业企业规模小，产业结构仍需进一步调整，企业转型升级的任务仍很艰巨。研发机构在规模以上工业企业的设立比例过低，科研成果转化水平低，自主创新能力不强，科技对经济增长的贡献率还需要继续提高。战略性新兴产业发展水平不高，处于初始阶段，高新技术新动能对经济发展的主导作用未充分发挥出来。

(3) 农业现代化程度不高

传统经营管理方式效率不高。一家一户、自给自足的自然经营管理方式占主要地位。农业产业化程度低，科技含量低。新生代农民普遍不愿务农，家庭农场、农民合作社等新型经营主体还没有充分发育，农业人才和劳动力供给出现断层。农业基础设施建设相对滞后。部分以水利为重点的农业基础设施普遍陈旧老化。农业基础设施建设缺乏统筹规划与科学管理，影响和制约了现代农业的发展。农业龙头企业带动作用小。农业龙头企业数量较多，但低水平同质化竞争严重，大型企业少。销售收入超千万元的大型龙头企业大都是从事粮、棉、油加工，且停留在农产品初级加工上。企业与农户经济关系简单，带动力不强。农业生态环境污染问题日趋突出。种植业、养殖业的病虫害和饲料、农药残留物污染现象存在，无序开发海滩涂养殖、大量使用化肥和农药、畜禽养殖废弃物等污染环境。农村科技人才队伍匮乏。农业科研机构和科研人员少，农技推广队伍普遍老化，素质普遍偏低，对新技术、新成果的接受能力较差，农业技术管理体制和激励机制滞后。

(4) 第三产业发展相对落后

占主导地位的还是传统运输通信业和批发零售贸易餐饮业，产业层次较低。信息传输、计算机、软件、文化娱乐等新兴服务业还跟不上经济社会发展的需要。公益事业，如，教育医疗、养老保健等，发展水平较低。公益性事业发展缓慢，需要继续加快公益性事业的发展。开放型经济未充分发展，外贸经济水平较低，"一带一路"经济融合力度不够。

2. 区域发展不平衡

经济增长水平不均衡。青岛、日照、临沂等居前列，菏泽、济宁等较为落后。经济结构差异明显，济南、青岛等第三产业占比较高，经济结构较为合理，菏泽、德州等第二产业相对薄弱。企业经济效益差距较大，青岛、烟台等较好，聊城、德州等较为落后。基础设施水平参差不齐，临沂、潍坊等基础设施较好，济宁、聊城等则较为薄弱。科教水平差距较大，济南、青岛等较高，德州、菏泽等偏低。横向经济联系较为松散，各地区尚未形成经济互补、资源整合的局面，经济没有能够协调发展，严重制约整体实力的提高。

3. 大小企业未形成产业集群

（1）创新能力不足

企业普遍对研发投入不足，科研成果的转化率低。企业是创新的主体，尤其是大企业。目前，很多大企业的创新意识没有实现根本性的转变，对创新的基础设施建设、技术研发投资、人才的培养和引进不足。大企业的技术更新成本高，而小企业的更新能力弱。很多生产线通过进口引进成套设备来实现，总体上处于全球产业链的中低端。许多高性能的材料、核心部件和重大装备严重依赖于进口，关键技术受制于人，缺乏自主知识产权。

（2）中小企业生产经营困难

民营企业活力不足，政府和市场的关系应进一步理顺。经济的发展并不能仅仅依靠龙头企业，中小企业的活力更应引起重视。很多中小企业是由乡镇企业或手工作坊式的企业发展而来，规模小、寿命短、资金缺乏、技术落后、人才匮乏、管理混乱、企业利润薄弱等问题存在。而且，产品多为技术含量低的初加工品或代加工品，没有自主研发能力，产品更新升级慢，不能适应市场需求的快速变化。多存在短视行为，只顾当前利益，不注重长远发展，缺乏树立企业和产品的品牌意识，更不愿意通过承担社会责任激起社会效应。

(3) 大企业的辐射作用较小

山东的龙头企业较少,起到带动、辐射作用的大企业屈指可数。以新经济为代表的"智慧产业化"速度迟缓,龙头企业匮乏。以"互联网+"为代表的新模式黏合不力,产业跨界融合力度偏弱。大企业与中小企业的关系比较松散,未形成行业、资源、销售等优势互补,形成产业链。需进一步发挥行业的示范、带动作用,推进中小企业优势互补,各自向产业链的高端发展。

4. 供给与消费存在错位

(1) 产品市场供需错配

传统产业和行业低端产品供给严重过剩,产品难以满足消费者对质量、信誉的要求,高端产品供给不足,消费需求外溢严重。如,在旅游产品方面,真正叫得响的品牌很少,对山东本地人的吸引力小,旅游消费贡献低。人们在节假日多选择到外地旅游,而不是选择省内本地游。山东的旅游资源丰富,但缺少开发,缺少细致、用心地开发。山东是人口大省,消费大省,这与生产产品市场不相匹配。

(2) 技术市场供需错配

产能过剩问题在一些工业行业还比较严重。很多关键设备和产品,以及核心技术还需进口。特别是有些大型化工企业,还停留在低端、初级产品的生产上,关键技术不能突破,产能依旧过剩。山东是工农业大省,但是生产技术却较为落后,技术市场多靠输入,而不是输出。

(3) 金融市场供需错配

一方面实体经济和生产企业普遍存在融资难、融资贵的问题;另一方面金融"脱实向虚"趋向加深,大量银行信贷资金、理财产品通过各种渠道流向房地产和股市,甚至导致严重的"吸金"现象,向义务教育的中小学资金投入受到影响,群众的教育支出过高,而日常消费能力下降,严重影响了经济的正常运行。企业需要大量资金从事生产经营,需要银行大量放贷,但是,企业一旦资金链断裂,就会陷入绝境。

(4) 中低收入阶层收入增长相对较低

在就学、医疗、住房等方面压力不断加大的情况下,消费能力难以提升。创造新产品、新业态的市场需求,必然要求通过调整初次分配关系,提高劳动者报酬占国民总收入的比例;必然要求通过加大再分配力度,缩小收入差距,更快提高中低收入阶层的收入。最稳定的橄榄型收入,在实践中可能已经严重变形。收入与物价之间的比例关系有时会出现严重失调的现象。

5. 政策机制不完善

(1) 职能转变不到位

很多政府管理部门为企业主动服务的积极性不高,更谈不上出台鼓励企业自主创新的政策机制。而对企业的日常经营中调控经济运行的行政化色彩浓厚,保护知识产权力度不足、公平竞争政策不完善、人力资本提供不足、社会保障体系和信用体系不完善等,影响企业的正常运营。

(2) 财政投入不到位

政府对新旧动能转换项目的财政投入资金若要真的落实到位,需要有科学的决策机制、核查机制、效益评估机制、查处机制等。近些年,政府对新旧动能转换项目的财政投入很大。但是,有的企业以新旧动能转换为名,换汤不换药,套取财政资金,甚至出现权力寻租的现象。政府对科研、技术开发、公益事业等的投资,也需要严格评估。

(3) 财税政策不合理

对土地财政政策的过度依赖是长期以来发展经济的弊病。甚至土地优惠力度过大,与周边地区恶性竞争,压低土地价格、让税让利招商,造成应得利益大量流失。各地方政府本来财力就紧张,现在为了吸引生产性基础设施投资，不得不减少教育、医疗、"三农"等公共财政性投资，这反过来又会影响生产效率的提高。

（4）人才激励机制不完善

很多创新人才集中在高校或企业，可以互补，但二者之间的流动路径不通畅，阻力往往在高校、企业等单位。高校人才向企业流动，顾虑比较多，缺乏政策保障机制、利益分配机制等。高校数量多，但缺乏向社会输送各类人才，以及高端科技人才的创业服务平台。

（5）考核激励机制不完善

目前衡量领导干部的主要指标是各自管辖区域内的经济业绩评价指标。某些领导干部，往往只专注于经济政绩的提升。在新旧动能转换的关键时期，以经济业绩唯上的考核和评价机制已不能适应形势的需要。考核是指挥棒，是风向标，官员的积极性往往靠考核才能真正调动起来。而当前，重眼前利益、忽视长远的现象依然存在，进一步完善政府绩效考核仍然意义重大。

6. 高层次人才匮乏

企业所需要的人才首先要靠创新精神的企业家。要把创新的主体还原给企业家，通过企业家精神的发挥和应用推动企业的创新活动和技术进步。行业技术人才，特别是高技术人才、创新专业人才，是企业核心技术的载体。高层次科研和管理人才匮乏，人才招不来、留不住的问题比较突出。企业缺乏技术人才，则企业不能正常生产经营。研发人才青黄不接，企业的技术创新活动就会受到抑制。缺乏高技术人才，企业则活力和发展的动力不足，面临被市场淘汰的危险。

五、山东推进新旧动能转换的机制与路径

坚持整体谋划，聚焦重点突破，推进新技术、新产业、新业态、新模式，实现产业智慧化、智慧产业化、跨界融合化、品牌高端化，逐步

走出新旧动能转换的路子。

(一) 动能转换机制创新

1. 引导机制

新发展理念和顶层设计是实现新旧动能转换的首要条件。必须在坚持新发展理念的统领作用的前提下，把新发展理念的要求通过顶层设计落实到新旧动能转换工程的部署上来。从山东的实际出发，确立新旧动能转换的总体要求，并针对不同区域经济发展的实际情况提出不同要求，制订出各自具体的实施方案，并将其统一协调起来。探索实行"互联网+"产学研合作新模式，完善线上线下相结合的服务体系。瞄准重点产业领域寻突破、抓亮点，梳理行业关键共性技术需求，到重点高校院所开展"小分队、多批次、主题化、专业性"的科技精准对接活动，每年与中国科学院、中国工程院、清华大学、北京大学、东北大学等举办洽谈对接活动，推动企业与高校院所建立务实合作关系。建议加快制定出台新旧动能转换重大工程的配套政策，把新旧动能转换落到实处，落到具体企业、重大项目上，调动企业的积极性、主动性。化解过剩产能，是新旧动能转换的重要内容，但在一定程度上存在着支持政策适用范围单一，影响了政策作用的更好发挥。比如，有的市在钢铁、煤炭等行业化解过剩产能的支持资金适用上，规定只能用于下岗职工的安置，对企业为维护社会稳定主动采取转岗等方式解决人员安置问题，反而不能适用该政策。建议增强政策的灵活性，扩大适用范围。

2. 创新机制

美籍奥地利经济学家熊彼特第一次系统论证了"创新"的概念，形成现代创新理论。一是生产新的产品，或进行产品的质量和功能的升级，二是引进新的生产方法，三是开辟新的市场，四是寻求新的要素供应来源，五是构建新的企业组织形式。创新是新旧动能转换的生命源泉。企业是创新中的主体；发挥技术研发机构的创新作用，形成扎实的研发能力以实现创新。围绕科技创新高地建设，加快完善科技创新载体建设，构建低成本、便利化、全要素的开放式综合服务平台，推动科技创新资源共建共享。积极引导社会资本对接科技创新，建立起多元化、多渠道的资金投入体系。通过创新生态的转型升级，进一步增强区域的创新意识，激发人才的创新潜能，营造勇于探索、鼓励创新、宽容失败的良好创新氛围。坚持定向委托与竞争性选择相结合，建立重大科技项目联合攻关机制，实现基础研究、应用开发、产业化应用示范一体化推进。支持龙头骨干企业和技术实力强的创新型企业牵头实施重大科技成果转化项目，突出企业在成果转化以及技术创新方向、技术路线选择中的主导作用。以市场化投入方式设立重大科技创新基金，采用股权、债权等方式，实施重大科技成果转化项目，突破一批制约产业发展的共性关键技术，掌握一批重点领域的核心技术知识产权，进一步增强企业创新竞争力。

3. 动力机制

深化政府行政管理体制改革，健全评价考核体系、激励约束等机制措施，建立起由政府、企业和各社会成员共同参与的机制。健全市场调节机制，让市场发挥在资源配置中的决定性作用；深入推进"放管服"的政府职能转变，建立完善事前审批、事中事后严格监管的一体化行政管理机制。适当调整科技计划项目类别，将对新旧动能转换具有重大推动作用的技术创新和攻关项目，优先列入科技计划项目立项。突出企业市场主体地位，让企业在新旧动能转换中做主角、打头阵，促进大中小企业融通发展局面加速形成。

4. 保障机制

充分利用地方性法规、政府规章等立法形式，将中央要求的包容创新、容错纠错的政策落到实处，鼓励形成愿干、敢试和做成事的氛围；完善大数据资源的开放共享，积极创造人才、知识、技术、信息、数据等新生产要素合理流动的环境机制。建立完善推进新旧动能转换的政策扶持、保障体系，激发全社会共同参与创新创业。适应科技创新发展规律，改革科技管理体制，推动科技管理从研发管理向创新服务转变，各项政策由鼓励扶持生产为主向鼓励扶持创新创业为主转变。探索建立高层次专家参与科技决策及论证机制，增强重大科技决策的科学性。创新科技服务方式，优化提升科技孵化中心、合作中心等平台功能，完善"互联网＋科技服务"模式，为各类创新主体提供方便快捷的公共服务。贯彻实施市场准入负面清单，进一步简化企业投资项目审批，优化项目报建审批流程，探索企业投资项目审批承诺制改革。聚焦企业与群众办事创业中的痛点难点等问题，优化指标评价体系，适时组织开展营商环境评估评价，加强评价结果利用。依法稳妥处理投资、产权、运营、自然资源开发等各类矛盾纠纷。严厉打击各种不正当竞争行为。严格依法行使行政处罚裁量权，严厉禁止利用刑事手段插手各类经济纠纷。为优化营商环境、支持民营经济发展提供良好的法治保障。

5. 推动机制

鼓励区域、高校、科研院所等部门以及企业间的共同协作，促进人才、知识、技术、信息、数据等要素的合理流动，促进各类要素及资源共享，推进形成协同合力。围绕新技术、新产业、新业态、新模式等四新业态，建立起新兴产业链、新价值链和新供应链。优化存量资源配置，提升供需结构的匹配和优化水平，建立起推动经济增长的新动力。依托重点领域龙头企业，布局建设、优化提升一批重点实验室、工程技术研究中心、院士工作站、产业技术创新战略联盟等传统创新平台。推动平台与国内、国际高水平院校、企业合作，促进平台创新水平再上新台阶。

6. 落实机制

长期和短期相结合。"在经济新常态背景下，消费和服务业取代投资、出口成为拉动经济增长的主要动力，新经济对于经济增长贡献和重要性日益提高,但是传统产业仍然是经济发展的重要支撑。"① 供给侧要和需求侧结合起来。进一步优化完善劳动力结构,提升劳动者的素质。促进物质资本驱动向人力资本和知识资本驱动的转变,完善经济发展方式。弘扬和倡导自信、开放、务实的创新精神,加大对科技创新典型事例、典型项目、典型人物的宣传,积极营造建设创新型城市、推动新旧动能转换的良好舆论氛围、文化氛围和社会氛围。大力培育企业家精神、团队精神、合作精神,倡导鼓励创新、宽容失败的创新文化,释放全社会创新潜能,为新旧动能转换工程顺利实施提供强有力的科技支撑。

(二) 产业结构进一步调整

1. 以智能制造创新引领传统产业升级

推广智能制造的新模式,建立一批示范试点,推动智能工厂、数字化车间建设。促进企业智能产品和智能装备的产品全生命周期管理和服务建设发展。推广应用企业两化融合管理体系,鼓励企业业务流程再造和组织方式转变,建立起开放式、扁平化、平台化的新型组织管理新模式。突出科技研发功能、技术转化功能、业态孵化功能、资源整合功能,打造省级以上创新平台、国家级创新平台、各类创业平台等。

2. 以信息产业体系带动新兴产业壮大

大力引导、鼓励各个行业开展大数据创新和试点,搞活产业链条发展。物联网是继计算机、互联网与移动通信网之后的信息产业第三次浪潮,开发应用前景巨大,已被列为国家五大新兴战略性产业之一。要实施物联网应用示范工程,重点发展智能家居、智能交通、智能电网、智慧物流等物联网应用产品及服务。建设物联网应用示范工程,推进物联

---

① 尚昀:《着力推进新旧动能转换 促进山东经济转型升级》,载《理论学习》,2017 年第 11 期。

网应用产品及服务发展。在工业机器人制造上,加快布局控制器、伺服驱动器、伺服电机、减速机等核心零部件产业发展。以浪潮集团等骨干企业为统领,大力发展集成电路产业,深入研发氮化镓、碳化硅等新一代半导体元器件,推进产业化发展。积极推进机器人与智能制造、商用汽车动力系统总成、生物医药等产业创新中心建设,着力突破一批关键核心技术,打造国内高水平的行业技术研发平台。进一步规划量子纳米超导新能源技术、空气悬浮高速风机技术、机器人模块化关键技术等未来产业技术中心建设,完善十大未来产业技术中心培育建设方案,并根据经济社会发展需求和专家论证对十大中心进行动态调整。

3. 以"互联网+"行动引导产业跨界融合

大力推广"互联网+"行动模式,以互联网为依托,建设新型的工农业生产经营体系。充分发挥化工、机械、纺织等产业现有优势,建立健全大型综合性电子商务平台。大力发展共享经济,在标准厂房、关键设备、制造产能、信息基础设施、现代能源等方面,建设完善分享工程。以互联网为依托,建立市场化创新资源共享平台,在科研仪器、紧缺人才、知识产权等方面,建设完善创新资源分享工程。培养和发展跟上时代发展要求的、能够熟练运用互联网的企业管理者。互联网改变了人类的沟通方式,也正在深刻地改变着人类的生产和生活方式。

4. 以智慧城市建设优化动能转换环境

大力推广光网城市、无线城市建设,促进互联网升级换代。建设完善统一的政务云平台和政务信息资源共享交换平台,推进政务业务应用平台服务体系建设。推进省、市、县(区)统一协同办公应用系统建设,建立统一的公共服务平台。在重大民生领域,深入推进智慧化建设,创造更加方便、快捷、高效、舒适的居民生活环境。智慧化、信息化、大数据、云计算等,在将来都会普及,也是经济增长的重要方式和人们生产生活的重要方式。

5. 以产业园区载体打造动能转换平台

建立完善统一的园区信息资源共享云平台，提高园区的创新服务基础支撑水平。以技术创新、产品研发、软件开发、软件系统集成和软件服务外包等为主导，建立电子商务、冷链物流、智能联运、智能仓储、货运车联网、信息服务、物流金融等服务为主导的跨境电商综合服务平台，建设电子商务产业园和智慧物流产业园。

6. 以招商政策洼地激发动能转换活力

加大智慧产业项目招商力度，重点引进智能制造、3D打印、工业机器人等项目。大力发展产业经济链条，全面梳理信息产业，完善招商项目库建设，做到精准招商。进一步完善招商引资政策，将物流支撑、财税、土地、环境、产业配套、人才等方面的优惠政策和奖励政策落到实处，完善具有山东特色和优势的招商政策体系。建议针对市、县、镇领导干部和广大企业，开展新旧动能转换领域的专题培训。

（三）深化供给侧结构性改革

1. 提升生产效率和效益

全力推进企业技术改造，完善生产工艺流程，推进技术和生产设备的网络化、数字化、智能化，大力建设数字化车间、智能工厂、自动化流水线，争取在两到三年内将各大、中型制造业企业的技术改造完成。全面应用工业机器人，促进向高端价值链转型。将煤炭消费减量替代工作作为倒逼产业转型升级、推进绿色低碳发展的重要突破口和着力点，山东省在产业结构调整、能源结构调整、重点煤炭替代工程等方面做了大量工作，力争全面打赢这场硬仗。但受制于电厂等企业燃煤数量大、占用煤炭消费指标高的影响，难以完成煤炭减量替代任务。在燃煤指标任务下达时，需纳入全省范围内统筹考虑。

2. 创新特色产品和品牌

大力推进精品创造，实施提品质、增品种、创品牌战略，满足各消费群体的需求，促进互联网线上线下产销一体化，促进和满足居民对节能环保家电、新能源汽车、智能家居产品、绿色新材料产品等中高端新产品、新品牌的消费需求。深化千百企业商标规范提升和"助企"大走访活动，实行商标注册窗口培育工作法，推动创新创业与品牌引领同步发展。推动商标品牌高端化发展，全面提升商标品牌知名度和影响力。举办品牌国际注册与保护研讨会，引进国内知名商标运作机制，开展商标国际注册与品牌保护专题宣讲活动，以产业龙头、隐形冠军、科技创新、出口外向型企业为重点，支持企业品牌国际并购、马德里商标国际注册"双轮驱动"，推动企业走出去，提高国际市场竞争力。

3. 健全产品监管和保护体系

产品质量能够追溯，关系到消费安全。加大产品质量违法的打击力度；加强知识产权保护，健全多元化的纠纷解决机制。开展跨部门、跨区域的执法联动协作行动，建立健全失信联合惩戒、守信联合激励等制度，完善行业质量监管体系。以新消费、日常消费、农村消费为重点，深化"红盾"质量维权行动、重点领域商品质量和消费维权专项整治，开展约谈经营者活动。继续做好涉及人身财产安全、群众消费量大、申诉举报集中的商品质量抽检工作。畅通消费者诉求渠道，依法及时接收、记录、分送消费者来信来函、上级部门转办和其他部门移送投诉举报。大力发展农村消费维权志愿者，做好维权志愿者平台的推广应用。推进投诉和解平台建设，拓展电商消费维权绿色通道（直通车）。深化"诉调对接"机制，发挥消费者协会律师团作用，促进消费纠纷解决，维护社会稳定和谐。

（四）谋划区域协调发展

1. 做大做强优势特色产业

各地市之间自然地理条件有着显著的不同，对于发展经济来说，既是劣势，也是优势。济南、青岛，可立足发展环保产业、服务业，提升城市建设规划和管理水平，加快建设现代化中心城市，满足城市区域竞争、持续发展的多元化的需求。威海、烟台、东营、潍坊、日照等沿海地区，重点发展港口物流产业。重点发展海洋化工、先进制造业，形成完备的产业链条。临沂、潍坊、德州等，以正在建设的高铁站为依托，发展以现代物流业为核心的高铁经济。济宁、枣庄、菏泽、莱芜等可发挥特色优势，发展山林经济，形成种植、生产、加工、销售一体化模式。淄博、聊城、德州、滨州等，以临近济南、青岛等省内较发达地区为根本，为其提供经济发展服务，同时发展壮大自己区域经济。

2. 优化区域产业发展格局

各地市发展工业经济，要以做大做强作为重点内容，在新能源、新材料、新医药、新信息和海洋开发等重点领域，大力完善减免税收、办理手续简化等措施。深入推进技术改造、促进企业兼并重组、完善市场等，推动企业和产品优化升级。各地市要把金融服务业、科技信息服务业落到实处，解企业之所难，急企业之所急。加强品牌建设，提高服务行业的竞争水平。积极培育消费需求和新的消费热点，促进居民消费结构优化升级，以消费增长促经济增长。各地市要保证农产品的质量安全，推进农业科学技术创新，推广公益性农业技术，实现农业现代化发展。建设以现代农业园区为载体的体验型农业、感受型农业、享受型农业，打造独具特色，融现代农业、生态景观、乡土风情、休闲度假、科普教育和农事体验为一体的现代休闲农业，创建国家休闲农业与乡村旅游示范区。以发展农家乐、采摘园、特色旅游商品、精品民宿等乡村旅游产品为抓手，把特色旅游小镇集群建设作为突破口，坚持工业以农业为依托，农业靠工业来增值，以工业化带动农业产业化，以农业产业化推进工业化。

3. 构筑基础设施网络系统

针对山东各地市基础设施建设不均衡的现状，要重点扶助德州、滨州、菏泽等基础设施薄弱的地区。在贷款、交通、电力网络建设等方面，提供更优惠的政策措施。金融投资方面，采取更开放的模式，鼓励民间投资、外商投资等多种方式，盘活社会闲散资金。发展完善立体化、多样化的交通网络体系。沿河、沿海地区重点发展内河航运、海上航运，实现河道运输和港口建设多方联运。内陆地区重点发展陆路交通体系，并入省网、国网，共享优势资源。加大对"三农"的投入，加大力度落实村村通工程，修补畅通乡道、村道交通体系。重视农田水利基础设施建设，完善各地水库、河道、湿地、水源地等水资源体系，采取最严格的水资源保护体系。京沪高铁二通道对优化全省铁路网布局、带动山东中部地区发展至关重要。该项目列入《山东新旧动能转换综合试验区建设总体方案》，也列入国家《中长期铁路网规划》，东营、滨州、临沂、潍坊等市都非常期盼及早开工建设，该项目建成贯通，将填补山东中东部南北铁路通道空白，有力拉动整个山东的区域经济社会发展。建议由省里牵头，沿线市参加，抓紧开工京沪二通道山东段建设。

（五）打造高端产业集群

1. 智能装备制造产业集群

依托济南大型高效数控机床产业基地等，重点发展动力机械、农业机械和节能设备等。依托森岳（无棣）国际能源化工、中化弘润石油化工等，重点发展石油化工、海洋化工等，着力打造高端化工产业集群。新能源材料、汽车制造产业集群。依托济南中德新材料产业园、青岛汉河氢能电源等，重点发展纯电动汽车、插电式混合动力汽车和氢燃料电池汽车、新能源新材料等，着力打造新能源材料、汽车制造产业集群。

2. 医养健康产业集群

依托济南生命科学城、烟台乐康金岳健康产业园等产业基地，以创新为核心，重点发展生物医药、医疗器械和健康服务产业，建立完善医养健康产业集群。深入推进"健康+"等新业态融合发展模式，鼓励各社会力量投资医养结合行业，鼓励医疗机构向养老健康服务产业延伸，鼓励养老健康机构发展医疗业务。

3. 特色文化旅游产业集群

以精品、融合、一体为方向，发展文化旅游，提升乡村文化旅游，培育文化旅游新业态，大力拓展文化旅游内涵、层次和空间等，加快建设文化旅游山东品牌。充分发挥"好客山东"品牌优势，大力完善国家级旅游度假区建设，重点综合开发特色文化旅游资源。大力发展保健养生、民俗体验等文化旅游产品。大力建设文化创意产业集聚区、全域旅游示范区和文化旅游融合引领区，推广"旅游+"新机制，促进旅游行业与其他服务产业的共同发展。

4. 现代农业产业集群

依托济南、青岛农业高新技术产业开发区等，建立产业体系新模式。重点发展涉及蔬菜、绿色蔬菜和反季节蔬菜等，大力发展农业特色蔬菜种植；重点发展优质早熟水果，大力发展特色水果种植；重点发展虾、蟹等水产，大力发展特色水产养殖。重点发展应用喷灌滴灌、水肥一体化和循环水养殖等现代农业技术，深入推进节水型农业等一体化发展。积极引导农业龙头企业与农户、合作社、家庭农场合作共建标准化原料基地及农产品产地初加工、直销配送等设施，确保为农业龙头企业提供标准化程度高、安全可靠的原材料，带动农业快速发展。通过大力引导农户以土地经营权、资金等入股企业发展股份合作，让农户分享加工销售环节收益，畅通农民增收渠道，密切企业与农户的利益联结机制。以实施高效绿色农业计划和农业品牌引领工程为重点，加快培育农业农村发展新动能，建设国家农业开放发展综合试验区，打造国内一流的农业现代化基地，重点实施好进一步优化产业结构、大力发展品牌农业。强化耕地质量保护和农业资源的循环利用，创建国家农业可持续发展试验示范区。抓好耕地质量提升和减肥增效工作，实施有机肥替代化肥示范工程。

5. 现代商贸物流产业集群

进一步建设完善铁路、公路、航空和水路货运体系，运用信息化手段，提高物流行业的信息化水平和服务能力。采取措施发展多式联运、综合物流服务，将综合性物流基地建设起来，运用起来。加快物联网在商贸物流中的建设和运用，实现全省范围内的商贸物流信息互联互通。发展电商品牌，提升山东品牌建设的竞争力。

（六）完善人才战略

1. 加大"高精尖"人才的引进力度

完善激励体系，在人才的引进、培养、使用上下功夫，争取引进来、用得上，留得住。对"高精尖"引进人才提供便捷的服务，打破"高精尖"引进人才的体制机制流动障碍。应制定引进发达国家各类型专家的政策文件，重点引进富有创新能力，在机械制造、软件开发领域等卓有成效或发展潜力的人才，鼓励到企业、研究院所等机构专职或兼职。加快复合型创新创业人才引进，大力招引一批拥有重大原始创新技术，具有颠覆性、引领性和跨领域融合创新能力的一流创新团队，形成梯队协调、活力迸发的人才结构。围绕产业需求，大力引进两院院士、千人计划、万人计划、泰山学者等高端人才，落实相关政策，完善服务体系，使人才引得来、留得住、干得好。鼓励企业、院校加快实施"育才"计划，筑牢创新发展的人才基础，为创新发展注入新的活力。积极推荐申报科技部创新人才推进计划和国家"万人计划"。

2. 发挥优质教育资源的作用

鼓励和支持省内高校与国际、国内高水平大学和著名学科合作，加快建设国内一流的高水平大学和职业院校；适应山东产业发展中高端的需求，在学科设置和专业培养上建立健全适应新动能的教育培养机制，重视职业技术教育的人才培养，发挥为企业提供专业技术人才的主渠道作用。组织开展行业共性关键技术攻关、产业发展论证、专家咨询等，为产业发展破解难题、建言献策，打造集科技资源汇聚、应用技术研发、成果转化和人才聚集的行业公共创新服务平台。积极招院引所、招才引智，通过各种方式，引进共建科研机构、培养引进各类人才。按照"成熟一个，启动一个"的原则，通过政府引导、龙头企业支撑、联合高校与科研院所，在重点产业领域布局一批体制新、机制活、特色鲜明、科技创新能力强、品牌知名度高的行业研究院。为各行业研究院提供平台建设、项目支持、要素配置等多方位支持，鼓励其开展技术创新，加速科技成果转化，推进行业发展。

3. 加强企业家队伍建设

企业创新，企业家是关键。企业家是带头人、原动力。新形势下，企业家必须是有新的思维、新的发展思路的企业家。科学的管理水平决定企业的发展命运。山东经济发展新旧动能转换，离不开高水平的企业家。政府应多方举措，鼓励企业家通过学习、考察等，提升自身的知识水平和管理水平。

4. 注重培训技术人员

企业技术人员是企业发展的生命线。各企业应根据自身需求，有步骤、有计划地加强技术力量建设。以提高技术人员的技术水平和技术能力为核心，提高其福利待遇和稳定人才的具体举措。政府应完善技术专业人才的福利待遇政策措施，健全各方面人才的培养、流动体制机制。调查摸底新旧动能转换专业人才需求情况，编制发布人才发展五年规划和三年行动计划，人才创新创业环境更加优化。同时提出建立新型智库、培强企业家队伍、壮大产业领军人才队伍、提升技能型人才队伍等重要举措。

（七）建立健全政策体制机制

1. 完善政府投资管理体系

以经济发展、效率、公平、效益、社会公众回应程度为标准，构建以社会公众为主体的多元化政府投资效益评估体系。加强对政府投资风险的评估，需加强对国民经济与社会发展有重大影响的投资项目的预算监督、审计监督和公众监督。建立与完善政府投资的信息披露制度，体现政府投资决策的民主化进程。优化整合财政科技资金，重点支持关键技术研发、创新平台建设、应用技术研究等。对市场需求明确的技术创新活动，综合运用股权投资、风险补偿、贷款贴息、政府与社会资本合作等方式，发挥财政资金的杠杆作用，引导和带动社会力量支持科技创新。利用多层次资本市场，拓宽科技型企业融资渠道，促进科技与金融的紧密结合。

2. 科学制定政绩考评体系

对干部政绩考核指标体系要完善、科学。逐步淡化 GDP 增长以及 GDP 指标在考核体系中的比重，将居民对公共服务的评价纳入政绩考核体系。着重考核官员的公共服务能力和公共服务水平。要做到上级考核和社会考核共同参与。保障辖区居民对考核的参与权和话语权，建立民众对地方官员的监督机制，改变单纯"以经济增长"为核心的考核导向。建立完善责任体系和督查通报机制，按照时间进度要求，定期梳理工作，开展自查自纠，及时整改提高，确保各项工作扎实深入。把强化舆论宣传和信息公开放在更加重要位置，及时通报工作进展，扩大社会宣传，推动形成良好舆论氛围和工作推进合力，促进各项任务目标圆满完成。探索建立政府、社会组织、公众等多方参与的评价机制，以创新质量、创新贡献和创新效率为导向，推进高校、科研院所和科技人才分类评价，强化对科技计划和科技项目实施绩效的评价，充分发挥科技评价对创新的激励和导向作用。完善政府科技奖励制度，重点奖励重大科技贡献和杰出科技人才,提高对发明专利转化应用和重大产业化成果的奖励比例。

3. 扎实推进"放管服"改革

制定完善新产品、新业态、新技术标准体系,打破政策对企业创新的阻碍和制约。加大知识产权的保护力度,提高侵权的违法成本,创造良好的创新环境。要为创新成果的涌现和转化,提供良好的公共服务。当然,需要强调的是,在"放"和"服"的同时,监管要同步跟上,要守住该守的"红线",做到放得下、接得住、管得好。鼓励创新,为创新成果的产出、转化,提供公共服务支持。优化政府服务职能,推进数据共享。优化税收管理,引导资本流向制造业等最需要创新的实体领域。发挥联席会议制度和牵头部门作用,加强协调督导,推进落实小微企业治理结构和产业结构"双升"战略发展目标。支持服务乡村振兴战略,大力发展涉农市场主体。立足部门职能,突出抓好"个转企"登记、股份公司发展、小微企业商标品牌发展等重点工作。完善企业登记全程电子化,推进电子营业执照应用,拓展企业名称自主申报。推行"审核合一、一人通办"、"最多跑一次"等制度,开展登记窗口示范创建活动。推进住所(经营场所)登记改革,实行申报承诺制。支持具备条件的县市区申报外资企业登记权。

4. 完善落实金融服务政策

深入推进科技成果权益管理改革,全面落实国家和省促进科技成果转化的政策措施,将财政资金支持形成的科技成果的使用、处置和收益权,全部下放给项目承担单位。提高科技人员就地转化科技成果所得收益的奖励比例,支持科技人员将高新技术成果或知识产权作为无形资产入股创办科技型企业。进一步扩大"创新券"补助覆盖面,探索将省级以上的科技企业孵化器、众创空间、大学科技园内的创新群体,利用省大型科学仪器共用网入网仪器设备所发生的费用,纳入"创新券"补助范围。通过政府购买服务方式加大对科技类社会服务机构的支持力度,强化对新技术、新产品、新成果导入阶段的金融支持。设立科技成果转化风险补偿金，针对科技型企业开展成果转化发生的不良贷款，由合作银行、风险补偿金分别承担。鼓励合作银行针对科技型企业出台特定的金融产品、金融政策。推动企业"走出去"与"引进来"相结合，加强与"一带一路"沿线国家的交流合作，深入推动科技国际化工程，提升企业国际化水平。拓展资金支持的重点领域，加强对中小微企业的公共服务；对"三去一降一补"行业企业，提供与其相适应的金融服务；在"一带一路"和自贸区建设领域，加强融资支持力度。对创新企业的金融服务供给要足额、到位。制定完善天使投资、私募基金、产业基金等领域的政策措施，支持企业重组、并购、上市，有效解决各企业融资难的问题，鼓励其为社会创造更多的就业机会，创造更多的社会财富。

山东省实施新旧动能转换就是在抓创新、谋发展、创未来。实行新旧动能转换就是在落实创新驱动发展战略，最根本的是增强自主创新和研发能力，努力破除体制机制障碍，打通从科技强到产业强、经济强的通道。科技水平提高了，就会增强科技对经济社会发展的支撑能力，提高科技对经济增长的贡献率。这就需要我们把创新贯穿到党和政府的一切工作中去，让创新在山东省蔚然成风，使山东省为创新型国家建设提供前所未有的强劲动力。

（作者简介：祝利民，女，潍坊学院马克思主义学院讲师）

进化论思潮对20世纪初中国知识分子接受马克思主义的影响

  进化论与马克思主义在思想内核上存在诸多契合之处，进化论的传播塑造了知识分子对"进步"的信仰，为国人接受"共产主义"创设了思想基础，培养了上层精英的革命意识，为马克思主义中国化做了必要的人才储备。但同时，由于进化论与马克思主义属于不同学科的理论，适用范围不同，在具体观点上存在生物进化之于社会进化的分歧、进化之于进步的分歧、天演之于革命的分歧以及渐变之于飞跃的分歧，马克思主义对中国革命更具有实际指导意义。这导致五四后大多数知识分子选择转向马克思主义。

一、前言

  1859年12月，《物种起源》出版，它以全新的进化思想彻底推翻了神创论和物种不变论，将生物学建立在完全科学的基础之上。许多科学家自发担负起了宣传与普及进化论的重任，达尔文的挚友、自诩为"达尔文斗犬"的英国生物学家托马斯·赫胥黎正是其中的佼佼者，赫胥黎的著作《进化论与伦理学》在1898年经严复之手译为《天演论》介绍到我国。中国人对进化论最早的印象就来自书中那句"物竞天择、适者生存"。

赫胥黎的原作在西方世界是一部为进化论扫清障碍的经典著作。然而，严复先生在翻译时毫无顾忌地夹带了很多"私货"。赫胥黎在书中曾反复提到社会的人文关怀，他认为不能把生物演化的规律生搬硬套地运用到社会学领域中去。但这些内容都被严复舍弃了，他更多地强调了"物竞天择"的残酷生存法则。严复曾在英国皇家海军学院学习，他对西方列强的船坚炮利、大清王朝的积贫羸弱以及国家之间弱肉强食的关系都深有体会，因此借题发挥，希望通过进化论这样的思想来警醒国人：政府必须富国强兵，人民则应奋发向上，否则就会亡国灭种。

彼时甲午海战刚刚结束，民族危机空前深重，举国上下沉浸在一片萎靡悲恸之中。《天演论》则发出了震聋醒聩的时代最强音，让上层精英如获至宝，康有为与梁启超等知识分子对此极为推崇，知识界以宣传和谈论《天演论》为一时风尚。在短短的十多年中，《天演论》发行过三十多种版本，这是当时出版次数最多的西学书籍。而一些青少年则干脆以"天泽"、"竞存"、"适之"作为自己的字号。从此，"自强保种"引发了朝野上下的共鸣，而"落后就要挨打"则成为了中国人至今仍挂在嘴边的一句常识。

原本是一种科学理论的进化论，从19世纪末20世纪初开始化身为中国人救亡图存的指导思想和政治口号。在马克思主义传入中国前，进化论思想是流传最广、在上层精英中最受拥簇同时对中国革命产生最大影响的西学思潮。[1] 然而，进化思想的传播会对马克思主义在中国的发展产生什么影响？又是什么原因导致马克思主义后来很快取代进化论成为了中国革命的指导思想？本文对这一问题进行探讨和分析。

二、进化论在近代中国的传播发展趋势

作为一种西学，进化论思想传入中国后打破了人们固有的历史观，

---

[1] 张国荣：《从"天演"到"进化"——清末民初进化论观念的成与传播》，载《淮北师范大学学报》，2013年第3期。

在国内知识界起到了醍醐灌顶的积极作用。从受到的关注与支持程度来看,进化论在国内的发展可以大致分为两个阶段。

第一阶段,是从《天演论》出版到五四前期,在这一阶段,进化论"生存竞争"的学说与国内早期知识分子救亡图存的意识达成了统一。起初,以严复、梁启超与康有为等人为代表的资产阶级改良派积极倡导维新变法,他们的思想依据正是进化论。之后,以孙中山、蔡元培与章太炎等人为代表的资产阶级革命派则将进化论思想与民主革命结合在了一起,他们根据革命需求积极传播进化思想。可以说,伴随着地主阶级改良派、维新变法派和资产阶级革命派在近代中国的政治舞台依次登台唱主角,中国近代进化论思想也经历了萌芽、发展与鼎盛期,并最终成为当时的主流思想。① 在这一阶段,进化论思想对中国社会的发展演变始终起着举足轻重的影响。

第二阶段,是从五四之后到1949年中华人民共和国成立前,在新文化运动前期,随着马克思主义的传入,社会进化论迅速衰落,进化论在知识分子尤其是左派知识分子中的地位被马克思主义思潮取代,后者成为了新民主主义革命的指导思想。从进化论占据绝对主流到马克思主义备受推崇,也正是中国革命的一个缩影。

三、进化论思想对早期知识分子接受马克思主义的影响

由于进化论与马克思主义在思想内核上存在诸多契合之处,因此,可以认为进化论的广泛传播为后来中国知识分子接受马克思主义扫清了思想障碍,也为他们理解唯物史观与阶级斗争的革命意识奠定了基础。

---

① 陈卫平:《"五四"新文化运动中的进化论》,载《哲学研究》,1996年第4期。

（一）塑造了知识分子对"进步"的信仰

在中国古代两千多年的帝制时代，君主与臣民都始终奉行"天不变，道亦不变"的循环论，这种历史观认为，虽然王朝更替是历史发展的必然规律，但决定了人世间一切的"天"是不变的，因此，遵从"天意"建立的"道"——也就是封建统治秩序——也是不变的。统治权力可以易手更迭，但政治制度永远只有一种形式。这种"天道观"为社会等级体制、封建纲常和阶级剥削提供了合理借口，成为了历代封建帝王维护专制统治及禁锢人们思想的意识形态武器。另外，正统思想并不承认社会有所谓的进步或停滞，人们把"盛世"或"乱世"都归因于帝王，认为社会的繁荣美好是由皇帝的"德性"决定的，与社会体制无关。①

而进化论关于"进步"的理念无疑为中国思想界注入了全新的血液。《天演论》特别强调了"历史直线进步"的观点，这种思想冲击了传统中国"天不变，道亦不变"的循环史观，为早期知识分子提供了一种新的观察世界的视角。他们开始意识到，"今胜于古"才是"天道"，社会是可以实现进化发展的，而促成社会进步的最根本举措是变革政治制度，这为后来唯物史观进入中国搭建了桥梁。在中国思想界从循环史观到唯物史观的演进过程中，进化论起到了承前启后的作用。若没有这一"前站式"铺垫，马克思主义唯物史观可能不会在五四后极短的时间内就被国人迅速理解接受。

（二）为国人接受"共产主义"创设了思想基础

在进化论思想的影响下，早期知识分子接受了社会直线进化的观念，而理想社会则是社会进化的终点。严复、康有为和孙中山等人都对

---

① 单继刚：《社会进化论：马克思主义哲学在中国的第一个理论形态》，载《哲学研究》，2008年第8期。

理想社会作了积极乐观的描绘。其中，严复眼中的理想社会物资丰足、人人各取所需。康有为将理想社会视为大同社会，是一个只有乐没有苦的"极乐净土"。孙中山也在进化论的基础上提出了财产共有、人人平等的"天下为公"思想。当马克思主义传入中国后，因其目标是实现共产主义，共产主义主张废除私有财产、消灭剥削、各尽所能以及按需分配等原则，这与早期知识分子设想的理想社会存在诸多相似之处。① 因此，中国早期精英对未来社会的乐观构想，为后来的知识分子接受科学社会主义创设了重要的思想基础。可以说，当马克思主义被当作某种社会主义学说介绍到中国时，它的哲学依据就是进化论，进化论是国人接受共产主义理想的起点。

（三）培养了革命意识

在中国传统社会，为了谋取更多私人利益，统治阶级采用了经济剥削与思想禁锢等种种统治举措，民众在承受不了剥削和压迫后会爆发农民起义。尽管部分起义成功了，但这种反抗形式严格来说并不属于阶级革命，反抗者只是为了满足自己对物质利益和社会地位的欲望，反抗的结果往往是原来的被剥削者成为了剥削者。

进化思想的传入一方面唤醒了早期知识分子亡国灭种的危机感和紧迫感，同时也让他们开始意识到，历史前进的方向并不只是江山易主，而是有可能实现政治、经济、国力以及民族精神面貌的全面进步。资产阶级改良派率先举起改革大旗，主张进行维新变法一改晚清积贫积弱的国情，但他们在同地主阶级顽固派的斗争中失败了。之后，以孙中山为首的资产阶级革命派吸取了维新运动的教训并开始意识到，只有通过暴力革命的方式才能推翻封建帝制。②

在中国民族存亡的危急时刻，进化论思想输出了变法与革命意识，

---

① 参见冯契：《中国近代哲学的革命进程》，上海：上海人民出版社1999年版。
② 参见彭明：《近代中国的思想历程》，北京：中国人民大学出版社1999年版。

成为早期知识分子更制改良、救国救民的思想武器。虽然进化论中所蕴含的竞争观念本质上其实并非等同于马克思主义唯物史观中的阶级斗争学说，但它所强调的生存竞争观在当时特定的国情与历史条件下确实起到了唤醒民族革命意识的作用。经过进化思想的洗礼，通过革命实现民族自强几乎成为了中国知识界的共识，因此，进化学说沟通了知识分子与阶级斗争学说的联系。

（四）为传播马克思主义做了必要的人才储备

在新文化运动的中前期，无论是资产阶级改良派、资产阶级革命派还是社会主义革命派，几乎与马克思主义学说有接触的人都接受过进化思想的塑造。例如，马克思的名字在中国首次出现是在梁启超的《进化论革命者颉德之学说》一文中，这篇文章正是将马克思学说与进化论联系在了一起。马君武是国内第一个对马克思哲学进行系统引入工作的人，而他同时也正是达尔文《物种起源》最早的中文译者。在《社会主义与进化论比较——附社会党巨子所著书记》一文中，马君武分析了马克思唯物史观与达尔文进化学说之间的密切关系，他认为马克思主义补充和完善了进化论，使它突破了自然科学领域，也能作为描述社会进化的学说。而李大钊的《我的马克思主义观》与李达的《现代社会学》一样，都试图通过对在国内传播的社会进化论作出某些调整，从而对唯物史观进行解释。与之相关的，中国早期马克思主义者著作中往往包含很多带有强烈进化论色彩的词语，如"进化"、"竞争"、"社会有机体"、"突变"等。可以说，进化学说的传播为马克思主义进入中国做了必要的人才储备，正是因为许多进化论者转变成为了马克思主义者，马克思主义才在新文化运动后，迅速发展成为指导中国革命的方法论。①

当然，进化论的传播对后来马克思主义进入中国并非全然只有积极

---

① 参见王中江：《20世纪西方哲学东渐史——进化主义在中国》，北京：首都师范大学出版社2002年版。

影响，由于早期知识分子选择进化论思想是出于救亡图存的实际需要，他们往往忽略了理论本身的理性和逻辑论证。当后来其他人接触到马克思主义时，也倾向于各取所需，优先传播与中国革命紧密相关的阶级斗争学说，忽视了对马克思主义理论本身进行深层次的学术研究，而这最终会导致中国新民主主义革命在实践上的偏差。

四、进化论与马克思主义的分歧

新文化运动之后，马克思主义迅速取代了进化论在知识界的地位，成为了中国革命的指导思想。要探究其中原因，必须深入分析进化论与马克思主义存在的分歧。

（一）生物进化与社会进化的分歧

达尔文认为，如果环境允许，有机体会尽可能繁衍，但食物和其他环境条件会对有机体施加限制，导致只有一部分有机体能获得生存及繁殖机会，这就是生物界的"生存竞争"。生存竞争不仅存在于不同物种之间，也存在于同一物种内部，同一物种的不同个体之间存在着诸如力量、速度、体形、智力以及视听嗅觉敏感性等方面的差异，这就使得有些个体更能适应环境而存活下来，另一些个体则由于不能适应环境而很早灭亡，所谓"适者生存"正是如此。不过，物种的生理结构并不是一成不变的，变异总会发生，某些变异有利于适应环境，某些变化则不利于适应环境，大自然会选择那些适应环境的有机体，让它们通过遗传把有利于生存的变异留给下一代，因此，所谓"进化"，实质上是自然选择的过程。生存竞争、适者生存与自然选择是达尔文进化论中的核心概念。

进化论者坚信生物存在变化变异的过程，而马克思相信，与自然界一样，人类社会的发展具有"从低级到高级"的特点。另外，达尔文认为生存竞争构成了物种进化的驱动力，马克思则认为阶级斗争构成了社会进步的驱动力，无产阶级必须通过暴力革命推翻现有政权，建立新的国家体制。马克思曾赞扬达尔文的生存竞争学说"可以用来当作阶级斗争的自然科学根据"。不过马克思这里所说的依据，是指达尔文的学说为唯物史观提供了另外一个层面的论证，而不是说唯物史观是受进化论启发才确立的。早在达尔文出版《物种起源》之前，马克思的基本思想就已经成形了。客观来说，达尔文与马克思只是在各自的领域完成了相似的工作，他们一个总结了生物变异的规律，一个总结了人类社会发展的规律。①

虽然进化论与马克思主义学说存在一定契合之处，但进化论毕竟是一种生物学理论，而马克思学说则是社会学与历史学理论，作为不同性质的学科内容，二者在本质上其实并不适合进行推论与对比。马克思虽然承认进化论的重要地位，但坚决反对用生物学规律来解释社会历史，尤其是批判了形形色色的"社会达尔文主义"。社会达尔文主义的提出者并不是达尔文，而是英国哲学家斯宾塞，在《物种起源》发表之后，斯宾塞借助进化论重新包装了自己的社会竞争学说。他认为社会可以和生物有机体相比拟，进化的法则也主导着人类社会的发展，生存竞争所造成的自然淘汰，在人类社会中也是一种普遍的现象，但达尔文本人其实并不支持这种理论。

总之，进化论与马克思主义属于完全不同的学科领域，生物进化与社会进化在本质上并不具备可比性，用进化理论去解释人类历史进程是一种断章取义、极其片面的做作，而国内最早对进化论的理解路径却恰恰就属于此类，它既没有从经济关系演变中论述社会发展的动力，也未能揭示社会变革的生产力因素和政治因素。随着中国革命进程的日趋复

---

① 冯洁：《从"进化论"的式微转变看马克思主义中国化》，载《天津行政学院学报》，2011年第5期。

杂化，这种简单套用模式必然会遭到抛弃。①

（二）进化与进步的分歧

"进化（evolution）"这一概念，无论是原英文词还是中文翻译，都有进步、前进的含义，这导致很多人对进化论思想产生了误解。实际上当初达尔文在整部《物种起源》中都几乎未使用"evolution"一词。达尔文描述进化思想时，使用的是"有改变的继承（descent with modification）"或"改变过程（process of modification）"。evolution 在生物学中指的是胚胎发育过程，达尔文只是在书的最后用了这个词，他利用这个概念强调了生物的可变性，但可变并不代表必然进步。达尔文明确反对用"进步"之类的语言来描述生物演变过程。他曾在《物种起源》第 7 章中说："自然选择的最后结果，包括了生物体的进步（advance）及退步（retrogression）两种现象"。

因此，作为"进化论之父"的达尔文坚持认为生物进化并不代表抽象的进步。但公众却很容易认为进化是一个等级不断提高的过程，生物进化的每一个阶段都是对前一个阶段的改良。实际上，很多生物在进化过程中不但没有变得看起来更"高级"，甚至向着相反的方向发展。例如，一些寄生虫由于长期寄宿在宿主体内，所以那些不常使用的器官如感觉系统、消化系统以及肢体都发生了退化，它们在演化过程中身体结构越来越简单。从陆地返回海洋的哺乳动物身体结构也具有这样的特征，例如海豚和鲸鱼，它们放弃了关节结构复杂的四肢，骨骼明显简化。可见，自然选择并不一定奖励复杂。进化的方向和目标是适应环境，但适应环境并不一定要求物种变得更复杂。

而这一点实际上与马克思学说也有很大不同，马克思根据对社会发展规律的认识指出了人类社会的发展目标，他认为社会主义与共产主义

---

① 王增智：《社会进化论：唯物史观在中国早期传播的理论中介》，载《西南民族大学学报》，2014 年第 9 期。

是人类社会的终极阶段。原始社会—奴隶社会—封建社会—资本主义社会—社会（共产）主义社会，这条发展路径具有明确的进步性，无论是在生产力、生产关系还是上层建筑方面，每一个社会形态都比上一个社会形态更"进步"也更"高级"。只有这种"直线上升"的唯物史观，才能更好地指导20世纪初的中国摆脱半殖民半封建社会的国家现状，走向新民主主义革命的胜利。

（三）天演与革命的分歧

根据达尔文的进化论，任何物种都会永远处于随机变异之中，某些变异有利于适应环境，某些变化则不利于适应环境，大自然会选择那些适应环境的有机体，让它们通过遗传把有利于生存的变异留给下一代。生物进化没有任何方向性，所有的变异都要接受自然选择的审判。严复先生当年选择的"天演"一词其实无意中很好地突出了生物进化的这一特征：在进化变异的力量面前，有机体始终处于被动地位，包括人类的进化，也是在漫长的自然选择中经历了无数偶然与巧合的变异才完成的。

相比达尔文的进化论，马克思更强调人类的独特性与能动性。在他看来，人类通过自己的实践活动，能够改变社会关系和社会形态，主观能动性可以在历史进程中发挥作用。也就是说，自然界规律与人类社会规律是不同的，意志论不适用于自然界但适用于人类社会。而对于中国社会的变革来说，"自然进化"的途径不具有实际意义，必须要靠"人力"也就是"革命"才能让中国迅速摆脱积贫积弱、任人欺凌的局面。①

（四）渐进与飞跃的分歧

达尔文认为，在生存竞争中，当生物出现有利的变异时，这些优势

---

① 李娉：《"科学进化论"的不断演进——从进化论向马克思唯物史观的历史性选择》，载《科教导刊》，2009年第14期。

进化论思潮对20世纪初中国知识分子接受马克思主义的影响

性状得以保存,并可以通过繁殖得以延续和传播,随着微小的变化不断积累,最终会导致新物种的形成。可见,进化论的变异观是非常明确的:物种与物种之间的过渡只有渐变,没有飞跃。我们身体的任何一个器官,甚至连看似最微不足道的头发,也凝聚了无数细微的变异。

虽然马克思并不否认社会进化是一个渐变过程,但他也强调社会形态可以实现"突变"。根据唯物史观,人类社会可以明确划分为几种不同的经济社会形态,在自然情况下,存在着原始社会—奴隶社会—封建社会—资本主义社会—社会(共产)主义社会的逐步过渡,但有时,由于某些外在原因,生产关系可以实现跨越式的进化,原始社会可以直接过渡到封建社会、资本主义社会甚至共产主义社会。① 而对于中国来说,通过新民主主义革命,就可以实现从封建社会到社会主义社会的跨越。可见,对于20世纪初的中国来说,马克思主义理论具有更强的可操作性,更有利于实际问题的解决。

总之,作为不同性质的科学,进化论与马克思主义理论适用范围与具体观点各有不同,作为不同性质的文化,相比于马克思主义,进化论缺乏对中国社会变革的指导意义,这是导致五四后进化论在中国的传播最终走向衰落,大多数知识分子选择转向马克思主义的最重要原因。

(作者简介:殷融,男,潍坊学院副教授)

---

① 王贻社:《中国近代进化论哲学的发展演变》,载《山东大学学报》,2004年第3期。

培育新型职业农民体系研究

农村发展归根结底依靠农民。传统的"面朝黄土背朝天"的农作模式已经发生了根本性的改变,现代农业耕作模式客观要求农民转型。新型职业农民在我国还处在初级发展阶段,培育职业农民是国家和社会共同的责任。看到问题之所在,就看到了事物发展的未来。目前,各种客观条件限制了职业农民的培育环境。未来的农业不能靠老年人来维持,而是要靠新型农民;未来的农业不能仅靠对土地的感情来维持,而是要靠新的组织形式;未来的农业更不能靠强迫农民种地,而是靠增加农民收入,造就一批愿意献身农业的职业农民。

一、职业农民培育的障碍

目前,职业农民培育正进入实践阶段,全国各地纷纷出台政策措施,加快新型职业农民队伍的形成。全国多地给职业农民颁发了等级证书。但在推进的过程中,面临内在和外部两重障碍。

(一)培育职业农民的内在障碍

首先,农民本身在思想认识上存在误区。传统的"农村苦,农村穷"的观念影响农民对自身的判断。在对农村的调查过程中,很多人对于成为职业农民、农民的身份地位会得到普遍的尊重持消极的态度。这对于农民变身为职业农民非常不利。

其次,农民受教育不足,文化程度偏低。农民受教育程度普遍不高,在农村的"70后"、"80后"群体中,很多是小学教育未完,中学教育辍学的无力外出打工的农民。对于学习科学文化知识他们大多存在天然的心理排斥,对于职业农民培育的一系列学习、培训和考试,很多人信心不足。事实是,学习的过程也是提高的过程,职业技能的提高只有通过学习教育和培训才能实现。

此外,农村内部环境也不可小觑。无论是家庭教育,还是学校教育或社会舆论,都把离开农村作为教育目标和价值取向。很多农民把离开土地,脱离农村,看成是本领能力的评价"标准"。在这种环境下,培育职业农民困难重重。农村内部环境还体现在村风上。村风比较朴实的乡村,勤劳上进的农民成为学习的榜样;反之,得过且过成为常态。农民的学习、进步和发展既需要氛围,更需要引导。对农民(特别是农闲时候)进行积极引导,村委班子的作用很重要。给农民讲清楚职业农民发展的趋势,因势利导,常宣传树立典型职业农民,示范的作用在农村会得到大面积的辐射。

(二)培育职业农民的外部障碍

职业农民培育的外部障碍来自于政府、企业、社会方面。

首先,地方政府对于职业农民培育认识不足。政府对农业的公益性认识不足。农业活动本质上是公益性活动,这是由农业的基础性、农业的多功能性、国家农业安全的需求等特点所决定的。不重视农业的公益性必然不重视农民的收益。一些地方政府依然认为农村劳动力过剩,忽视新型职业农民才是未来农业的继承人,是现代农业建设的主体。一些地方政府口号喊得响,落实行动少。政府要将主要精力放在科技推广和环境打造上,为培育职业农民提供后勤保障。

其次,农业企业和农村合作社数量有限,投入不足。农业企业和合作社是市场经济发展到一定阶段的产物。市场需求和市场动态发生了变化，而合作社的思路却没有跟上。可见，农民专业合作社实力比较弱、营利能力不强。因此在职业农民的培育上积极性不高。

最后，社会方面的障碍主要是社会支持力度不大。由于农业的比较效益不高、农民的收入水平低和农业职业培训的效果不理想。我国目前从事农业的收益要远远低于从事工业和服务业的收益，尽管社会舆论的导向是正面积极的，但说服力不强。一些社会组织，宣传走过场、刮阵风，一些培训机构缺少长效机制。

二、职业农民培育障碍存在的原因分析

（一）城乡二元结构是制约职业农民产生的体制障碍

长期的城乡二元结构，拉大了城乡之间的差距。长期偏向城市的发展政策，导致我国对农村的教育、卫生、文化、就业服务、社会保障和公共基础设施建设的财政投入严重不足，这是造成我国农村发展严重滞后的根本原因。农村生产落后，生活水平不高，自然难以吸引人才成为新型职业农民。因此当前必须要以统筹城乡发展为着眼点，切实把基础设施建设和社会事业发展的重点转向农村，积极调整财政支出结构、固定资产投资结构和信贷投放结构，建立"三农"投入稳定增长机制，进一步加大对农村的投入力度。①

（二）农村职业技术教育发展滞后是制约职业农民产生的重要因素

尽管近些年，国家加大了对于职业教育的重视程度。但是一般人认为，只有接受普通高等教育才有更多机会获得一份稳定的工作，而参加

---

① 参见朱启臻、赵晨鸣：《农民为什么离开土地》，北京：人民日报出版社2011年版。

职业教育的就业去向主要以打工为主，既辛苦、收入低又常面临失业的危险。因此在当前这种就业体制下，整个社会对职业教育的认同度不高。具体到农业职业教育，其社会认同度就更低。2012年华南农业大学副校长温思美委员曾指出，中国的涉农专业在萎缩。涉农的职业院校更是在减少，少量的涉农毕业生，宁愿毕业后在城市打工，也不愿意从事专业对口的农业工作。

（三）农业产业化、规模化不足，农业生产的低收益难以吸引新生代农民发展为职业农民

当前，我国农村农业经营管理模式还是以分散生产、各自为战的小农经营为主，单个农户土地经营规模很小，且土地细碎不连片，形成既狭小又分散的土地经营规模特征。职业农民要实现农业产业化、规模化经营管理，才能实现农业生产的高效益。而在我国广大平原地区的农村，实现规模化、机械化还有很长的路要走。农业产业化发展，还要依赖政府责任的实现。政府要从改善农业生产的基本条件入手，通过对农业科技、教育、水利、设施等公共产品的财政投资实现对农业的支持；再有就是通过行政或法律的强制力使农民在市场上获得更多的回报。

三、国际上职业农民培育的模式

（一）东亚模式

东亚模式的特点表现在人均占有耕地面积小，农业生产经营规模小，政府占有主导地位。以韩国和日本为其典型国家。这些国家基础设施不断改善，农业生产保障了粮食的稳定供应，农民素质提升，收入大幅度提高。从20世纪60年代初开始，韩国加强农业法律法规及制度建设。如今，韩国具备了健全的立法保障，这些法律包括《农村振兴法》、《农业基本法》、《农渔民后继者育成基金法》、《环境友好型农业促进法

案》以及《农业农村基本法》等,为韩国农业的稳定发展提供了立法保障。

20世纪70年代主要以提高农业生产率和增加粮食产量为目标,扩大粮食生产,但此阶段农业发展仍旧缓慢,城乡差距悬殊;20世纪80、90年代调整农业生产结构,建立健全农民培育体系,全面提高农业的竞争力。韩国的农民培训机构主要为农协农业大学农村振兴厅和其他的民间组织培育制度层次性农业教育,主要有三个层次,即"4H"教育("4H"教育是一种面向农村青少年的农民教育形式,以农民具有聪明的头脑、健康的心理、健康的身体和较强的动手能力为目的),农渔民后继者教育和专业农民教育。①

韩国形成了以农业协会为组织载体,农协大学为龙头,培养专业农民为核心的培训模式,实现了多层次多主体的纵向培训体系,对职业农民技能的提升起到了重要的作用。

日本和韩国相似,也有农协组织。除农协组织外,日本各地的农业改良普及所、地方农业学校、病虫害防治所等机构都发挥了很大作用,高峰时,技术人员与农民的比例接近1:100。农民文化素质的提高及农业机械化的全面普及,使农业生产率得到极大提高,农民人口不断下降,如今农业人口只占国民人口的2%左右。日本教育培训体系非常重视职业农民技能的提升,在职业农民培育的理论研究实践培训技术锻炼和学历教育等方面实现了互通互融。日本政府专门针对职业农民培训进行了国家层面的统筹和协调,农业部门与教育部门、社会服务部门通力协作。

(二) 西欧模式

西欧模式的特点表现在以家庭农场为经营单位,以政府、科研机

---

① 许竹青、刘冬梅:《发达国家是怎样培养职业农民的》,载《经济参考报》,2013-08-06。

构、学校和农业培训网相结合的方式对农民进行培训,西欧模式以德国、法国为代表。德国的农民是系统接受过专门职业教育的现代化职业农民。在德国,职业农民的从业资格和水平由至少3年的专门的职业教育来决定,而不是由普通高等教育来决定。德国农民培训的主体采用"双元制",一个是学校,一个是企业。农民在学校接受专业理论的学习,在企业可以接受专业技能的培训,双元的培训使理论和实践得到有机结合。职业农民实行持证上岗制度。规定从事农业工作必须经过专业的技术培训,并且通过专业资格考试,合格后授予农民从业资格证书才能上岗工作。上岗以后每位从业人员必须参加为期3年的职业培训,并参加统一的考试,合格后授予"绿色证书"才能独立经营农场。[1]

法国职业农民培训的特点是完整性和多元化。法国职业农民地位较高,在培训方面,形成了职业技术培训成人教育一体化的模式,注重培训内容的实效性、务实性和多元性,根据农业发展的特殊阶段和特定领域,进行证书教育和职业技能培养。执业证书是法国职业农民从事农业生产和农产品经营的通行证,持有证书才能够享受国家针对农业的金融优惠财政补贴和税收政策。法国农业部是职业农民教育管理的直接机构,允许职业农民培训机构的公私合营,借助灵活的办学机制,实现扎根农业生产深处的教育。高等中等农业教育共同承担法国职业农民培训任务。

(三) 北美模式

北美模式的特点主要表现为耕种方式的机械化和经营方式的规模化。北美模式主要以美国为代表。美国职业农民的培育是在政府的主导下进行的。在美国当农民没有资格限制,在美国新型职业农民的构成中,年龄在35—54岁的占53%,35岁以下的占14%。美国仅有占全国人口2.1%的人从事农业生产,并且务农人口还在不断减少,但农产

---

[1] 璐玛:《绿腰带:德国休闲农业之特色》,载《中国乡镇企业》,2013年第3期。

产量却依然增加。基本都是以农业院校为载体,把农业教育培训、农业科技研究和农业技术推广三者相结合,达到农民整体素质提高的目的。

美国职业农民教育由独立建制的农业院校、综合性大学的农业科学学院构成。综合大学的院系以及配套的实验室和实践场所,成为美国培养农业组织者、管理者以及农业经纪人的重要基地。美国职业农民教育的主管部门是农业部科研教育和经济司,主管部门沟通各个农业培训系统与农业试验站,以及农业推广体系之间的联系沟通和成果转化,进行人才的联合培养。

美国农业教育立法可以追溯到1862年的《莫里尔赠地学院法案》。以赠地形式建立起的州立农工学院,对美国后来的高等农业教育,乃至整个职业教育系统都产生了重要影响。为保障政府对农业院校的拨款制度出台了《莫里尔法案》、《哈奇法》,关于拨款和农业职业教育的法案有《史密斯—利弗法案》、《乔治—里德法案》。1933—2008年,美国政府总共颁布实施了15部农业法案。① 2012年新农业法草案在2008年农业法案的基础上,制订了本地食物能力发展计划和市场开拓计划。

四、因地制宜,培育新型职业农民的路径体系

欧美等发达国家经过几十年乃至上百年才形成一个相对完备的培育职业农民的制度体系。我们在新的大背景下,也要高瞻远瞩,加快形成适合中国农村、农业、农民的职业农民培育体系。

(一)新型职业农民培育的制度改革——认定管理

1. 严格把关,农业资格准入制度

现代农业的生产和经营是一种技术性很强、社会责任重大的工作,

---

① 李国祥、杨正周:《美国培养新型职业农民政策及启示》,载《农业经济问题》,2013年第5期。

要求从业者具备职业与专业资格，因而建立职业农民技能鉴定准入制度，有利于提高农民的地位和现代农业的发展，有利于国家对农业的扶持监督和管理。参照成熟职业准入规则，就像教师职业有教师证，会计职业有会计证一样，应该实行新型职业农民职业资格证书制度。可以优先选择容易实行企业化运作的产业选拔优秀农民进行职业化培训试点，稳步推进逐步实行职业资格准入制度。要把职业农民培育和《农业法》、《农业技术推广法》、《职业教育法》、《土地流转法》、《土地继承法》、《土地承包法》、《土地法》结合起来，适时出台职业农民资格的法律法规，才能保证新型职业农民培育的长期性及可持续性。

2. 职业农民资格认证制度

规范的考核制度并对合格人员授予资格证书是国外农民培育普遍采用的做法。在美国"三位一体"的培育模式中担任农民培育工作的大都是高校老师，他们除了有本科以上学历外还具有务农的实践经验。德国只有取得农业工程师资格后才能从事农民教育培训工作，而对于从事农业工作的人员也提出严格标准，要求从业人员除完成义务教育外还必须接受专门的职业教育培训，经过两次考试，其中职业资格考试为全国统考，取得培训毕业证书和职业资格证书才有资格经营农场。

我国早在20世纪90年代农业部就推行了"绿色证书"制度，1993年实行"农民职业资格证书"制度，2012年在全国搞试点县，尝试新型职业农民的标准认定。山东招远市40名农民领到《招远市新型职业农民资格证书》，成为山东省首批认证的新型职业农民。认定条件首先在年龄范围上是18—60岁，还要懂得农业生产管理的技能，重视环保。种植的果园规模需在10亩以上，果业纯收入6万元以上，经济收入主要来源于果业。同时还要有初中以上学历，参加完新型职业农民的教育培训，以及带动周边村民提高果园管理技术等。潍坊正在积极探索培育新型职业农民。

已经认定合格的新型职业农民，可享受政府制定的优惠支持扶持政策。新增的农业补贴优先向获证职业农民倾斜，在承担农业项目、土地流转、基础投入、金融信贷、税费减免、信息服务、加工营销推广等方面使获证农民享受优先权并给予最大的倾斜。对符合条件的获证职业农民创业项目优先给予财政补助和贷款支持，对实行持证上岗的技能服务行业岗位优先由获证的职业农民承担。

（二）新型职业农民培育的根本保障——政策扶持

1. 生产经营扶持政策

进入21世纪，中央出台了一系列政策取消了农业税、牧业税、农业特产税和屠宰税。2015年我国出台的50项惠农政策，其中种粮直补、农资、农机、良种补贴，提高小麦、水稻最低收购价政策等都是生产经营性政策扶持。进行农业生产必须要运用科技和信息技术。农业劳动者是农业科技的接收方，他们对农业科技的吸收和应用能力直接影响农业科技推广率。提高农业科技推广率，必须进一步加强对农业劳动者的技能培训。应利用现代信息技术，将高校、科研机构和农业科技推广组织各自的优势进行整合，面向农业劳动者开展科学有效的教育培训和科技推广。对农村的科技培训学习要减少农民的负担。农村互联网的相关基础设施相对薄弱，农村公共上网资源相对比较匮乏，且上网费用占农民收入水平的比重偏高，这在一定程度上阻碍了农产品网络营销的发展。

很多国家在城乡基本公共服务均等化方面都采取了积极的举措，为农业生产经营提供条件。如韩国20世纪70年代的新村运动，包括农村公共基础设施建设和农户生活基础设施建设，为生产经营创造了条件。再如美国2013年开始向农村地区宽带服务供应商提供新的补助和贷款项目，发展高速宽带服务。

2. 产业扶持政策

农业产业化之路就是走出各地优势产业之路、特色农业之路。2014年起对农业产业化贷款贴息政策进行试点。产业化发展离不开龙头企业。培育龙头企业的目的是带动产业和带动农民。2015年7月潍坊市建立了20家"山东省新型职业农民培育实训基地",主要是具备一定规模和条件的农民合作社、现代农业园区、农业龙头企业或农业科技示范基地,这些基地的产业专业化强、业务技术领先、示范引领作用大。

粮食、棉花等涉及国家安全或国家经济发展的领域是国家重点扶持的产业,国家出台一系列支农惠农政策,确保中央的各项支农惠农政策的作用在农民身上得到充分发挥。对于蔬菜、水果、花卉及特色农业领域,树立产供销一体化大农业观念。我国新型职业农民培育模式应从培训内容上向现代种养殖业靠拢,在高度专业化、社会化的基础上,选择政企配合类为主的培训模式来实现对这一产业领域新型职业农民的培训,以利于发展多功能的现代农业产业体系。对于农产品储藏加工、农机服务、信息服务、产品销售等产业领域要逐步完善农业社会化服务体系,引入市场机制,鼓励社会力量积极参与,推进农业社会化服务结构的优化升级。我国新型职业农民培训也要逐步引入市场机制,加强社会化服务理念,增加农业社会化服务能力,逐步把农村服务业培养成农村经济支柱产业。

日本六次产业化的做法值得借鉴。发展六次产业就是要通过传统农业向第二、三产业延伸,追求农产品的高附加值,进而增加农民收入。六次产业的形态非常丰富,例如农产品的品牌化、直销店、饭馆、观光农业等。这些形态覆盖了第一、二、三产业。农民第一产业向第二、三产业发展,政府都会给予相应的政府补贴和援助。

3. 保障扶持政策

没有好的政策支持,新型职业农民培育可能是一项轰轰烈烈的短期行为,只有将各项扶持政策真正落实到位,才能鼓励更多的农民加入到新型职业农民队伍,才能使培育工作取得实效和长效。农业具有投入多、收入低、风险大的特点,为了使农民能够持续从事农业生产,应该提供资金贷款保障、补贴保障、教育保障等。

目前，韩国农民收入大约有 2/3 都是来自政府的直接补贴。为实现粮食安全，韩国政府给予农民产量补贴和收入补贴，以提高粮食生产积极性。韩国政府对种粮农民普遍采取了收入支持政策。就是政府以高价向农民买入粮食，农民缺粮时低价卖出，以此来促进粮食增产增收。此外，政府还事先与农民达成约定价格，按约定价格提前向签订合同的农户支付收购款，解决农民的资金需求。

我国应加快与户籍制度相关的配套制度改革逐步取消农业户口与非农业户口的划分，建立起城乡一体推动农民自由流动、自主择业的新户籍制度。应该建立起农业金融服务体系，如农村发展基金，提供农村产业发展相应低息或政府贴息贷款，保障资金需求。要参照工业企业职工社会保障标准，加快建立职业农民由个人缴费、企业补助、政府补贴相结合的职业农民养老保险等，把养老、医疗、失业、生育保险等社会保障方面内容纳入社会保障体系，解决农民后顾之忧。1957 年德国农村养老保险体系始建，为降低农业企业的经济风险，1972 年德国建立了农民医疗保险体系。至今，德国健全了包括社会保险、社会救济、家庭补贴为主要内容的社会保障体系。

4. 教育培养政策

西奥多·舒尔茨在《改造传统农业》一书中强调了人力资本投资对农业经济增长的重要性。舒尔茨主要从理论的角度论证了向农民进行人力资本投资对于改造传统农业、促进农业增长和提高农民收入的重要性。[1] 农民素质的提高在于人力资本的投入，在于教育（一般教育和技术教育）。

农村的基础教育、农业职业教育和农业职业培训是培育新型职业农民需要经历的三个环节。学校教育是一个前提、一个基础，在其上可以建立进一步的更专门化的培训。农村的基础教育和职业教育都属于学校

---

[1] 参见西奥多·舒尔茨：《改造传统农业》，北京：商务印书馆2010 年版。

教育。农村的九年义务教育是基础，是提高人的素质的起点。职业学校为培育农业人才的专业技能提供了学习的条件。2014年4月3日，教育部、农业部联合发布了《中等职业学校新型职业农民培养方案（试行）》，我国中等职业学校为打造新型职业农民敞开了大门。职业农民的培训是学校教育后的提升阶段。这一阶段成为学校教育后的学习阶段。农业院校，尤其是省级高等农业院校应该成为培养新型职业农民的主要阵地。

（三）新型职业农民培育的动力机制——教育培训

1. 以人为本，开展本土化现代职业农民培育工程

新型职业农民的培育，要从基础做起。职业农民的典型特征是高素质，不仅需要知识技能，更需要宽广的视野、综合的管理能力、优良的职业道德和诚信的经营意识。如果不大力兴办教育，1870—1900年丹麦的农业就不可能出现飞跃，日本今天的高科技农业，也只能是海市蜃楼。按照成本收益分析，初等教育最为有利，因为成本最低。

日本的农民职业教育主要包括农业高中教育、农业继续教育、农业技术普及组织教育和国内外研修制度。[①] 山东潍坊所辖寿光依托专业办产业，建设实训基地，开展生产科研工作；开展技术咨询服务；依托社区学院，成立金蓝领公司。在教育培训制度上，建立了以举办农民中专班为基础，以开展技能培训和绿色证书为重点，以农民创业教育为辅助的新型职业农民教育培训制度。根据其学历和生产经历、生产规模、收入、技能等四个方面，区分出初、中、高三个级别的蔬菜产业新型职业农民。

2. 量身定做，制订专业化现代职业农民教学方案

职业农民教学方案，在制度上要遵循"农学结合、弹性学制"的思

---

① 参见焦必方：《日本的农业农民和农村——战后日本农业的发展与问题》，上海：上海财经大学出版1997年版。

路。充分体现农民职业教育与产业发展的高度融合,重视学用结合、学以致用,做到集中学习与农业生产交替进行,顺应农民学习规律,适应农民居住分散、学习与生产兼顾的实际。

还要量身定做教学方案。中国地区广大,自然、经济条件差异很大。发展农村经济,培育职业农民,提高农民收入,要根据不同地区条件和产业优势分类指导:东部地区以发展创汇农业为主,不断提高农产品的科技含量;中部地区发展农产品及以农产品为原料的食品加工业,使农产品不断增值;西部地区要发展特色农业和优势农业,提高农产品市场占有率。培训机构课程设置要符合职业农民特点和学习规律,教学实践活动要形式多样,注重针对性、实用性和规范性,并做好后续跟踪服务。

山东潍坊所辖诸市,采用农学结合、送教下乡的农业职业教育形式,创新农村实用人才教育培训机制,全力打造新农村建设人力资源库。组织和筛选有创业愿望和激情的年轻农民到高等院校、科研院所参加各种实用技术、经营管理、生产加工等培训,并与中国农科院果树研究所、省果树所、山东农业大学建立科技合作战略,在全市建立10多处集科技研发和教育培训于一体的科研基地和示范园区,示范带动农民发展,扎实推进农村实用人才工作的发展。

3. 示范引领,助推精英化新型职业农民创业

山东省潍坊临朐职业农民培育的培训内容涵盖种植技术、产品营销、合作社管理、现代农业发展模式等内容,积极引导农民走上复合种植的创业开拓之路。在农村,示范引领效果突出。新型职业农民创业的过程也是带动农民致富的过程,要规范引导。临朐的主产农业是蔬菜和水果,这依然是劳动密集型产业,要注意职业农民创业的地区性特点。

在山东省潍坊市,要依据各地农村的实情,走符合实际的发展道路。不是规模越大越好。在山岭山地,小型家庭农场是很好的农业生产方式。过度扩张的农业规模不会必然增加粮食产量和农民增收。规模经

营伴随着规模风险。适度规模经营比较符合山东省的实际农村情况，要引导职业农民根据地方特色成长为农民精英。要激励农业生产经营能人、愿意留下来的大中专毕业生、愿意到农村兴业创业者成长为潍坊的新型职业农民。

（作者简介：孙良瑛，女，潍坊学院马克思主义学院讲师）

红色文化的概念、内涵及其传承

进入21世纪以来,随着中国国力的强盛,以及一系列大型纪念活动的展开,"红色文化"这一概念以前所未有的力度和广度进入国人的视野,得到进一步的传播与弘扬。众多对"红色文化"的研究也方兴未艾,出现了数量可观的研究成果。但在"红色文化"概念的界定、内涵的诠释等方面,还存在着诸多不清楚的地方。本文认为"红色文化"是新民主主义时期最先进的文化,具有持久的生命力;红色文化已经成为当代中华文化的一个重要组成部分;新时代对红色基因的宣传与传承,有助于提升中华民族的文化自信。

一、红色文化概念的厘定

学术界对"文化"的理论探索与解析的著述已很多,在概念的界定上也基本上取得了一致。但对"红色文化"的概念界定还没有取得一致,对红色文化的理论与学科体系的研究还处在初级阶段。当前,正处于建立红色文化的理论体系的关键时期,首先应该对"红色文化"的概念进行界定。

文化史上的"文化"是指人类在社会发展过程中所创造的物质财富和精神财富的总和。在"红色文化"概念的界定上,学术界基本取得一致的是:(1)认为红色文化的创造主体是中国共产党人及其领导下的革命大众;(2)红色文化的指导思想是马克思主义和毛泽东思想;(3)红色文化是新民主主义时期创造的先进文化。

但对于"红色文化"涵盖的时间段,却发生了不一致的理解。(1)大部分学者认为,红色文化产生的时期是"新民主主义时期",认为红色文化即为新民主主义文化,如刘辉的《红色文化的当代价值及其实现路径探新》①;李水弟、傅小青的《红色文化的内涵》② 等论文皆持此论。(2)也有学者将社会主义建设和改革开放时期也归入红色文化时期,如沈成飞、连文妹在《论红色文化的内涵、特征及其当代价值》中的所述③;马静、刘玉标更是认为红色文化"经过了中国革命、建设和改革90多年的风雨洗礼"④,其涵盖的时间段一直延续至今。(3)还有学者将红色文化的产生期限界定为第二次国内革命战争时期,刘寿礼先生就持此议。⑤

笔者认为,自从中国共产党成立以来,经过了红色文化的产生形成发展与红色文化的传承两个重要的时期,具体而言:(1)新民主主义革命时期,是红色文化的产生时期;(2)1949年中华人民共和国成立后至今,是红色文化的传承时期。进入21世纪以来,随着国力的提升,党和国家层面的高度重视,红色文化得到了很好的传承。上述两个时期中,前者是后者的基础与前提,后者是对前者的传承和进一步发扬。

一时代有一时代之文化,新的时代土壤产生新的文化。将"红色文化"下限无限期地下延,这是不恰当的,是不符合文化发展的一般规律的。

---

① 刘辉:《红色文化的当代价值及其实现路径探新》,见王爱华主编:《多维视野下的红色文化》,成都:西南交通大学出版社2011年版,第51页。
② 李水弟、傅小清:《红色文化的内涵》,载《南昌工程学院学报》,2008年第10期。
③ 沈成飞、连文妹:《论红色文化的内涵、特征及其当代价值》,载《教学与研究》,2018年第1期。
④ 马静、刘玉标:《刍论红色文化的基本特征》,载《理论学刊》,2012年第10期。
⑤ 刘寿礼:《苏区"红色文化"对中华民族精神的丰富和发展研究》,载《求实》,2004年第7期。

对"红色文化"概念的理解,笔者倾向于认同这样一种诠释:"红色文化是新民主主义革命时期,由中国共产党人、一切先进分子和人民群众共同创造的、具有中国特色的先进文化;是马克思主义、毛泽东思想与中国革命实践相结合的时代产物;是中华民族精神和党的优良革命传统的继承和体现;是民族性、科学性、大众性、时代性、先进性和创新性的统一。就其本质而言,是在中国共产党领导的革命和建设过程中形成的具有无产阶级意识形态的先进文化。"①

二、对红色文化概念内涵的进一步诠释

对"红色文化"这一概念的内涵,我们可以从以下几方面来加强理解:

1. 对红色文化"是新民主主义时期的先进文化"② 其中的"先进性",应从如下几方面来进行理解

红色文化的产生与发展,是与马克思主义中国化的过程密切相关的。以毛泽东为代表的中国共产党人将马克思主义与中国实际相结合,创造出了适合中国发展的新的马克思主义——毛泽东思想。

毛泽东同志率先指明马克思主义中国化的核心思想,即马克思主义基本原理与中国具体实际相结合的思想。首创了马克思主义与中国实际相结合的革命道路,探索出了实现马克思主义中国化的具体路径,赋予马克思主义以中国的民族特点、民族方式、民族风格和民族气派。[6]毛泽东思想是中国共产党人集体智慧的结晶,是当时最先进的指导思想。

---

① 顾海良、梅荣政:《马克思主义发展史》,武汉:湖北人民出版社2006年版,第308页。

② 学界多有学者认为,红色文化是当时最先进的文化。如巩章义、曹文斌等(参见巩章义:《试论打造黔北遵义红色文化品牌的战略意义及现实手段》;曹文斌:《弘扬红色文化 加强情感腐败》,均见王爱华主编:《多维视野下的红色文化》,成都:西南交通大学出版社2011年版,第24、60页)。

在这一先进思想支配下的红色文化,也必然是最先进的文化。

红色文化的先进性,还表现在与人民群众利益的始终一致上。中国共产党在成立初期就明确指出,党的宗旨是全心全意为人民服务。即便在最困难的长征时期,共产党人也始终坚持将群众的利益至上。如遵义地区的红色歌谣就唱道:"红军是工农自己的军队,白军是帮助土豪劣绅的军队,红军是帮助干人谋利益。"① 即为例证。

红色文化在指导思想上的先进性,决定了它是新民主主义时期最先进的文化。

2. 创造红色文化的"生力军"是"中国无产阶级和中国共产党"

十月革命一声炮响,给中国带来了社会主义。一时间,谈论宣传马克思列宁主义者甚众。然而,并非所有的谈论者皆是中国红色文化的创造者,"也并非所有涉及社会主义的著述都是中国红色文化的滥觞"②。

在传播马克思列宁主义,探索中国新出路的过程中,具有共产主义思想的先进知识分子也逐渐马克思主义化,中国共产党随之诞生。

传承优秀文明,并使之发扬光大,是中国共产党人的神圣使命。"中国共产党是我们民族一切文化、思想、道德的最优秀传统的继承者,把这一切优秀的传统看成和自己血肉相连的东西,而且将继续加以发扬光大。"③ 新民主主义革命时期,中国无产阶级和中国共产党不仅是中国政治舞台上的生力军,而且也是"文化生力军",它"以新的装束和新的武器,联合一切可能的同盟军,摆开了自己的阵势,向着帝国主义和封建文化展开了英勇的进攻"。④ 伟大的中国共产党和中国人民是全人类

---

① 转引自周帆:《从红色歌谣看红军长征途中宣传的言说策略——以长征时期遵义红色歌谣为例》,参见王爱华主编:《多维视野下的红色文化》,成都:西南交通大学出版社2011年版,第9页。
② 刘润为:《红色文化:中国人的精神脊梁》,载《红旗文摘》,2013年第18期。
③ 《中国共产党中央委员会关于共产国际执委主席团提议解散共产国际的决定》,载《解放日报》,1943-5-27。
④ 《毛泽东选集》,北京:人民出版社1967年版,第657—658页。

优秀文化的创造者和发扬者。

"广泛的人民性"是红色文化的标志性特征。① 新民主主义文化是"大众的"文化,除领导中国革命的中国共产党人外,红色文化的创造者,还包括与中国革命团结合作的民主人士,更有千千万万的在中国共产党领导下的广大人民群众。推而广之,参与过中国革命的外国人士,我们也可以将之归入红色文化创造主体的范围,诸如来华助战的加拿大医生白求恩、印度医生柯棣华,来华积极报道中国人民的抗日战争,对抗日根据地军民热情讴歌的美国记者斯诺等。他们以不同的方式创造和丰富了红色文化。

近几年来,对红色文化人物的研究,也逐渐呈现出具体化、扩大化的趋势。例如对"沂蒙红嫂"的研究。在很长一段时间内,"沂蒙红嫂"固化为对沂蒙革命老区积极支持革命的沂蒙妇女的讴歌与赞颂,其群体固化为用乳汁救治伤员的明德英,积极支援前线的沂蒙六姐妹等人。但在沂蒙革命老区,积极支持革命甚至付出生命牺牲的,尚有万千,有"沂蒙红哥""沂蒙红爷爷""沂蒙红奶奶"等,男女老幼,数不胜数。

3. 红色文化的产生和发展时期主要是新民主主义革命时期,大致与中国共产党成立的1921年同步,至1949年中华人民共和国成立

严格而言,狭义的红色文化所包含的时期,应该是中国红色政权或中国工农红军成立的1927年,至新民主主义革命取得胜利的中华人民共和国成立时期。很明显,这一时间段不能涵盖创造红色文化的主力军——中国共产党——在新民主主义时期的革命活动。故这一时段应进行适当地前伸与后延。"它的上限,要追溯到五四新文化运动前夕马克思列宁主义传入中国的那一历史时刻"②。俄国十月革命一声炮响,为处

---

① 马静、刘玉标:《刍论红色文化的基本特征》,载《理论学刊》,2012年第10期。
② 刘润为:《红色文化:中国人的精神脊梁》,载《红旗文摘》,2013年第18期。

于黑暗中苦苦探索中国出路的中国人民送来了马克思列宁主义;中国人民从俄国人民的胜利中,看到了实现民族复兴的希望,早期具有共产主义思想的知识分子,开始从事建党等进步宣传活动。

笔者认为,考虑到新民主主义革命的延续性,红色文化的下限当延至新中国成立后,在解放全中国巩固新政权而进行的一系列革命战争时期为止。至于中华人民共和国成立后,进入社会主义革命与建设时期,则进入红色文化的传承时期。

4. 艰苦奋斗、不屈不挠、英勇抗争的"革命化"是红色文化的永恒主题,也是其鲜明特色

有学者将"革命文化统称为红色文化"[1],认为红色文化"是中国共产党在新民主主义革命过程中以马克思主义为指导,在不同时期的革命斗争实践与不同地方具体经济、历史和文化条件相结合而创造的一种文化形态"[2]。这实际上突出了红色文化具有鲜明的"革命化"特征。

"战争与革命决定了二十世纪的面貌。"[3] 战争是20世纪前期中国历史的常态。中国的红色政权自诞生伊始,就面临着严峻的生存考验。从中国共产党内部而言,20世纪20年代后期和30年代前期,因党内盛行马克思主义教条化、共产决议和苏联经验神圣化的错误倾向,导致中国革命几乎陷入绝境。从外部而言,以蒋介石为首的国民党右派叛变革命,除了发动一系列反革命叛变,举起屠刀,大肆屠杀共产党人及其革命群众以外,还连续组织了五次针对红色政权的反革命"围剿";而第五次反"围剿"的失败,则直接将中国共产党领导的革命推向了生死存亡的边缘。为了维护红色政权的生存,这也就决定了必须以革命的手段

---

[1] 谢耀楠:《论红色文化的生成、结构、传播与变迁——以闽西红色文化为例》,载《宁夏党校学报》,2018年第1期。

[2] 谢耀楠:《论红色文化的生成、结构、传播与变迁——以闽西红色文化为例》,载《宁夏党校学报》,2018年第1期。

[3] 汉娜·阿伦特:《论革命》,南京:译林出版社2007年版,第1页。

来对抗残暴的反革命手段。新民主主义时期，面对一系列严重的生存危机，"革命化"成为红色文化的显著特色。

中国共产党从成立一开始，就把"打倒列强除军阀"写入党纲，并矢志于这一奋斗目标的实现。即便是在严峻的生存时期，中国共产党人也从未放弃这一目标，而是愈挫愈强，越发弥坚。长征时期红军第四军司令部布告："红军宗旨，民权革命"，"帝国主义，哪个不恨"，"打倒列强，人人高兴；打倒军阀，除恶务尽；统一中华，举国欢庆"。① 布告以朗朗上口的四字歌谣形式，把革命的性质、任务、目的清楚地展现在人民群众面前，宣传了党的主张，调动了人民群众参与革命的积极性，彰显了中国共产党坚决的革命性。

红色文化是革命的文化，革命性是其主要特征。

5. 红色文化是一种以颜色标示其本质内涵的文化种类，红色为其鲜明的色彩标识

荷兰社会学家霍夫斯泰基德说过，"文化是我们思想中集体的，能够把一类人与另一类人区别开来的思考程序。""红色文化"以色彩上的"红"与其他文化作了一个明显的划分，是深烙在其身上的最鲜明的印记，是与其他文化现象区别开来的最鲜明的个性特征。②

红色是自然界的一种颜色，是中国人民非常喜爱的一种颜色。但在特定时代，在政治学领域，红色常常被用来象征先进、进步、革命等形象，被赋予希望、热烈、勇敢、创造、奋斗、牺牲等象征意味，这一特定的颜色及其象征意味，恰好与我们党和人民的共同理想、品格情操、精神气质形成了完美的同构关系。国际共产主义运动自诞生伊始，就以红色为其鲜明特征。马克思早年曾被问及"最喜爱的颜色"，他明确回答是"红色"。《国际歌》也这样唱道："快把那炉火烧得通红，趁热打

---

① 遵义县革命文化史料征集办公室：《壮歌行》，1992年，第154—156页。
② 张寒梅：《红色文化的内涵、特征及传播创新研究》，载《重庆工商大学学报（社会科学版）》，2014年第2期。

铁才能成功!"

中国共产党人在领导中国人民革命的过程中,与"红色"也息息相关。如嘉兴南湖上召开中共一大的游船,被称为"红船";组建的第一支武装部队被称为"中国工农红军";1927年后陆续建立的各革命根据地和1931年成立的中华苏维埃政府都被称为"红色政权",毛泽东曾写下《中国的红色政权为什么能够存在》《星星之火可以燎原》等论著;红军制服八角帽上的五角星也是红色的;即便当时的乡村也被冠以"红色乡村"的称谓。① 红色即是中国的国色,这一标志也已被西方人所认同,例如美国记者斯诺的《西行漫记》的直译就是《红星照耀中国》。

基于"红色文化"具有鲜明的"红色"标志,若将红色文化径指红色政权存在时期的文化,则更是明白直观的了解。如刘寿礼先生对红色文化的理解就是:红色文化"从很大范围来说,就是指在第二次国内革命战争时期诞生于井冈山和以瑞金为核心的中央苏区'红土地'之上的人民大众反帝反封建的革命文化"。②

三、红色文化传承提升中华民族的文化自信

冯天瑜指出:"许多学科的基本概念,往往经过了漫长、含义模糊的古典阶段,发展到近代,随着学科范围的明朗化和研究的精密化,逐步从不确定走向比较确定。后来随着科学的进一步发展,那些基本概念的内涵和外延又获得新的深度和广度,从而需要在更高层次给予新的界定。"③ 时代在变迁,社会在发展。红色文化诞生于革命战争年代,却并没有固化为历史沉淀,而在社会主义建设与改革开放时期却得到了很好

---

① 陈云:《江苏农民运动的趋势和今后的斗争(一九二九年十一月二十四日)》,见《陈云文选(一九二六——一九四九)》,北京:人民出版社1984年版,第5页。
② 刘寿礼:《苏区"红色文化"对中华民族精神的丰富和发展研究》,载《求实》,2004年第7期。
③ 冯天瑜、何晓明、周积明:《中华文化史"导论"》,上海:上海人民出版社2005年版,第3页。

的传承与发展。"红色文化"这一概念的提出,也大致经历了这一"反复锻冶的过程"。

概念是"从具体观察得出的抽象观念,作为理论的基本结构元件或元素"①。"红色文化"这一概念并不是从其一产生就具有的。通过对中国期刊全文数据库的检索来看,2003—2004年间,学界开始以"红色文化资源""红色文化"等概念来指称革命战争时期的文化。②"红色文化资源是静态的,不能言说的,这就需要外部媒介的介入与运用才能将其内涵丰富的精神力量传递给受众。"③ 自 20 世纪八九十年代以来,随着"文化热"的兴起,特别是进入 21 世纪,随着以庆祝中国共产党成立 90 周年为契机的一系列大型纪念活动的开展,红色文化得到了不断传承与发展,成为当代中国新的文化景观。

红色文化资源一直是我们党和国家的重要精神财富。"红色文化资源实质是一种精神性资源,其最大价值在于德育。"④ 无论是在革命战争时期,还是在社会主义建设时期,党和国家一直重视对红色文化的传承。自 2004 年以来,中办、国办连续印发了《2004—2010 年全国红色旅游发展规划纲要》《2011—2015 年全国红色旅游发展规划纲要》《2016—2020 年全国红色旅游发展规划纲要》三个规划纲要,其中强调指出,"自鸦片战争以来,大批仁人志士为了国家和民族复兴,抛头颅、洒热血,前仆后继,艰难求索,留下的许多可歌可泣、催人奋进的爱国主义壮丽诗篇"。这就是强调红色文化是中华民族复兴道路上的价值一致性。

继印发红色旅游发展规划纲要以来,党中央、国务院、中央军委在出台的政策文件中,多次提及"弘扬传承红色文化,传承红色基因,发展红色旅游",如中共中央、国务院《关于打赢脱贫攻坚三年行动的指

---

① 克莱德·M. 伍兹:《文化变迁》,石家庄:河北人民出版社 1989 年版,第 119 页。
② 魏本权:《从革命文化到红色文化:一项概念史的研究与分析》,载《井冈山大学学报(社会科学版)》,2012 年第 1 期。
③ 杨帆:《红色文化资源话语功能分析》,载《理论月刊》,2018 年第 2 期。
④ 杨帆:《红色文化资源话语功能分析》,载《理论月刊》,2018 年第 2 期。

导意见》指出,"帮助革命老区加强红色资源开发,培育壮大红色旅游产业,带动贫困人口脱贫"。中共中央办公厅、国务院办公厅也出台《关于实施革命文物保护利用工程(2018—2022)的意见》指出,"打造红色旅游品牌","促进革命老区振兴发展"。国务院办公厅《关于促进全域旅游发展的指导意见》指出,"以弘扬社会主义核心价值观为主线发展红色旅游,积极开发爱国主义和革命传统教育、国情教育等研学旅游产品。"此外,中央有关部门和各地方党委政府也加大推进力度,陆续印发了大量推进红色文化旅游的文件。

文化从来都是一个民族进步的动力与源泉,文化自信也正是来自民族内部深厚的文化积累。红色旅游的发展推进了爱国主义和革命传统教育的大众化和常态化,大大增强了人民的爱国心与民族自信力。红色旅游是传承红色文化的重要途径。红色文化的传承,一方面有利于红色文化的传播,另一方面红色文化作为新时代的先进文化,对红色文化资源充分发掘与传承,也必然提升中华民族的文化自信。

四、结 语

红色文化是新民主主义时期,由中国共产党人领创的以马克思主义、毛泽东思想为指导的先进文化。在社会主义革命与建设时期,得到了很好的传承;进入 21 世纪以来,随着中国国力的提升,红色文化受到极大的重视,红色文化也得到了进一步的传承。

红色文化已成为当代中国特色社会主义文化的一个重要组成部分。中国特色社会主义文化是包括红色文化在内的,并吸纳一切先进文化在内的文化。中国特色社会主义文化的大繁荣大发展,离不开对红色文化的传承。"红色文化有利于标注中国特色"[①]。同样,对红色文化的传承,

---

[①] 沈成飞、连文妹:《论红色文化的内涵、特征及其当代价值》,载《教学与研究》,2018 年第 1 期。

也有助于提升中华民族的文化自信。

　　红色文化具有丰富的数量和可观的文献；研究队伍也日益庞大——众多的"红色文化研究中心"陆续成立，如贵州遵义师范学院的"红色文化研究中心"，临沂大学、延安大学、三明学院的"红色文化研究中心"，安徽大学与安徽金寨干部学院合作成立的"红色文化研究中心"，武夷学院马克思主义学院成立的"闽北红色文化研究中心"等；研究成果也颇为显著，有国家层面的重视，有基层民众的参与，红色文化已经成为一门显学。

　　　　　　　　（作者简介：邰淑波，男，潍坊学院马克思主义学院讲师）

浅谈科学生态文化与中国古代朴素生态文化之间的关系

在中国古代社会，人类在改造自然与社会的实践的同时就已经开始了对人与自然关系的思考和探索，也很早就有了关于生态问题的经验和教训，因而形成了许多传统的生态文化。中国古代朴素生态文化在历史的长河里经历了不同时代的丰富和发展，先贤们呈现出了各种不同的生态思想主张。随着生态危机的日益严重和加深，过分注重理论探析和利用高科技外在强制保护的科学生态文化，似乎越来越不能满足于生态保护对转化为社会成员内在自觉行为的现实性需求，慢慢地越来越多的专家学者开始注意到对我国传统生态智慧的探索发现。可以看到，我国古代朴素生态文化与科学的生态文化两者之间是一种继承发展的关系，发掘中华民族古代朴素生态智慧，进而对其中合理生态文化思想进行研究，探索向科学生态文化的现代性转换与整合，是积极寻求科学生态文化的完善与发展、实现整体和谐的必经之道。

一、中国古代朴素生态文化与科学生态文化相比有其一定的局限性

中国古代朴素的生态文化里的确不乏沿用至今、科学合理的生态文

化思想，但细致观察后我们可以发现，它与科学的生态文化所倡导的科学合理的生态文化思想仍是存在着一定的差异与距离的，两者并不是一种完全吻合的关系。

（一）自然规律的伦理化倾向

在中国古代朴素生态文化中，"天道"往往服从于世间人伦之理，自然规律也常常出现宗法伦理化的思想倾向，这种自然规律的伦理化就好像自然旱涝的天灾人祸，常常被人们称为对人的善恶报应的表现、对前世今生作恶多端的因果报复，而当风调雨顺收成好时，人们又会不自觉地认为这是多做善事上天降福于人世的结果。人们总是从传统的宗法伦理道德要求中来推论自然界出现的各种现象，尤其是习惯于将自然界的天灾和恶性自然现象规律看作是上天神灵对人间的惩罚。宋明理学里有句话"未有天地之先，毕竟也只是理，有此理便有此天地，若无此理，便亦无天地，无人无物"，这里的"理"便是表现出了这种道德伦理对人们的一切行为具有着至高无上的指导意义。

（二）忽视自然科学的重要性

正是由于中国古代社会长期以来对宗法伦理道德精神的过度遵从，人们习以为然地把宗法伦理道德的内在要求看作是一切行为的准则，从而无可避免地会在某种程度上陷入唯心主义的误区，视自然科学的研究为玩物丧志、邪门歪道、不正之风。这种错误的观点不仅妨碍了先贤学者对自然科学的探索认识，更限制了自然科学对生态行为的正确指导。诸如此类的思想逐渐造成我国古代朴素生态文化中重德性、轻自然、斥技艺的观念。如此一来，人们往往直观、经验地理解认识自然现象，从而使得我国古代朴素的生态文化陷入一味关心德性而无视自然科学、不从科学角度解释自然现象与规律的尴尬境地。

(三) 重主体轻客体，视人的存在、享受为终极目的

尽管我国古代朴素生态文化的主流和最终思想仍是强调着天人合一、万物齐一、众生平等理念的，但从另一个角度我们似乎又可以看到中国古代朴素生态文化中所构架的"天、地、人"三者体系，尤其"制天命而用之"的观念对人的主体地位的重视和推崇显而易见、格外突出。这种重视主体人而轻视自然万物等其他客体的态度，更是显现了宗法社会素有的生生不息、千秋万代的生态伦理要求，所以，"天人合一"的中国朴素生态文化命题里又似乎包含了天地万物统一于人的生存价值的意义，成为维持人生命和存在的必要手段，却又深刻地消极影响着后世子孙的行为。

二、科学生态文化是对中国古代朴素生态文化的甄别扬弃、传承创新

既然中国古代朴素生态文化与科学的生态文化相比还有一定的局限性和不足，所以我们更要辩证地来看待二者之间的关系。一方面，我们首先应该肯定在中国古代朴素生态文化中包容很多能为科学生态文化所汲取借鉴的有益的经验，这既是实现当代科学的生态文化转化的重要基础，也是当今生态文化思想的活水源泉；另一方面，我们又必须看到，中国古代朴素生态文化的思维方式中，的确存在着受传统农耕文明、宗法社会以及后来工业文明影响下的某些缺失，或者换句话说，中国古代朴素生态文化里的有些受时代局限的生态价值观念，在某种程度上束缚了科学生态文明发展的脚步，甚至还产生了一定的矛盾或冲突，这些不尽合理之处又成为了沉重的枷锁，阻碍了科学生态文化的健康发展。科学生态文化是21世纪绿色生态文明的载体，是先进文化的前进方向，因此我们更要在习近平生态文明思想指导下，深入理性地反省中国朴素

生态文化，减少破除由于传统文化局限性和时代环境所导致的思维定式的影响，让科学生态文化在甄别扬弃、传承创新古代朴素生态文化中完善与发展。

（一）以史为鉴，甄别扬弃、传承创新古代朴素生态文化

历史的传承是科学生态文化发展的基本前提和必要养分。在中国古代生态价值观里，诸子百家都丰富了中国古代朴素生态文化的思想，尤以儒、道两家为代表。儒家先贤从自然实践中进行反思，崇尚并追求"天人合一"的生态价值，最重要的是它所主张的认识自然，并非为了如何改造自然而是强调如何使人与自然友好相处。正是儒家生态文化思想中的这种"天人合一"或"与天为一"的思维模式和认识论，奠定、铸造了我国古代朴素生态文化的主流思想，宋明新儒学更是把这种生态审美价值境界同道德境界合而为一，从"鸢飞戾天，鱼跃于渊"中去体会大自然生生不息的"仁"，从而达到"民胞物与""仁民爱物"的生态境界，影响尤大。

而道家则重在寻求"道法自然"，提倡以自然之真善美来洗涤人类的内心，克服社会文明种种诱惑造成的人性的自私，追求在人与自然和谐之美中寻求人的真善美的永恒。毫无疑问，中国传统的朴素生态文化为当今提供了十分珍贵的思想文化精神财富，我们应该传承古代朴素生态文化的精华和营养，古为今用，树立科学的生态道德观、价值观、认识论和实践观等，不断充实具有中国特色的科学的生态文化思想宝库。

（二）与时俱进，实现古代朴素生态文化同科学生态文化的适应性相结合

人类文明的不断发展创造出了发达的物质文明，人类物质需求不断得以满足，生活条件也持续提升，但辉煌的背后却隐藏着日益严峻的生态危机。对现存严重生态危机的觉醒时时刻刻要求我们建立起科学的生

态文化，填补古代传统朴素生态思想的空缺与漏洞，使之与当代绿色低碳循环和可持续生态文明发展的要求相适应。

实现我国古代朴素的生态文化与科学的生态文化的相适应、相结合是科学生态文化的生命源泉。科学生态文化是人与自然和谐共生的物质与精神的统一。与时俱进，实现传统与现代、人类与生态的完美融合无疑就是"绿色文明"时代的必然要求。具体表现在：

1. 积极培养人民大众的生态保护意识

在中国朴素生态文化里生态意识往往只是少数人的意识，普通大众不常有，而且在古代生态危机并不很严重，普通百姓的生态意识也似乎不那么强。而现在情况却不同，生态危机也日益严重，生态保护意识的觉醒与树立迫在眉睫，人类自身成为自己的主人，增强每个公民普遍的生态意识不仅仅是社会稳定、经济可持续发展的过程，更是文明社会进步的标志和对人类自身负责的表现。

2. 大力发展生态经济模式

生态与经济的问题是生态文化里一个重要的亟须解决的难题，既保持经济持续发展，又注意与生态保护相结合的观念已日益成为全球经济发展的新方向。我国自古以来朴素的生态文化视角成为环境保护、经济发展与社会进步的重要保障，并进一步适应绿色生态经济发展模式，引领我国经济的发展由传统粗放型走向科学健康的集约型生态经济模式。

3. 不断完善科学的生态制度

过去朴素的生态文化中科学的生态维护制度的缺失，在某种程度上加剧了我国生态环境污染，生态环保意识的淡漠和生态文明制度建设的相对滞后，阻碍了我国生态文明建设的整体进程。而这也从另一个角度要求我们越快越好地建立合理有效的生态保护制度。而科学合理的生态保护制度体系，需要从各个方面建立和完善，包括赋予公民享有对环境状况的了解权、树立国家工作人员积极负责的生态政绩观、鼓励公众参与监督企业集约型生产和政府是否主动作为、对相关科研机构提供资金和设备支持等。

（三）开拓创新，实现古代朴素生态文化向科学生态文化的创造性转化

开拓创新，积极促进中国古代朴素生态文化的创造性转化是实现科学生态文化的不竭动力。

1. 推进我国古代朴素的生态文化内容发展

在当今时代，我国古代朴素的生态文化概念和内容已经不能完全适应社会的发展，科学的生态文化的建立要求我们有效把握当下生态文化的内涵和时代的特征。树立创新的观念，并与当代中国社会主义文化建设的总要求相适应；用科学的生态文化理念指导中国古代朴素生态文化的科学转化。当然，创造性转化离不开良好的外部软硬环境的形成，转化的成功还需各级政府和领导充分认识与重视弘扬生态文化且付之于实践，而这正是实现我国古代朴素生态文化向科学生态文化的创造性转化的外部保证。

2. 推进古代朴素生态文化与新兴文化的相互交融渗透

传统智慧的现代性转化需要一系列生态文化内涵的适应与创新，在与新兴文化的交融碰撞方面，可以一边利用我国古代优秀传统文化的包容性和传承力，汲取绿色低碳循环和可持续生态理念引领经济社会发展；一边与其他新兴文化包容借鉴，以达到促进自身发展进步的效果。比如，将古代朴素生态文化与新潮的企业文化相融合，丰富完善古代朴素生态文化，使其作用渗透到绿色时代企业文化发展过程中，让绿色低碳循环和可持续生态理念形成企业员工的文化自觉，实现古代朴素生态文化向科学生态文化的生态、效益、环境的良性循环和创新发展。

总之，中国古代朴素生态文化由于受生产力发展水平的限制和时代环境的影响有其一定的局限性。但人类文化是不断延续发展的，生态文

化"始于传统、起于现代、属于未来",科学生态文化应该且必然要包含有古代朴素生态文化的合理内核。中国目前处于21世纪绿色发展的新时代,科学生态文化作为"绿色"生态文明的承载体,必须积极探索和开发中国传统文化里古代朴素生态文化的智慧,以史为鉴并传承创新,在吸取、借鉴以往人类生态文化积极成果和经验的同时,寻求科学的可持续发展的新视角、新方法和新战略。

(作者简介:刘勇,男,潍坊学院马克思主义学院院长、教授)

论我国非公有制经济人士弘扬企业家精神的时代际遇

毫不动摇鼓励、支持和引导非公有制经济发展是我国社会主义基本经济制度的内在要求，引导非公有制经济主体弘扬企业家精神是我国非公有制经济健康发展的基本前提。弘扬企业家精神离不开具体的时代背景。当前，国际国内形势的深刻变化给我国非公有制经济人士弘扬企业家精神带来了新不确定性。只有深入研判这些新的时代条件，才能更好地抓住机遇，应对挑战，切实找出弘扬企业家精神的科学路径。

一、后金融危机时代国际形势的深刻变革

在国际视野下，后金融危机时代一般包含两方面含义：一是指2008年国际金融危机后，全球经济触底后持续徘徊的一段时间，直到下一个增长周期的开启。二是指国际金融危机后，世界各国纷纷调整自己的对外开放政策，以期在下一个增长周期来临时占得先机。

综合来看，后金融危机时代全球经济有以下四个主要特点：

1. 世界经济逐步走出低谷，但复苏乏力

2008年国际金融危机以来，世界经济整体处于疲软态势之中，各国在复苏之路上走走停停，主要国家相继实施深度的政策调整以应对国际

金融危机，国际形势复杂多变，机遇和挑战相互交织。下表是近几年世界主要经济体的统计数字。

预测机构：IMF	2015 年	2016 年（前次预测）	2016 年（后次预测）
全球	3.1	3.1	3.1
发达国家	4.0	4.1	4.2
亚洲发展中国家	6.6	6.4	6.5
中东北非	2.1	2.9	3.2
撒南非洲	3.4	1.6	1.4
拉美	0.0	-0.4	-0.6
发展中国家	4.0	4.1	4.2

由上可知，从总体上看，2016 年全球经济增速在 3.1% 左右，跟 2015 年差不多。发达国家明显减速，从 2.1% 降到 1.6%。发展中国家增速则有所回升，尤其是巴西、俄罗斯这些国家，随着油价的反弹，增速有所回升。拉美还是一个负增长的态势。具体来看：（1）美国经济缓慢复苏，2016 年 8 月除通胀外各项数据均有所走弱，预计 2017 年初左右可能加息。

（2）欧洲经济景气度有所下滑，政策仍处在观望期，对扩大宽松保持谨慎。

（3）日本经济保持低迷，宽松空间受限，启用新的货币政策框架。

（4）主要新兴市场国家经济整体情况持续改善，但速度有所放缓，债务风险凸显。

2. 全球生产和贸易格局发生变化，贸易保护主义抬头

据英国经济政策研究中心最新发布的《全球贸易预警》报告显示，随着世界经济增长显著放缓，全球范围内的贸易保护主义倾向变得日益严重。而作为全球第一大经济体的美国，从 2008 年到 2016 年对其他国家采取了 600 多项贸易保护措施，仅 2015 年就采取了 90 项，位居各国

之首。美国由此也被该报告认定为限制自由贸易的头号国家。报告指出，2015年，全球采取的贸易保护措施的数量比上一年度增长了50%。2015年的贸易限制措施数量是自由贸易措施的3倍。贸易保护主义不仅会阻碍经济复苏，还会进一步加剧危机，这使得我国依赖出口增长推动经济发展的策略受到严重挑战。

3. 流动性过剩持续给经济发展造成压力

2008年危机后，国际能源价格一路上扬，推动原材料、水、电、气等大宗工业品价格上涨。这种情况也波及我国，加之国内劳动力成本、房租价格等上升，招致我国非公有制企业经营成本不断提高，经营困难不断加大。

4. 科技革命呼之欲出

根据历史经验，经济危机虽然给社会带来巨大危害，但它也给新的科技革命的产生创造了条件。2008年国际金融危机后，世界科技革命正酝酿新一轮突破。本次突破以新能源和生物技术为主要标志，以"低碳经济"为主要表现形式，正加速推动世界各主要国家实现产业转型。一些高污染、高消耗的传统行业逐渐被绿色经济、循环经济、节能经济所淘汰。美国、日本、欧盟等国家和地区均制订了面向新科技革命的行动计划，以图在新一轮的高新技术产业竞争中占得先机。

总之，在当前的全球化时代，国际经济形势的变化，必然对我国非公有制经济发展，特别是外向型非公有制经济发展带来影响。引导非公有制经济人士弘扬企业家精神，必须时刻关注国际经济形势的变化。

二、"四个全面"战略布局深入推进

"四个全面"战略布局确立了新形势下党和国家各项工作的战略方向、重点领域和主攻目标。它抓住了党和国家事业发展的关键问题，顺应了时代要求和人民愿望，为夺取中国特色社会主义事业胜利提供了基本遵循和行动指南。习近平总书记在中央统战工作会议上强调，当前统战工作的指导思想和主要任务就是以《中国共产党统一战线工作条例（试行）》为指导，全力推进"四个全面"战略布局。这说明，贯彻落实"四个全面"是当前和今后一段时期我国开展统一战线工作包括引导非公有制经济人士弘扬企业家精神的重要政治任务和基本政治遵循。

首先，全面建成小康社会，要求夯实共同思想政治基础，广泛凝聚人心、汇聚力量。中国特色社会主义事业是一项艰巨的开创性事业，越往前走，遇到的困难和挑战就会越大，凝聚最广泛的力量是战胜困难和挑战的必要条件。坚定的中国特色社会主义信念是巩固全党和全国人民共同奋斗的思想基础。当前，全面建成小康社会已进入攻坚期，统一战线工作必须围绕这一大局，凝聚强烈的使命感和责任心，把思想和工作统一到全面建成小康社会的伟大历史使命中来。

其次，全面深化改革，推进国家治理体系和治理能力现代化，要求有一个良好的改革氛围。全面深化改革是一项系统艰巨的历史性工程，需要周密安排。党的十八届三中全会对全面深化改革的一系列重大理论和实践问题进行了深刻全面的阐述。包括改革的指导思想、目标任务、重大原则以及战略重点、优先顺序、路线图时间表等，全会都作了明确规定。全面深化改革是一项开创性的历史任务，需要冲破思想观念的障碍，突破利益固化的藩篱，因此，必须紧紧依靠人民群众在创造历史中的主体作用，尊重他们的主体地位，激发他们的首创精神。这就要求我国统一战线工作要充分发挥自身的纽带作用，把群众的思想和行动统一到全面深化改革的工作部署上来，化解矛盾，增进共识，形成支撑和参与改革的强大合力。

再次，全面推进依法治国，必须加强中国特色社会主义法制国家建设。对于行进在现代化之路上的中国，法治是繁荣稳定的基石。一个富强民主文明和谐的中国，首先是法治的中国；一个自由平等公正的社会，首先是法治的社会；国家治理体系和治理能力的现代化，首先是制度建设和治理方式的法治化。正是着眼于对法制建设时代价值的深刻认识，党中央把全面依法治国作为一个重要组成部分，纳入到"四个全面"战略布局之中。当前，法治建设的重要性和艰巨性同样对统一战线工作提出了新的任务和要求。习近平总书记指出："统一战线人才集聚、智力密集、联系广泛，成员中有很多法律方面高层次的专家学者，有的直接从事立法、执法、司法和法律监督工作，在法治建设环节大有可为。统一战线要深化对全面推进依法治国重要性和必要性的认识，带头遵守宪法和法律，带动广大成员成为法治的忠实崇尚者、自觉遵守者、坚定捍卫者。希望统一战线善于运用法治思维和法治方式想问题、作判断、出措施，努力以法治凝聚改革共识、规范发展行为、促进矛盾化解、保障社会和谐。"①

最后，全面从严治党，必须充分彰显中国共产党的领导核心作用。坚持中国共产党这一坚强领导核心，是中华民族的命运所系，是实现民族复兴的关键所在。改革建设任务越繁重，对党的建设的要求就越高。全面从严治党不但是党的事业，它也要求统一战线工作不断发挥自身优势，不断细化和深化多党合作和政治协商的各项制度，支持和鼓励民主党派和无党派人士积极参政议政，促进党和政府决策更加科学、更加民主、更加法治，要切实解决统一战线工作的各种实际难题。统一战线工作在全面从严治党中的新任务新目标，必然对引导非公有制经济人士弘扬企业家精神提出新的目标要求。

三、"五大发展理念"引领经济新常态

党的十八大以后，中国特色社会主义进入新时代，经济发展进入新常态成为我们必须面对的一项基本国情。基于此，以习近平为核心的党

---

① 《习近平在中共中央就全面推进依法治国若干重大问题的决定征求党外人士意见建议座谈会上的讲话》，载《人民日报》，2014年10月25日，第1版。

中央适时提出了创新、协调、绿色、开放、共享的发展理念,以五大发展理念引领经济新常态成为我国经济创新发展的战略选择。

1. 创新发展

动力不足是当下制约我国经济发展的主要"瓶颈",突破"瓶颈"唯有创新。用创新培植发展新动力,是实现我国经济高质量发展的必然选择。以往我国经济发展基本上靠要素投入、低成本劳动力拉动,属于典型的数量规模型粗放式发展。粗放式发展造成产能严重过剩,资源环境约束,创新能力不足,经济大而不强。今天靠要素投入已难以为继,仅凭低劳动力成本竞争的时代已经过去,单靠传统需求侧的"三驾马车"拉动已明显动力不足。可见,经济发展对创新的需求比过去任何时期都要强烈而紧迫。只有创新才能从根本上突破发展动力不足的"瓶颈"制约。将创新驱动发展作为我国面向未来的一项重大战略,一方面,政府要在关系国计民生和产业命脉的领域积极作为,加强支持和协调,总体确定技术方向和路线,用好国家科技重大专项和重大工程等抓手,集中力量抢占科技高点。另一方面,要突出科技创新的社会经济发展导向,让企业创新真正成为创新发展的主体。这些对引导非公有制经济人士如何弘扬企业家精神,主动适应新常态,贯彻五大发展理念无疑提出了的挑战。

2. 协调发展

协调发展是根据我国以往在发展过程中出现的不平衡、不协调的状况提出来的。协调发展是健康持续发展的基本保障,发展不协调,就不可能持续,而且还会出现这样那样的问题,所以,必须引起重视,着力解决。改革开放以来,随着我国几十年的高速发展,我国在协调发展方面也积累了一些问题,在经济与社会、速度与效益、城市与农村、先富裕后富、人与自然等方面问题比较突出,有的甚至已到了需要刻不容缓地解决的地步。细查以下这些问题和要求,都与非公有制经济的现状和发展要求关系密切,引导非公有制经济人士弘扬企业家精神,必须要在协调发展上取得突破。

3. 绿色发展

绿色发展观是破解我国经济可持续发展中社会生产、经济增长与资源节约、环境保护发展难题的需要。按照绿色发展的要求，我们在经济发展过程中，必须确立资源环境的首要价值，科学处理经济发展与生态环境之间的关系，即在节约资源和保护环境下保持和提高经济发展速度和效益，不以单一的经济增长、经济绩效为主导，突破高科技、高消费时代经济发展与资源节约、环境保护的两难困境，促进人与自然和谐发展，避免重蹈过去那种偏重经济发展速度而牺牲环境的单纯GDP发展模式的覆辙。经济的发展带来了人民群众生活水平的提高，同时，人民群众也对更高品质的生活提出了新的要求。干净的水、清新的空气、安全的食品、优美的环境等，在人民群众幸福指数中的地位不断凸显。我国非公有制经济组织规模不一、技术不齐，实现绿色发展，对引导非公有制经济人士弘扬企业家精神提出了迫切的要求。

4. 开放发展

开放发展是我国改革开放几十年取得辉煌成就的一条重要经验，必须毫不动摇地坚持下去。当前，我国开放发展已经进入到一个新的阶段，开放层次越来越高，全球治理中的中国元素越来越多，与世界的联系更加紧密，我国正加速步入世界舞台的中央。开放成为我国新时代促进改革发展的重要动力。进一步优化区域开放布局、促进出口与进口的平衡发展、抓好"一带一路"建设工程、用好丝路基金等，都是当前开放发展的标志性工程。中央对于开放发展的政策要求和具体安排，既对非公有制经济人士弘扬企业家精神，在对外开放中把企业做大做强提供了机遇，同时，也对他们有效规避国际市场的冲击提出了挑战。引导非公有制经济人士科学应对开放发展的挑战，必定是一个需要持续探索研究的重大课题。

5. 共享发展

改革发展搞得成功不成功,最终的判断标准是人民是不是共同享受到了改革发展的成果。我们是共产党领导的社会主义国家,理所当然要把实现好维护好发展好最广大人民的根本利益,作为发展的根本出发点和落脚点。越是发展到更高层次、更高水平,越要坚持人人参与、人人尽力、人人享有,坚持全体人民共同富裕。共享发展就是要解决财富分配中突出问题。根据党的十八届五中全会精神,共享发展,就是要从制度高度对财富分配进行总体规划,真正落实发展为了人民、发展依靠人民、发展成果由人民共享,让人民在生产发展中有更多的获得感,在安定团结中走向共同富裕。实现共同发展,要对相关的具体分配政策进行调整,使贫富差距逐渐缩小,使工资增长和劳动生产率提高的关系更加合理,使各种市场要素在整个分配机制中的关系更加科学等。相对来讲,共享发展的重点在非公有制领域,难点主要也在非公有制领域,如何在引导非公有制经济人士弘扬企业家精神中实现共享发展,是我们迫切需要解决的一项难题。

四、供给侧结构性改革推动产业结构转型升级

推动供给侧结构性改革,是党中央针对我国经济结构存在的问题和经济效益下滑所提出的战略决策。习近平指出:"建设现代化经济体系,必须把发展经济的着力点放在实体经济上,把提高供给体系质量作为主攻方向,显著增强我国经济质量优势。"① 深化和加快我国供给侧结构性改革已经成为解决新时代中国特色社会主义主要矛盾的关键所在。

理解"供给侧结构性改革",要抓住两个基本要素"供给侧"和

---

① 《决胜全面建成小康社会 夺取新时代中国特色社会主义伟大胜利——在中国共产党第十九次全国代表大会上的报告》,北京:人民出版社2017年版,第30页。

"结构"。"供给侧"是相对消费侧来说的，随着我国消费层次的提升，供给已成为矛盾的主要方面，成为制约经济和消费质量提高的主要因素。"结构性改革"是针对我国经济结构中存在的突出问题提出来的。当前，我国经济结构还存在一些突出的问题和矛盾，其中，产业结构、区域结构、要素结构、排放结构、收入分配结构等方面的问题尤甚。比如，在产业结构中，产业层次低导致产业附加值低、消耗高、排放高、污染严重；区域结构不合理导致区域经济发展不平衡、人口分布不合理；要素结构不合理造成资源、能源、资金的高投入而人才、技术、知识等要素投入不足；排放结构失衡导致环境承载压力加大；收入结构失衡导致行业间、群体间收入差距过大，等等。可以说，只有以供给侧结构性改革为抓手，统筹谋划，协调推进，以上这些问题才能逐渐得到真正的解决。

简单来说，供给侧结构性改革目的就是要形成新主体、培育新动力和发展新产业。形成新主体要处理好市场和政府的关系，要发挥市场配置资源的决定性作用和市场主体在经济活动中的主体作用；同时要相应转变政府职能，正确发挥政府作用。培育新动力，就是要转变发展方式，培育新的经济增长点，实现节能减排和经济的可持续发展。发展新产业，就是要下决心淘汰落后产能和过剩产业，顺应历史发展趋势，大力培育新技术、新产业和新业态。党的十八大以来，我国在供给侧结构性改革方面力度越来越大，成效也越来越显著，不过，仍有很多问题亟待解决。

以上供给侧结构性改革，都涉及非公有制经济形式，而供给侧改革的目标趋势，则对非公有制经济人士提出了更高的要求。引导非公有制经济人士弘扬企业家精神，自觉契合供给侧结构性改革的大方向，非公有制经济发展才能收到理想的效果。

总之，时代变化对于我国非公有制经济人士弘扬企业家精神来说，既有有利条件，也有不利条件。广大非公有制经济人士只要紧跟时代步伐，积极利用有利条件，努力化解不利条件，就能推动企业家精神得到进一步弘扬广大。

（作者简介：侯国亮，男，潍坊学院马克思主义学院讲师）

马克思主义的当代价值及其科学实现

关于马克思主义，当今最急迫、最需要回答的问题就是：马克思主义有没有现实性？马克思主义是否"过时"？在 21 世纪的今天，在中国特色社会主义新时代，马克思主义还有没有强大生命力，还有没有当代价值？当今人类还要不要在马克思主义的伟大旗帜下向前走？这些问题成为马克思主义研究中必须探讨的问题，也是回答马克思主义当代价值能否科学实现的前提。

一、马克思主义过时了吗？

苏联解体不是马克思主义理论的失败，根本原因是苏联党和政府放弃与背叛了马克思主义基本原理，从反面显现了马克思主义的当代价值。东欧剧变和苏联解体之后，西方政界和理论界的敌对势力浮现"共产主义大失败"的论调，一些马克思主义者也出现失望、沮丧、悲观情绪，此时邓小平同志斩钉截铁地指出："一些国家出现严重曲折，社会主义好像被削弱了，但人民经受锻炼，从中吸收教训，将促使社会主义向着更加健康的方向发展。因此，不要惊慌失措，不要认为马克思主义就消失了，没用了，失败了。哪有这回事！"[①] 苏东剧变后，马克思主义

---

① 《邓小平文选》第 3 卷，北京：人民出版社 1993 年版，第 371 页。

并没有像一些西方政要和右翼学者所希望的那样销声匿迹,而是顽强地活了下来。

在世纪更替之际,英国广播公司、路透社和德国国家电视台等西方媒体展开了评选"千年思想家"、"最伟大的哲学家"、"德国最伟大的人物"等活动。马克思都是以高票位居榜首,被评为"千年思想家"、"最伟大的哲学家"、"德国最伟大的人物"。2008年美国华尔街爆发金融危机,并且很快在西方资本主义国家蔓延。在这个特殊的时期,马克思的《资本论》却在西方销售一空。大家普遍认为,马克思主义理论作为解开2008国际金融危机秘密的钥匙,成为摆脱金融危机危害、消除金融危机影响的良方。这些情况都说明:西方经济学家一直鼓吹的神圣资本主义发展方式出现了巨大问题,他们只能在马克思的著作中寻找出路。这次金融危机启示我们,马克思的很多见解仍然有效,马克思的很多见解在当代依然有重要的价值,马克思对资本主义的诊断和批判并没有过时,马克思主义仍然具有强大的生命力,马克思主义理论在当代仍具有指导作用。

自东欧剧变和苏联解体以来,马克思主义不仅没有退出世界思想舞台,而且仍占据着世界思想舞台的中心。马克思主义位于当代各种理论话语的中心。福柯的权力理论、鲍德里亚的消费社会分析、拉克·劳和墨菲的反政治霸权战略、赛义德的文化帝国主义批判、沙夫的资本社会分析、德里达的马克思幽灵、哈贝马斯的社会交往理论、福山的历史终结论……我们都可以感受到马克思依然作为话语中心,存活在人们的视野和脑海里。

美国著名思想家海尔布隆纳进一步追问:"产生了马克思主义的马克思著作在一个多世纪以后竟然还有这样大的魅力,其原因何在?或者,如人们经常提到的情况:自马克思从事著述的时代迄今,世界已经变化得无法辨认了,但我们为什么还要向马克思请教,以获得洞察当代事务的眼力?"① 尽管当今世界有很多新变化、新情况,但历史发展的总趋向、总趋势并没有超出马克思主义理论所揭示的基本规律。实践已经证明了,历史发展的趋向就是按照马克思主义所指明的方向在迂回曲折,人们思考问题、研究理论的思路、框架也总是自觉或不自觉地受到马克思理论的影响。詹姆逊认为:"马克思主义在我们这一时代已渗透到我们每个人的内心深处,其博大精深,使任何人都无法超越它。特别是马克思主义所研究的问题,几乎已涵盖了社会生活的各个方面。"② 马克思主义理论具有强大的生命力,因为它是划时代的理论,也因为它与时俱进、开拓创新。

在当代,马克思主义基本原理、基本价值和基本精神,马克思主义的基本立场、基本观点和基本方法仍然具有普遍的、根本的、长远的指导意义。马克思主义仍然具有强大的生命力和当代价值。马克思主义没有过时,其当代价值是客观存在的。当代世界需要马克思,需要马克思主义对当代世界矛盾和人类向何处去的理论分析,更需要马克思主义者的实践。

二、马克思主义的当代价值

在当今时代,不管人们是赞成马克思还是反对马克思,都已经不可能离开马克思的指导,不可能避开马克思,要想绕开马克思去开创新的生活是绝对不可能的事情。马克思主义塑造了当今时代的思想背景,已经成为当今时代思想体系的重要组成部分。

(一)马克思主义的真理性和科学性

马克思主义揭示了自然界、人类社会和思维运动发展的一般规律,

---

① 海尔布隆纳:《马克思主义:赞成和反对》,北京:中国社会科学院情报研究所,1982年版,第1页。
② 陈学明、马拥军:《走近马克思——苏东剧变后西方四大思想家的思想轨迹》,北京:东方出版社2002年版,第174—175页。

是我们时代的思想智慧,是时代精神的精华。无论是在过去、现在还是将来,马克思主义的基本原理都具有普遍的、一般的指导意义,是马克思主义者认识世界、把握规律进而改造世界的科学思想武器。

马克思的辩证唯物主义和历史唯物主义为我们提供了伟大的认识工具,对当今社会仍然适用,它的历史唯物主义几乎成为现代人的生活常识,辩证唯物主义提供了人们普遍使用的重要的分析问题、解决问题的工具,它的许多观点,已经成为我们观察世界的方法,成为我们认识世界、把握规律进而改造世界的强大思想武器。马克思主义强大生命力的根源就在于像列宁指出的:马克思主义"对世界各国社会主义者所具有的不可遏止的吸引力,就在于它把严格的和高度的科学性(它是社会科学的最新成就)同革命性结合起来"①。马克思主义的基本观点,包括实践的观点、矛盾的观点、发展的观点、生产力的观点、世界历史的观点、人民群众的观点、劳动价值论的观点、剩余价值论的观点、垄断资本主义的观点、经济危机和经济全球化的观点、"两个必然"的观点、"两个决不会"的观点、人的全面发展的观点等都是指导无产阶级和人民群众,认识世界、把握规律进而改造世界的强大科学思想武器。马克思主义的真理性和科学性,已经被近百年来中国革命、建设和改革的成功实践所证明。

(二) 马克思对资本主义制度的批判

伊格尔顿指出:"马克思第一个提出了'资本主义'这种历史现象,他向我们展示了资本主义如何兴起,如何运行,以及它可能的结局。像牛顿发现万有引力定律和弗洛伊德发现潜意识一样,马克思揭示了我们

---

① 《列宁专题文集 论辩证唯物主义和历史唯物主义》,北京:人民出版社 2009 年版,第 213 页。

日常生活中一个一直为人所忽略的事物,那就是资本主义的生活方式。"①马克思的剩余价值学说彻底揭示了资本主义生产关系的本质,揭示了资本主义生产方式的内在矛盾,揭示了无产阶级与资产阶级之间的对立的经济基础。马克思研究了剩余价值转化为资本的积累过程,揭示了资本主义积累的一般规律,全面分析了资本主义简单再生产和扩大再生产的实现条件,分析了资本主义经济运动的全过程,论证了资本主义制度的必然灭亡。

作为产生于19世纪的马克思主义理论,其现实指导意义在20世纪、21世纪以及未来都将大放异彩。马克思虽然生活在自由资本主义阶段,但他探讨的问题并不限于自由资本主义而是关于整个资本主义社会向何处去的问题,关于无产阶级和人类解放的问题。一个多世纪以来,世界出现了很多新情况,发生了很大变化。当今时代与马克思恩格斯生活的时代发生了巨大变化,资本主义的具体形式发生了改变,资本主义由自由竞争发展到国际垄断阶段,当代资本主义与马克思主义产生时的资本主义相比较,也确实表现出许多不同的特点。资本主义某些现象的变化并没有脱离马克思主义的大时代背景,并没有根本改变马克思关于资本主义社会基本矛盾理论。马克思主义对资本主义经济运行规律和内在矛盾的分析,对当今资本主义研究仍然有指导意义。马克思主义理论能够使我们正确认识资本主义世界,指导我们认清人类社会历史发展的趋势。

资本主义私有制仍然存在,资本主义固有的基本矛盾始终没有变,资产阶级贪婪的本性也始终没有变,资本的逻辑仍然支配着资本主义社会。马克思主义理论所产生的时代性质没有变,得出结论的客观社会基础依然存在,它所要解决的主要问题和矛盾仍然存在。学者马俊峰指出:"当今时代还是马克思当年提出问题的时代,比如说世界历史时代、

---

① 特里·伊格尔顿:《马克思为什么是对的?》,李杨、任文科、郑义译,北京:新星出版社2011年版,第3页。

劳动与资本对抗的问题、人的异化和人的解放的问题都没有解决"。① 马克思主义的任务还没有完成，马克思指出的问题在当代仍然没有得到解决，马克思主义仍然具有客观现实性和当代价值。存在主义哲学家萨特认为，马克思主义是我们时代不可逾越的旗帜，"马克思主义远远没有衰竭，还十分年轻，几乎还在童年；它好像才刚刚开始发展。所以，它仍然是我们时代的哲学，它是不能扬弃的，因为产生它的环境还没有被扬弃"。② 马克思主义对资本主义批判并没有过时，对资本主义生产关系和生产方式的分析和剖析仍有其意义，仍是今天认识资本主义的理论指南。马克思主义理论不会因创立时间久远和世界形势的变化而过时。21世纪并未超出马克思主义的理论视野，或者说我们今天所处的时代仍是马克思主义理论所表达、所解释和所把握的时代。马克思主义实现共产主义的使命还没有完成。挪威哲学家希尔贝克和伊耶认为："马克思主义仍然是现代社会的一个重要的分析工具，帮助我们理解既作为一种制度也作为一种人性异化的资本主义。作为一位政治理论家，马克思并没有死，就好像牛顿作为一位科学家，达尔文作为一位进化论者，或弗洛伊德作为一位心理学家没有死一样。"③

美国学者道格拉斯·凯尔纳认为："我们仍然生活在资本主义社会，并且，只要我们还生活在资本主义社会，那么马克思主义将仍然是合乎时宜的。"④ 马克思主义理论对于当今社会的重大意义在于其对资本主义制度的全面彻底的揭露。正是马克思主义对资本主义制度种种弊端的揭露和批判，使得资本主义国家不得不借鉴社会主义的政策，采取一些缓和社会矛盾的措施，恰恰应验了马克思当年理论批判的价值所在。

---

① 马俊峰：《合理解释马克思主义哲学的当代性》，载《教学与研究》，2005 年第 9 期。
② 《资产阶级哲学资料选辑》第 1 辑，上海：上海人民出版社 1964 年版，第 28—29 页。
③ 伊耶：《西方哲学史》，上海：上海译文出版社 2004 年版，第 445 页。
④ 俞可平主编：《全球化时代的"马克思主义"》，北京：中央编译出版社 1998 年版，第 35 页。

(三) 马克思主义的批判、实践精神、科学方法以及价值理想

马克思主义是一种批判精神和科学方法，具有推进结论发展的内生机制，可以在实践基础上完成理论观点自身的新陈代谢，具有与时俱进的理论品格，是开放的体系，是"活"的马克思主义，这样的理论自然是不会也不可能过时的。

实践性是马克思主义首要的和基本的属性。在指导实践的过程中，马克思主义才能得到发展创新，才能实现其价值，体现其生命力。马克思主义具有改造世界的功能："对实践的唯物主义者来说，全部问题都在于使现存世界革命化，实际的反对并改变现存的事物。"① 马克思主义基于对事物和现实的实践理解，颠倒了西方的传统观念和思维方式，它以实践的思维方式代替了还原论、本体论的传统思维方式，不再是关于绝对真理、终极真理的遐想，而是以改造世界为根本任务。马克思主义彻底完成了对西方传统的颠覆，在西方历史上实现了一场真正的思想革命。

恩格斯一再强调指出："马克思的整个世界观不是教义，而是方法。它提供的不是现成的教条，而是进一步研究的出发点和供这种研究使用的方法。"② 法国年鉴派历史学家吕·费弗尔说："任何一位历史学家，哪怕他从来没有读过马克思的一行著作，哪怕他自以为除了科学领域外，在一切领域内都是个激烈的'反马克思主义者'，也难免渗透着马克思主义思考理解事实和例子的方法，马克思表述得十分巧妙的许多思想，早已构成我们这一代人知识宝库的共同财富。"

陈学明从多个角度论述了马克思主义对当今人类和当代中国的现实意义，他指出：马克思所构建的"意义世界"是当代人的"指路明灯"。马克思从人的存在出发去批判形而上学，认为反对形而上学之后，应转

---

① 《马克思恩格斯选集》第1卷，北京：人民出版社1995年版，第75页。
② 《马克思恩格斯选集》第4卷，北京：人民出版社2012年版，第664页。

换主题,即关注人类世界、人的存在,对人的异化了的生存状态给予深刻批判,对人的价值、自由和解放给予深切关注,从而"把人的世界和人的关系还给人自己"。马克思主义的"批判的武器"就明确地承担起把人从"抽象的普遍理性"中解放出来、把人从"物的普遍统治"中解放出来、把人从"资本的普遍统治"中解放出来的使命,承担起把资本的独立性和个性变为人的独立性和个性的使命。马克思主义理论对当今社会的批判和对未来理想社会的设想表征了我们今天的时代精神。杨金海指出:"马克思研究的出发点和落脚点都是为了实现解放无产阶级和劳动人民,建立人类的理想社会。"[1]

(四) 中国化马克思主义理论

把马克思主义理论与中国的历史、现实和文化相结合,形成中国化马克思主义,指导中国特色社会主义伟大实践。我们要高举当代中国马克思主义的旗帜,就是要高举中国特色社会主义的伟大旗帜。

我们所要坚持的马克思主义必须是与中国具体实际和历史实践相结合的马克思主义。中国共产党在把马克思主义同当代中国具体实际和历史实践相结合的过程中,创造性地继承和发展了马克思列宁主义和毛泽东思想,逐步形成了一个完整的科学理论体系——中国特色社会主义理论体系。

马克思主义的生命力和当代价值就在于它始终同历史发展和具体实际相结合。邓小平曾指出:"马克思主义必须是同中国实际相结合的马克思主义,社会主义必须是切合中国实际的有中国特色的社会主义。"[2]

三、马克思主义当代价值的科学实现

真正接受马克思主义、科学对待马克思主义、创新发展马克思主

---

[1] 杨金海:《马克思主义与现实》,北京:中央编译出版社2008年版,第85页。
[2] 《邓小平文选》第3卷,北京:人民出版社1993年版,第63页。

义、正确应用马克思主义是密切联系的,因而也是不可分割的。真正接受、科学对待、创新发展是正确应用的前提,正确应用又是真正接受、科学对待、创新发展的目的和归宿,是科学实现马克思主义当代价值的核心。

(一) 真正接受马克思主义

如果人们能够真正接受马克思主义,就会自觉运用马克思主义来指导实践,实现马克思主义的当代价值。马克思指出:"批判的武器当然不能代替武器的批判,物质力量只能用物质力量来摧毁;但理论一经掌握群众,也会变成物质力量。理论只要说服人,就能掌握群众;而理论只要彻底就能说服人。所谓彻底,就是抓住事物的根本。"[1]

人民群众是社会实践的主体,是社会主义现代化建设的主力军。人民群众认识到,只有在马克思主义指导下,才能创造更多的物质财富,才能实现更多的民主法治、公平正义和自由平等,才能真正接受马克思主义,才能树立起对马克思主义的崇高信仰和对社会主义的坚定信心,才能自觉地运用马克思主义去分析和解决实践中的问题。

(二) 科学对待马克思主义

马克思主义是无产阶级和以劳动人民为主体的最广大人民群众的根本利益的科学表现,这是马克思主义最鲜明的政治立场。马克思主义始终站在无产阶级和人民群众的立场上,是无产阶级和人民群众的世界观,为无产阶级提供了理论指导和精神支柱。马克思主义体现了无产阶级的利益、意志和愿望,争取无产阶级的民主、自由和解放。马克思说过:"哲学把无产阶级当做自己的物质武器,同样,无产阶级也把哲学当做自己的精神武器"。[2] 坚持马克思主义的基本原理和思想体系,必须

---

[1] 《马克思恩格斯选集》第1卷,北京:人民出版社1995年版,第9页。
[2] 《马克思恩格斯文集》第1卷,北京:人民出版社2009年版,第17页。

把马克思主义基本原理同个别结论区别开来，坚持马克思主义辩证唯物主义和历史唯物主义的哲学世界观、致力于实现以劳动人民为主体的最广大人民利益的政治立场和实现物质财富极大丰富、人民精神境界极大提高、每个人自由而全面发展的共产主义崇高社会理想。

马克思主义的生命力在于，它不是一种简单的谋生工具，它解决的是根本的世界观和方法论问题，它所解决的问题关涉人的精神信念和理想追求。有些人不了解马克思主义精神实质的理论品质，认识不到马克思主义的当代价值和意义，不明白"什么是马克思主义，怎样对待马克思主义"，就更不用说正确运用马克思主义来指导实践了。马克思主义为真理开辟了道路，沿着马克思主义的道路前进，我们才会逐步接近真理，如果背离马克思主义只能走向迷茫。

（三）创新发展马克思主义

马克思主义是不断发展的理论，这是由它的理论品质决定的。坚持一切从实际出发，理论联系实际，实事求是，在实践中检验真理和发展真理，是马克思主义最重要的理论品质。这种与时俱进的理论品质，是160多年来马克思主义始终保持蓬勃生命力的关键所在。毛泽东说："马克思主义一定要向前发展，要随着实践的发展而发展，不能停滞不前。停滞了，老是那么一套，它就没有生命力。"①

正因为如此，是否坚持马克思主义的创新关系到马克思主义的生死存亡。任平教授认为："一个半世纪以来，马克思哲学思想的生命力与穿透力的关键正在于此：它是历史时代的问答逻辑。……马克思主义哲学的当代性和当代价值就在于它总是能够不断地正确指认时代本质，解答时代问题，科学拓展时代视野，总体把握时代方向，从而'与时俱进'、'充分地适应自己的时代'。"②

---

① 《毛泽东文集》第7卷，北京：人民出版社1999年版，第281页。
② 任平：《当代视野中的马克思》，南京：江苏人民出版社2003年版，第1页。

(四) 正确应用马克思主义

正确运用马克思主义理论来指导实践，是马克思主义当代价值和当代意义能够实现的最后一步，是理论向实践的飞跃。实践性是马克思主义首要的和基本的属性。只有在指导实践的过程中，马克思主义才能得到创新发展，才能体现马克思主义的价值和生命力。"哲学家们只是用不同的方式解释世界，而问题在于改造世界。"①

社会主义中国在马克思主义的指导下取得了如此辉煌的成就，而解决当代中国存在的问题更离不开马克思主义。其实，中国不仅过去所做的事业总体上是按照马克思主义的理论发展起来的，而且我们现在所做的事业也越来越趋向于马克思所设想的人的自由全面发展目标。

(作者简介：徐建文，男，潍坊学院马克思主义学院讲师)

---

① 《马克思恩格斯选集》第1卷，北京：人民出版社1995年版，第15页。

"中国近现代史纲要"教学应注意的几个问题

随着我国对思想政治理论课的重视,近几年开始对思想政治理论课教学进行了一系列改革,在专家和思政教育工作者的共同努力下取得了很大成就,但是也还存在着需要改革和完善的地方。在我国高校中为了进一步培养学生的政治素养、历史情怀,开设了一门思想政治理论公共必修课——"中国近现代史纲要"。因为这门课的特殊性,所以就当前的教学现状来看还存在着一些需要解决的问题。因此本文主要针对在该课程教学过程中如何突出思想政治教育的特点、需要注意哪些问题进行了分析、阐述。以便帮助教师们明确教学方向,更好地将"中国近现代史纲要"的思想精髓和理念传递给广大学生,以达到提高学生思想政治水平和历史文化素养的目的。

全国普通高校从2006年开始开设"中国近现代史纲要"这门公共必修课,其目的非常明确,就是要在中学历史教学的基础上对大学生进行思想政治教育,这门课的特点就在于它不同于单纯的历史学科也不同于一般的思想政治理论学科。所以教师要想把"中国近现代史纲要"这门课程讲好就必须认真把握好这一特点,明确开设本课程的目的,了解该课程与其他政治思想理论课以及历史课的区别和联系,把控好该课程的教学内容,突出思想政治理论教育的特点,注重理论教学与实践教学相结合，使学生树立起正确的历史观、价值观、人生观。

一、明确"中国近现代史纲要"的课程性质以及与历史学科的区别

不管什么课，我们要想把这门课上好、教好首先就要明确课程的性质，整体地把握好课程的内容。"中国近现代史纲要"是一门思想政治理论课又具历史学科的特性，同时又与二者存在着明显的不同，所以在这门课的教学中，应该明确这门课程的性质，正确定位"中国近现代史纲要"。

（一）明确"中国近现代史纲要"的课程性质

拿到课本、翻开课本，大部分的同学都会认为"近代史纲要"这门课就是一门历史课，跟初中、高中学过的历史课本差不多，对开设这门课程充满了疑问，尤其不明白为什么将"纲要"课作为政治思想理论课来学习。面对学生这样的疑惑，作为讲授"纲要"课的思政老师，应当帮助学生弄明白"中国近现代史纲要"这门课到底是一门什么课，进而使学生理解"纲要"课应该重点掌握的内容。

首先让学生明确思想政治教育与历史学习两者之间的关系，使学生在学习历史知识的同时不断提高自身的政治理论素养。思想政治教育与历史教育两者相互渗透，相互作用，在历史事件、历史人物的学习过程中强化政治思想内容。"中国近现代史纲要"这门特殊的思政课又不同于单纯的思想政治理论学科和历史学科，它将历史与政治结合，其最大的特点就在于它是在学习历史知识的基础上渗透着国家每一个阶段的政治思想内容，通过历史内容映射政治理论。历史实践证明，只有通晓历史变革，关心社会发展状况，其政治思想素养才会上升到更高的层次，只有关心历史、关心时事才会有忧国忧民的爱国情怀。在大学阶段开设

"中国近现代史纲要"教学应注意的几个问题

"中国近现代史纲要"这门课最重要的目的就是要让学生通晓我国近现代史的社会现状，清晰在每一个历史阶段为了国家独立、民族振兴所采取的各项重要措施，尤其是政治方面。使学生在学习历史知识的同时培养他们的爱国精神、家国情怀。

其次，把握开设"中国近现代史纲要"课的最终目的。在大学阶段开设"中国近现代史纲要"课其最终目的就是要培养学生正确的历史观。培养大学生正确的历史观是当前高校教育的一项重要任务，历史观会严重影响学生对现实社会状况和国家政治、经济、文化制度的认同，正确的历史观可以起到积极的社会教育作用和社会导向作用，可以增强学生对国家历史文化和政治制度的认同感，凝聚社会力量；而错误的历史观会误导学生的思想，涣散人心，从而使学生作出错误的价值判断，因此培养学生正确的历史观是极其重要的。"中国近现代史纲要"这门课程就是以历史教育为基础，渗透思想政治理论。作为一名"纲要"课教师应当明确该课程的性质、内容和开设本课程的目的，进而将历史知识中的政治思想传达给广大学子，培养学生正确的历史观、价值观，增强学生的民族归属感和认同感。"中国近现代史纲要"课选取了中国历史的一个阶段——近现代史，而非全部的历史，我们知道我国近现代史可以说是一段跌宕起伏的历史。从鸦片战争开始我国被西方列强国家践踏、蹂躏，沦为半殖民地半封建国家，然而不屈不挠的中国人民并没有被列强所吓到、所征服。所以各阶级、各党派开始采取不同的方式拯救我们这个支离破碎的国家，尤其是从五四运动开始广大的爱国青年学生成为了抗击外来侵略和封建专制的急先锋，在中国共产党的领导下，经过28年浴血奋战，终于在1949年建立新中国。新中国成立初期面临着种种困难，如何变得富有、强大成了每个中国人的追求。如今改革开放已进行了40年并且仍在继续深化。世界人民看到的是一个傲然屹立于世界民族之林的东方大国，它正在走向繁荣、富强，在国际社会中日益发挥着巨大的作用。截取中国近现代史作为政治理论教育的引子，其目的是想通过这一段血雨腥风、跌宕起伏、屈辱奋进的社会发展史,来告诉广大的学子要不断吸取教训,总结经验,即使面临险境也要学会绝处逢生。这段历史是一段很好的教学素材,在教学中我们既要把中国近现代史的历史知识传授给大家,又要把这个历史时期采取的一系列措施和实施的政治制度同样传递给学生,在讲授历史知识的过程中潜移默化地影响着学生、激励着学生,这也是开设"纲要"课的意义所在。

(二) 明确"纲要"课与历史学科的联系与区别

当前"纲要"课的教学存在一个很明显的问题就是大部分教师将"纲要"课当作历史课来讲授,严重忽略了"中国近现代史纲要"课蕴含的思想政治内容,无法达到政治理论课教学的最终效果。因此教师在教学的过程中应当明确"纲要"课与历史学科之间的联系与区别,正确定位"纲要"课,把握好"纲要"课的内容和性质。

首先,"纲要"课与历史学科的教学目的不同,两者存在明显的区别。历史学科教学的主要目的是让学生掌握基本的历史知识内容,在学习基本历史知识的基础上了解当时的社会环境、文化风情,进而在历史事件中培养学生的历史人文情怀。"中国近现代史纲要"的教学目的主要是让学生在学习了解这段历史的基础上,明确近现代以来国家的生存、发展之路,探寻历史发展的规律,进而深刻体会中国人民为什么会选择马克思主义、中国共产党、社会主义道路和改革开放的道路。从而使学生进一步理解中国共产党所坚持的道路自信、理论自信、制度自信和文化自信。所以"中国近现代史纲要"是一门以历史知识为基础的思想政治理论课,因此在讲授"纲要"课的过程中教师不仅要使学生了解掌握历史知识,还要让学生通过历史表面去探析历史背后蕴含的政治思想理论。"纲要"课教师要在教学过程中正确定位自己的角色,充分的意识到自己并不是一位讲授历史知识的历史专业老师,要清楚地认识到自己的教学任务是引导学生掌握我国近现代社会生存发展的规律,引导学生树立正确的历史观,以达到"中国近现代史纲要"课的教学目的。

其次,"纲要"与历史学科在教学内容上有明显的区别。历史专业学生所学的历史课程包含了中国历史这一阶段所发生的一系列事件:政治、经济、文化、军事、外交等,以及这些重大历史事件产生的意义。作为一门历史学科信息量特别大,辐射的历史内容比"中国近现代史纲要"要深、要广。而"纲要"课主要是以中国近现代史历史事件为基础,重点分析探讨历史事件背后的一些东西以及社会发展规律,其包含的历史内容没有专业历史学科全面。所以纲要老师在教学过程中应当把握课程重点,不需要将历史内容讲深讲细,但需要重点分析历史事件对当时的社会以及以后的社会所产生的重大影响。此外,历史学科与"纲要"课在教学方法上也有明显不同,因为"纲要"课是一门思想政治理论课,所以需要老师在教学过程中要联系当前社会实际,以古论今,通过实际来明晰"纲要"课的思想与内涵,而历史学科在教学过程中不需要紧密联系实际,其重点是揭示各个历史阶段的发展过程。

二、避免与中学阶段历史教学在内容上的重复

"纲要"课有一个很显著的特点就是它与中学阶段的历史课在内容上有许多相似的地方,因此要求教师在教学过程中要处理好"纲要"课和历史内容重复的问题,避免将先前的历史内容重复讲授。教师在教学过程中需要做到以下几点:

(一) 通过专题式教学深化教学内容

"中国近现代史纲要"这门课涉及的历史知识主要是中国近现代史一些基础内容,体现的是在当时被列强入侵的时代背景下中华民族为了生存和发展所进行的一系列抗争。主要的线索有两条:一条是贫穷、灾难、屈辱;一条是斗争、探索、复兴。教师在讲授这门课时不能单纯地传递近现代史的内容,而是要引导学生在了解掌握基本历史知识的基础

上，从不同的角度、不同的方面去审视发生的历史事件以及在当时环境下所作出的种种选择，进而培养学生学会独立思考和观察，学会从问题的表面探寻背后的理论真知，善于用历史的眼光去看待现实问题。为此"纲要"课老师可以采用专题式教学方法来深化其教学内容，将反映同一主题的知识内容整理规划，通过整合的方式来深化对某一问题的认识，从而让学生从这些知识内容中归纳总结出背后的理论性的东西。专题式教学打破了传统学科教学的陈规，以全景式、整合式的教学方式将讲授的内容传达给学生，也将其中蕴含的思想以及总结出的理论知识传达给学生。这种方式更有利于学生学习、理解、掌握所学内容。

（二）通过互动式教学激发学生的学习兴趣

当前高校开展"纲要"课的学习，面临的最大的问题就是大部分的同学认为"纲要"课就是中学阶段的近现代史，之前已学习过，所以对教学内容不感兴趣。面对这样的难题，"纲要"课老师采取怎样的措施才能激发学生的学习兴趣呢？我认为互动式教学方法不失为一个很好的选择，互动式教学就是在教学过程中应当加强学生与老师之间的互动，可以采取分组的形式让学生在小组内分享自己的历史观点和见解；也可以采取在教学过程中设置一些问题让学生谈谈自己的看法，或者对课本上涉及的重点人物进行简单介绍，将自己的看法与见解同大家分享。这样的教学方法可以激发学生探求知识的积极性，也活跃了课堂气氛，可以进一步深化学生对"纲要"课的认识与见解，激发学生学习的兴趣与爱好，从而真正喜欢"纲要"课，促进学生学习的动力，从而提高教学质量。

（三）注意联系实际

"纲要"是思想政治理论课的一部分，其教学目的就是要学生利用所学的知识去解决现实生活中遇到的各种难题，因此"纲要"课老师在教学过程中应当联系生活实际,或者一些时事新闻进行教学。这样不仅可以激发学生学习"纲要"课的热情,还可以培养学生认识问题、解决问题的能力。

1. 联系当前重大的理论和热点问题

"纲要"课教学过程中联系实际就是联系当前的热点问题和重要的理论,让学生在学习"纲要"的过程中去探寻如何践行当前的重大理论,如何解决当前的热点问题。近几年,在中国共产党的领导下,全国人民共同奋进,共同为实现中国梦——实现中华民族伟大复兴而努力,增强中国特色社会主义理论、制度、道路自信。这些理论和热点问题如何去实现?这些理论问题为什么会产生?解决这些重大理论问题会带来怎样的成效等一系列的问题都需要根植于中国近现代史,因此作为思政教师必须真正弄懂、吃透这段历史。中国近现代史尤其是近代史是中华民族的低潮期,而抗战胜利是中华民族开始实现伟大复兴的起点。在课堂上教师应把学习中国近现代史与当前实现中华民族伟大复兴联系起来,才能使学生真正理解中国梦的含义,才能深刻认识到学习中国近现代史对现实的重要意义。要坚持社会主义理论、制度、道路和文化自信,就要弄清楚我国当时为什么会选择走社会主义道路?为什么会选择社会主义制度?社会主义道路和制度是如何在我国一步一步建立起来的等问题,要想搞清楚这些问题只有通过学习中国近现代史来找寻选择社会主义道路和制度的缘由。将现实重大的理论问题放入到当时的历史中去还原它产生、发展的过程,更能够加强对现实理论的认识和见解,更能增强对社会主义道路、制度、理论和文化的自信。

2. 联系当前学术热点问题

对于中国近现代史的历史问题,许多专家、学者都对其进行了深入的研究,为了深入学习中国近现代史以及背后的思想政治理论,教师在教学过程中应当联系当前的学术热点问题,将学者们的观点、思想放到课堂上供学生参考学习、研究。这样不仅拓宽了"纲要"课的教学内容,而且也在一定程度上激发了学生学习的兴趣。

结 语

"中国近现代史纲要"作为一门思想政治理论课,它以中国近现代史为基础内容,在历史内容中蕴藏深厚的思想理论,教师在教学过程中应当明确该门课程的性质和特点,注意一些基本问题,真正将这门课的精髓讲授给学生。

参考文献

[1] 李婷:《对〈中国近现代史纲要〉课程教学的几点认识》,载《科教文汇(上旬刊)》,2008年第6期。

[2] 吴杰明:《深刻认识习近平新时代中国特色社会主义思想的重大意义》,载《光明日报》,2017-11-20,第05版。

[3] 杨艳玲:《〈中国近现代史纲要〉课应如何突出思想政治理论教育的特点》,载《吉林工程技术师范学院学报》,2015年第5期。

[4] 伍磊:《〈中国近现代史纲要〉教学与历史学科教学的不同》,载《和田师范专科学校学报》,2012年第3期。

[5] 荀园:《新时代如何对大学生进行思想政治教育》,载《昆明大学学报》,2007年第3期。

(作者简介:李伟红,女,潍坊学院马克思主义学院副教授)

高校思想政治理论课"探究式"教学模式面临的问题及对策

中共中央宣传部、教育部《关于进一步加强和改进高等学校思想政治理论课的意见》中明确提出要切实改进高等学校思想政治理论课教育教学的方式和方法,"教学方式和方法要努力贴近学生实际,符合教育教学规律和学生学习特点,提倡启发式、参与式、研究式教学。"探究式教学是新形势下思想政治理论课体现时代性、把握规律性、富于创造性、增强实效性的现实需要。

目前比较权威的探究式教学的定义是王炳林教授在《思想政治理论课教学方法创新研究》中提到的:探究式教学模式是通过教师和学生的充分交流,采用共同参与的方式,在教师的引导下以问题为核心,从现实生活的具体事例出发,旨在引导学生通过发现、提出、分析和解决问题来达到理解、应用、探索和创新知识,使学生的学习过程成为创造性解决问题的过程。从该定义中,我们看出探究式教学方法必备的要素就是师生共同参与、坚持问题导向和实例关注,培养学生发现问题、解决问题的创新能力。

探究式教学对于培养大学生的自主学习、独立思考和创新能力有至关重要的作用。但是,在现实生活中,探究式教学也面临一些亟须解决的困难,比较突出的问题就是受师资力量和教师资源的限制,思政教师大多采用合堂班大班授课的方式来进行，一个班大约有一百人，一周一次课，不利于探究式教学的开展；还有一些思政课教师对于开展探究式教学的重要性认识不够，不愿意在问题设计和辅导答疑上花费更多的时间，安于传统的"一言堂"授课模式，并且上完课对学生的情况不闻不问。还有的老师由于水平有限，问题导入和问题的解析不够深透，以至于对问题对学生的吸引力不够；有的学生对教学改革漠不关心，对探究式教学方式疲于应付，不愿意配合老师的工作。

针对开展探究式教学中存在的困难和问题，我们必须发挥以学生为主体、教师为主导，教学管理部门协调配合的多维联动机制来解决问题。

一、充分发挥教师的主导作用

（一）运用新媒体技术为探究式教学提供支撑平台

首先，针对上课人员多，探究教学开展难的问题。我们可以借助新媒体的支撑帮助解决这个困难。比如运用"学习通"等教学软件将每一章的内容进行编辑安排，其中包括相当于"微课"的教学视频，配以随堂检测、专题阅读、单元作业、讨论、自主学习任务单等项目。鼓励学生在上课之前先预习，对课本的问题积极提出供同学们讨论。为了更有效地进行讨论，老师可以每天上传几个相关问题供学生讨论。整个教研室的每一位教师都要将自己的班级进行分组，比如一百二十人的班级分成四组，每组三十人，每组里选出一名小组长当老师的助手，老师要带着自己的助手回复班级学生提出的问题。为了节约劳动时间和实行开放式教学，一个老师可以带着自己的助手周一值班，即周一回复所有班级的问题，周二由其他老师带着自己的助手回复所有班级的问题，每位老师都可以看到其他班级同学谈论和关切的问题。这样一来，相当于微视频的在线课程是对学生基本知识的讲解。我们老师在现实的课堂教学中再针对学生普遍关心的问题实行有的放矢的精讲,这样实现了探究式课堂教学模式与传统课堂教学模式的有效衔接。

(二) 集教研室合力协调推进

探究式教学的开展过程中,为了防止有的老师对教学重点把握不够精准,问题设计偏离教学大纲、教学目标等现象,需要整个教研室的老师实行集体备课,集思广益,精心进行问题设计。在运用"学习通"等软件制作在线课程的时候,同一教研室的老师可以实行专题教学,例如将思想道德修养与法律基础课分为人生观教育、理想信念教育、爱国主义教育、道德教育、法治教育等几个板块,每一板块由不同的老师来讲授,这样老师可以节约更多的时间对学生谈论的问题给予持续关注。

(三) 指导阅读马克思主义经典文献

探究式教学离不开对马克思主义经典文献的了解,老师要根据不同的问题给学生推荐马克思主义经典文献以及其他的和讲课问题相关的文章。例如在讲到道德的起源的时候,关于道德起源的观点,除了马克思主义道德观之外,主要提到了四种观点,如"天意神启论"、"先天人性论"、"情感欲望论"、"动物本能论",在2015版的教材里面是没有谈到这四种观点,而是直接谈到了马克思主义的观点,但是在2018版的教材里却加进了这四种观点,可见我们要想确立正确的思想,必须要破除错误的观点,也就是我们常说的"先破后立"。分析了错误的观点,我们再提出马克思主义正确的观点,通过对马克思主义道德起源论中首要前提和两个条件的分析,使学生明确道德不是人和动物的本能,道德和其他意识形态一样有实践基础,是社会历史的产物。引导学生学会运用马克思主义立场、观点和方法观察世界、分析问题。使学生明确社会意识形态是社会历史的产物,建立辩证批判的思维。使学生对道德起源问题上的唯心主义和旧唯物主义观点,能够旗帜鲜明地给予自觉的抵制。

为使学生能够深入理解，指导学生阅读《家庭、私有制和国家的起源》、《反杜林论》和《关于费尔巴哈的提纲》等文章使学生明确马克思主义从来都没有将任何一种上层建筑，包括道德，视为一种永恒的非历史的意识形态。

（四）教师要认真研究教材

探究式教学的开展必然要求教师对教材的理解和把握要细致、深透。例如"人生价值"概念，我们在 2018 版的教材中规定人生价值是指人的生命及其实践活动对于社会和个人所具有的作用和意义。2015 版的教材规定人生价值是一种特殊的价值，是人的生活实践对于社会和个人所具有的作用和意义。相比 2015 版的教材，新教材人生价值的概念多了人的生命对于社会和个人所具有的意义。这里充分体现了人本思想，即对人的生命健康权的充分尊重，无论这个人是健康还是疾病，是年老还是年轻，都平等地享有生命权，就像复旦患癌女博士王娟说的"活着就是王道"，活着就是有价值和意义的。我们现在提倡生态文明、治理环境污染、抗癌药物降价等举措都是对人的生命健康权的尊重和保护。

（五）教学案例的引入要精当，并且能够引发学生对问题的思考

例如在讲到依法治国和以德治国相结合的时候，我们可以让同学们一起思考道德与法律的关系，并且举出在我们的日常生活中，有很多事情都受到道德与法律的双重约束，例如 2018 年 6 月 19 日，宁波女孩手机被大妈捡到，大妈索要 2000 元报酬，发现报警后怒摔手机。捡到东西归还给失主，这是我们从小上学老师就反复教导我们的事情，而且根据《刑法》规定捡到的物品如果拒不归还，涉嫌侵占罪，要接受相应的法律处罚。由此引导学生思考法律和道德到底是什么关系，归纳得出结

论：法律是道德的底线，底线以下就是违法，既要受到道德的谴责，又要受到法律的惩罚。底线以上，又提倡人们追求更高层次的道德。由此，学生也能够更好地理解法律是成文的道德，道德是内心的法律。

（六）我们要精心地根据教材内容设计问题导入

例如，在讲到法律义务的某些问题时，我们可以先问学生：杀人一定要偿命吗？欠债一定要还钱吗？通过学生的谈论，导出法律义务的特征里面规定了法律义务可能会发生变化，受诉讼时效和追诉时效的限制，以及正当防卫这种排除社会危害性的行为。

二、充分发挥学生的主体作用

（一）由"要我学"变成"我要学"，探究式学习的目的就是要改变学生被动学习的局面，积极参与到老师的教学活动中来

除了在"学习通"等教学软件中设置学生参与讨论赋分加入最终成绩来吸引学生加入思考之外，要让学生真正参与课堂教学，通过简短的课堂展示，学生增强了成就感，为以后更好地审视和展现自我打下了基础。

比如在讲到新时期的国家安全观时，我们先让学生思考传统安全和新时期的安全有什么样的不同，引导学生明确新的国家安全不再局限于领土和军事安全，而是包括了生态、经济、文化、信息、核安全等十一大方面的内容，让学生自己搜集我国在每一领域面临的安全威胁，然后进行PPT展示。使学生了解我们为了环境安全，修建了核电站来获得清洁无污染的电能，但是也要防止对核电站的空中打击和计算机蠕虫病毒的侵袭。为了保护生态安全，所以我们才在入境时严禁携带土壤、动物、植物以及动植物产品，因为在柑橘等水果中发现了地中海食蝇，会破坏我国二百五十多种茄科植物。这时候老师再指出新时期的国家安全观是：坚持国家利益至上，以人民安全为宗旨，以政治安全为根本，以经济安全为基础，以军事、文化、社会安全为保障，以促进国际安全为依托，走出一条中国特色国家安全道路。为了帮助学生理解以人民安全为宗旨，以经济安全为基础，并且以军事、文化安全为保障，老师可以放一段迷彩虎军事视频"关于撤侨的那些事儿"，使学生从历次撤侨中体会到经济和军事力量的强大，会使得对人民安全的时效性增强。

（二）分组学习，合作探究

通过学生进行分组，在本组内能够解决的问题，可以不呈现给老师。如果有解决不了的问题，由小组长归纳总结邀请老师在"学习通"的谈论平台答疑解惑。这种分组谈论、层层呈现的方式改变了学生自己孤立一人思考和解决问题的现状，小组人员在正常融洽和不受任何限制的气氛中以会议形式进行讨论、座谈，打破常规，积极思考，畅所欲言，充分发表看法，并且形成了一种"头脑风暴法"。在集体讨论解决问题过程中，个人的表达自由，不受任何干扰和控制，是非常重要的。"头脑风暴法"有一条原则，不得批评仓促的发言，甚至不许有任何怀疑的表情、动作、神色。这就能使每个人畅所欲言，提出大量的新观念。

（三）充分调动学生的主体性

长期以来，学生将思想政治理论课理解为就是对国家、政党历史的介绍，或服务于国家治国理政的需要，和学生的实际联系较少。"依据行为科学理论，个体需要是行为产生的动机和出发点，正是个体需要产生了人所特有的创造性和主观能动性。只有当思政课满足了学生的内在需要，提升了他们的满意度，增强了课堂的获得感，他们才能真正成为思想道德教育的主人"。[1] 所以，思政课的教学应当在知识点的介绍之外，再联系学生的现实需要，关注学生的自我塑造和人格的完善，提升学生思政学习中的满足感。

三、发挥教学管理部门的协调配合作用

探究式教学的开展过程中，教学管理部门的协调配合有助于探究式教学的顺利开展。新媒体教学平台的构建和应用，如"雨课堂"的应用以及在线课程的建设、运行，学生的课程设置、考试方式的改革离不开教学管理部门的筹划和支持。

教学管理部门完善对教师的评价体系，除了传统的专家评价法、学生评价法和同行评价法的运用之外，对在探究式教学过程中作出突出贡献的教师给予褒奖和实行激励机制，因为这些教师不仅仅是上课时的付出，还有在线上和学生们时时互动，并且给学生的随堂练习、单元检测、讨论等进行动态关注，可以对这些教师实行工作量补贴，教研项目申请、外出培训、教学比赛等方面优先考虑的方式鼓励教师积极参与探究式教学改革。

对学生的评价不再将考试成绩作为唯一的评价指标，将学生的综合能力、对教学改革的参与度、参与实践活动的情况均作为相应的评价指标。评价的主体由学生自评和师生互评相结合，注重学生如何将知识转化为灵活的运用，如学生如何展开对专题问题的材料收集、整理和归纳，小组协调配合完成专题探究的质量，这些方面均体现了学生综合能力的提升。

参考文献

[1] 柳作林、熊长英：《新时代思想政治理论课"参与式"教学实践与应用研究》，载《湖北社会科学》，2018年第8期。

（作者简介：祝利民，女，潍坊学院马克思主义学院讲师）

后 记

习近平总书记在纪念马克思诞辰 200 周年大会上指出:"马克思给我们留下的最有价值、最具影响力的精神财富,就是以他名字命名的科学理论——马克思主义。这一理论犹如壮丽的日出,照亮了人类探索历史规律和寻求自身解放的道路。"马克思主义理论作为人类解放和工人阶级斗争的革命理论,同时也伴随着广泛的争论和冲突。从历史上来看,马克思主义正是在和各种不同的思潮、流派斗争中发展起来的。列宁指出:"马克思的学说直接为教育和组织现代社会的先进阶级服务,指出这一阶级的任务,并且证明当前的制度由于经济的发展必然要被新的制度所代替"。马克思主义的诞生有其历史必然性,具有广泛而深刻的社会条件与阶级根源。毛泽东在《实践论》中指出:人们能够对社会历史的发展作全面的历史的了解,把对于社会主义的认识变成了科学,这只是到了伴随巨大生产力——大工业而出现无产阶级的时候、这就是马克思主义的科学。

理论的发展不但体现在研究范式变化和发展中,更主要的是由社会发展与变化所推动。因为马克思主义理论是伴随着资本主义发展、工人阶级的运动以及共产主义运动三大历史过程,三者共同构成了马克思主义理论的共同体,它们共同形成了马克思主义的社会基础、现实主体以及发展目标。"实践证明,马克思主义的命运早已同中国共产党的命运、

后 记

中国人民的命运、中华民族的命运紧紧连在一起,它的科学性和真理性在中国得到了充分检验,它的人民性和实践性在中国得到了充分贯彻,它的开放性和时代性在中国得到了充分彰显!""理论的生命力在于不断创新,推动马克思主义不断发展是中国共产党人的神圣职责。我们要坚持用马克思主义观察时代、解读时代、引领时代,用鲜活丰富的当代中国实践来推动马克思主义发展,用宽广视野吸收人类创造的一切优秀文明成果,坚持在改革中守正出新、不断超越自己,在开放中博采众长、不断完善自己,不断深化对共产党执政规律、社会主义建设规律、人类社会发展规律的认识,不断开辟当代中国马克思主义、21世纪马克思主义新境界!""一部马克思主义发展史就是马克思、恩格斯以及他们的后继者们不断根据时代、实践、认识发展而发展的历史,是不断吸收人类历史上一切优秀思想文化成果丰富自己的历史。因此,马克思主义能够不断探索时代发展提出的新课题、回应人类社会面临的新挑战。"据此我们必须推进马克思主义理论创新研究,积极融入世界文明发展的进程,加快改革开放,促进世界经济、政治和文化的融合与交流。